U0453292

本书为国家社会科学基金项目的最终成果

本书受到云南省哲学社会科学学术著作出版专项经费资助

人口较少民族聚居地区城乡一体化社会救助体系建设研究

刘苏荣 著

中国社会科学出版社

图书在版编目(CIP)数据

人口较少民族聚居地区城乡一体化社会救助体系建设研究／刘苏荣著．—北京：中国社会科学出版社，2018.12
ISBN 978-7-5203-3007-7

Ⅰ.①人… Ⅱ.①刘… Ⅲ.①少数民族—民族地区—城乡一体化—社会救济—研究—中国 Ⅳ.①D632.1

中国版本图书馆 CIP 数据核字(2018)第 185058 号

出 版 人	赵剑英
责任编辑	冯春凤
责任校对	张爱华
责任印制	张雪娇

出　　版	中国社会科学出版社
社　　址	北京鼓楼西大街甲 158 号
邮　　编	100720
网　　址	http://www.csspw.cn
发 行 部	010-84083685
门 市 部	010-84029450
经　　销	新华书店及其他书店
印　　刷	北京君升印刷有限公司
装　　订	廊坊市广阳区广增装订厂
版　　次	2018 年 12 月第 1 版
印　　次	2018 年 12 月第 1 次印刷
开　　本	710×1000　1/16
印　　张	14.75
插　　页	2
字　　数	242 千字
定　　价	58.00 元

凡购买中国社会科学出版社图书，如有质量问题请与本社营销中心联系调换
电话：010-84083683
版权所有　　侵权必究

目 录

前言 ………………………………………………………………（1）

第一章 人口较少民族聚居地区城乡社会救助现状调查 ………（1）

  第一节 人口较少民族聚居地区城乡最低生活保障现状
        调查 ……………………………………………………（2）

  第二节 人口较少民族聚居地区城乡医疗救助现状
        调查 ……………………………………………………（25）

  第三节 人口较少民族聚居地区教育救助现状调查 ………（41）

  第四节 人口较少民族聚居地区就业援助现状调查 ………（56）

  第五节 人口较少民族聚居地区住房救助现状调查 ………（70）

  第六节 人口较少民族聚居地区法律援助现状调查 ………（80）

第二章 人口较少民族聚居地区建设城乡一体化社会救助体
       系所需要采取的普遍性策略 ………………………（88）

  第一节 完善社会救助的立法和行政管理制度 ……………（88）

  第二节 实现最低生活保障制度的城乡统筹 ………………（93）

  第三节 实现专项社会救助在城乡间的均衡发展 …………（104）

  第四节 建立城乡一体化的社会救助网络信息平台 ………（134）

第三章 人口较少民族聚居地区建设城乡一体化社会救助体
       系所需要采取的特殊性策略 ………………………（141）

  第一节 通过精准扶贫战略和扶持人口较少民族政策来促
        进当地农民增收和提升农村基本公共服务的水平 ……（141）

  第二节 建立社会救助资金的多渠道筹集机制 ……………（157）

  第三节 完善农村居民家庭经济状况核对机制 ……………（172）

  第四节 充分发挥宗教和民族传统文化的作用 ……………（183）

第五节 积极推进人口较少民族聚居地区的新型城镇化 ………（193）

参考文献 …………………………………………………………（204）

后记 ………………………………………………………………（215）

前　言

本书是 2013 年度国家社科基金项目《人口较少民族聚居地区城乡一体化社会救助体系建设研究》（结项证书号：2018-02-25）的最终成果，该成果的鉴定等级为"良好"，本书受到云南省哲学社会科学学术著作出版专项经费的资助。

一　国外研究综述

（一）关于城乡一体化理论的研究

追根溯源的话，空想社会主义者傅里叶所提出的"和谐社会"思想是对城乡一体化思想最早的论述，他认为和谐社会中不存在工农差别和城乡对立，工业和农业不再成为划分城市和乡村的标志，整个人类社会的发展历程是一个城乡差别逐渐消失的过程。①

马克思和恩格斯认为，随着近代以来人类社会的不断发展，城镇与农村之间的依存度大为加强，相互之间逐渐走向融合，通过城镇与农村的协调发展来实现城乡一体化。马克思明确指出："只有使人口尽可能地平均分布于全国，只有使工业生产和农业生产发生紧密的联系，并适应这一要求使交通工具也扩充起来。同时，这要以废除资本主义生产方式为前提——才能使农村人口从他们数千年来几乎一成不变地在其中受煎熬的那种与世隔绝的和愚昧无知的状态中挣脱出来。"②

19 世纪末，英国社会活动家霍华德提出了田园城市发展理论，他主

---

①　[美] 乔·奥·赫茨勒：《乌托邦思想史》，张兆麟等译，商务印书馆 1990 年版，第 198 页。

②　《马克思恩格斯文集》，人民出版社 2009 年版，第 326 页。

张进行社会结构改革,建立城乡一体化而不是城乡分割的社会结构。霍华德提出了一种兼有城镇和农村优点的理想模型,他称之为"田园城市",这种所谓的"田园城市"实质上是一种城镇和农村的混合体。

20世纪50年代,美国经济学家刘易斯认为发展中国家普遍存在二元经济结构,大量的廉价劳动力不断地从乡村的传统农业领域流入城市的现代工业领域,一直到农村剩余劳动力完全被城市所吸收掉为止,而在此过程中,城乡差别也就逐渐消失。

20世纪80年代,加拿大学者麦基对一些亚洲国家进行研究之后,提出了"城乡融合区"的概念,因为他觉得亚洲国家城乡之间的界限是模糊的,"城乡融合区"兼具有城市和农村的特征,不过城市和农村都是共同向着都市化的方向发展,其实质是城乡之间的统筹协调与一体化发展。

总的来说,大多数国外学者把小城镇作为城乡经济增长的连接点,大城市通过产业转移,为小城镇提供更多的就业机会,吸纳农村剩余劳动力,解决大城市的问题。同时,也解决了农村贫困问题,从而带来城乡的共同发展。[1]

(二)关于贫困与社会救助的研究

当前国外尤其是欧美国家并不存在社会救助的城乡二元分割问题,因此基本上也极少有关于社会救助城乡一体化问题的研究。但是,国外学术界对于社会公平、贫困和社会救助的功能等问题有着较为深入的研究。

英国经济学家庇古认为根据边际效用递减法则,要增进社会福利,就必须实现国民收入的均等化,即国家通过向富人征税的方式来开展社会救助事业,让低收入者享用,缩小社会贫困差距。庇古以边际效用理论为基础,主张通过国家干预来实现收入分配的均等化的这一思想,应该成为每个国家实施社会救助的思想基础之一。这是因为,任何一个社会都会存在贫富不均,都会有一定数量的贫困人员。[2]

西方"福利国家之父"、英国经济学家贝弗里奇认为:可以通过社会救助来满足公民的基本生活需求。申请人要获得社会救助金,就必须接受

---

[1] 景普秋、张复明:《城乡一体化研究的进展与动态》,《城市规划》2003年第6期。
[2] 钟仁耀主编:《社会救助与社会福利》(第二版),上海财经大学出版社2009年版,第10页。

家庭经济状况调查,并且能提供需要获得救助的有效证据。①

20世纪70年代,美国学者罗尔斯主张要公平地进行社会分配,并给予弱势群体经济上的援助,他指出:任何人都不应该处于体面的最低生活标准之下,并且所有人都应该受到某种程度的保护,例如失业救济和医疗照顾,以免于事故和不幸之害。② 根据其理论,福利制度要遵守的第一原则就是公平正义,这完全颠覆了西方福利国家的传统理念。罗尔斯还认为:在公平正义的第一原则之前,应该有一个前提条件,那就是人的基本生活需要应该得到满足。

诺贝尔经济学奖获得者、印度学者阿马蒂亚·森指出:贫困这个概念不仅包括低收入,还包括个人或家庭在教育、医疗卫生等领域处于不利的境地,他提出用"基本可行能力的剥夺"来表述"贫困"这个概念。③客观地说,相对于仅仅把"贫困"表述为"收入水平低下","基本可行能力的剥夺"的这种表述显然让人们对于"贫困"有着更加深刻而全面的理解。阿马蒂亚·森明确提出:更好的教育和医疗不仅能够直接改善生活质量,同时也能够提高获取收入并摆脱收入贫困的能力。教育和医疗保健越普及,则越可能使那些本会是穷人的人得到更好的机会去克服贫困。

美国学者阿瑟·奥肯提出:鉴于社会上普遍存在收入的不平等和机会的不均等现象,可以通过消除种族和性别歧视、实现就业机会的均等和对低收入群体的救助来增进社会的公平。

20世纪末,美国学者迈克尔·谢若登指出:在西欧和北美的福利国家,对于穷人的社会政策一直主要基于收入观点,即物品和服务的供应。这种政策的基本假定是贫困和困难产生于资源供应量的不足,所以解决方案是使供应量更加充足。然而,以收入为基础的福利国家并没有从根本上减少贫困,没有缩小阶级或种族的差别。④ 迈克尔·谢若登认为,要切实

---

① [英]贝弗里奇:《贝弗里奇报告——社会保险和相关服务》,华迎放等译,中国劳动社会保障出版社2004年版,第160页。
② [美]约翰·罗尔斯:《作为公平的正义:正义新论》,姚大志译,上海三联书店2002年版,第232页。
③ [印]阿马蒂亚·森:《以自由看待发展》,任赜、于真译,中国人民大学出版社2013年版,第15页。
④ [美]迈克尔·谢若登:《资产与穷人:一项新的美国福利政策》,高鉴国译,商务印书馆2005年版,第3—4页。

改善贫困家庭的生活状况,就必须在教育、住房和就业等方面进行投资,而不是只着力于满足其基本生活消费的需求。

同样是在20世纪末,英国社会学家安东尼·吉登斯提出了"社会投资型国家"的理念,倡导积极福利思想,他指出:在可能的情况下要尽量在人力资本方面进行投资,而最好不要直接提供经济资助。① 吉登斯的积极福利思想不是简单地着眼于解决暂时的收入贫困问题,而是主要为了增强个人的自我发展能力,提升其社会竞争力,从而彻底摆脱生活的困境。具体来说,就是通过教育和技能培训等方式来提升社会弱势群体的综合素质和能力,从根本上消除致贫因素,这属于"提前预防"式的社会救助理念,而不是"事后补救"式的社会救助理念。

总的来看,国外学术界对于"贫困"的理解已经不再局限于"收入水平低",而是逐渐扩展到了"能力剥夺"或"社会排斥",对于治理贫困问题的主要手段之一的社会救助制度,学者们越来越主张其要从"事后补救"型向"提前预防"型过渡,重视人的自我发展能力的培养,提倡进行人力资本的投资,同时也越来越强调救助对象权利与义务的统一,以避免福利依赖症的蔓延。

二 国内研究综述

（一）关于城乡一体化理论的研究

"城乡一体化"的概念最早在国内提出的时间是20世纪80年代,此概念一经提出就得到了国内学者们的广泛关注,它针对的是我国城乡经济社会二元分割的现实问题,关注的重点是如何有效破解城乡二元结构。党的十七届三中全会通过的《中共中央关于推进农村改革发展若干重大问题的决定》,第一次明确提出了建立城乡经济社会发展一体化制度的奋斗目标。在党的十八大报告中,解决好"三农"问题被列为今后全党工作的重中之重,报告明确指出推动城乡发展一体化是解决"三农"问题的根本途径,要逐步缩小城乡差距,促进城乡共同繁荣,着力在城乡规划、基础设施和公共服务等方面推进城乡一体化。因此,城乡一体化已经成为

---

① [英]安东尼·吉登斯:《第三条道路——社会民主主义的复兴》,郑戈译,北京大学出版社2003年版,第122页。

我国社会保障制度的必然发展方向，而社会救助则是现有社会保障制度里很有可能率先实现城乡一体化的领域。

国内有的学者从生产力的角度来界定城乡一体化。比如杨荣南认为它是生产力发展到一定水平以后，把城镇与农村建设成相互依存的有机统一体。白永秀、王颂吉认为城乡发展一体化是在工业化、城镇化、农业现代化以及信息化发展到一定阶段的基础上，依托城乡生产要素集聚和发展成果共享机制，打破城乡分割对立状态，促进城乡布局统筹规划、要素自由流通、资源均衡配置、功能有机协调，来逐步缩小城乡差距，实现城乡良性互动、融合发展。① 应雄则认为：城乡一体化是指在大力发展生产力的过程中，促进农村人口城市化，逐步缩小城乡差距，使城乡共享现代文明。

有的学者是从城乡融合的角度来界定城乡一体化的。比如石忆邵认为城乡一体化的实质是城乡之间竞争与合作的耦合联动发展，陈雯认为城乡一体化指的是城乡之间在资源、人口、技术和资本等要素方面的交流与融合，但并不排斥城乡差别。

有的学者则从破除城乡二元结构的角度来界定城乡一体化。比如吴振磊认为：城乡一体化是城乡关系由分割、对立到融合的历史发展进程，是在产业发展、城乡规划、市场体系和基本公共服务等方面消除城乡二元结构的进程。朱善利则认为：城乡一体化的目的是打破城乡二元结构，使城乡间的劳动力、技术、资金和资源等生产要素合理流动，促进社会生产力在城乡全域范围内的优化配置。

有的学者则是从整体的角度来界定城乡一体化。比如著名经济学家厉以宁等人认为，可以这样概括"城乡一体化"的具体要求：第一，城乡之间生产率水平相近或相当，在实现工业化的同时，必须实现农业现代化。第二，城乡之间产业有机衔接，要素整合，优势互补，互惠互利。第三，城乡之间体制有机衔接，物流、人流、信息流畅通。第四，城乡之间管理有机衔接，户籍制度统一，公共服务均等，不存在制度歧视和本质性差别。第五，城乡之间各自发挥优势，城乡风居民生活各有特色，互不替

---

① 白永秀、王颂吉：《马克思主义城乡关系理论与中国城乡发展一体化探索》，《当代经济研究》2014 年第 2 期。

代，难分高下。①

总的来看，虽然对于"城乡一体化"这个概念尚未形成比较一致的观点，但是国内学者们还是基本达成了以下共识：第一，城乡一体化是以生产力发展达到较高水平为前提条件的，应建立在工业化、城镇化、农业现代化以及信息化发展到一定阶段的基础上。第二，城乡一体化是与城乡二元结构相对应的、属于制度层面的概念，其实质就是废除或者改变城乡二元体制机制，消除由城乡有别的制度和政策造成的城乡差距，保障城乡居民权利和义务的平等。第三，城乡一体化是双向的互动发展过程，是城乡双方发挥各自优势，互为资源、互为市场、互相服务，从而达到城乡协调发展的过程。②

国内的城乡一体化研究从 21 世纪初以来一直呈现快速增长的趋势，其研究重点主要包括城乡一体化的评价、发展机制、发展模式以及基本公共服务城乡一体化研究等。截至目前，国内的学者主要围绕社会保障、教育和医疗卫生等方面的城乡一体化问题展开了一系列研究，并呈现出多学科相互交叉融合的特点，经济学、管理学、政治学、社会学和生态学等各个学科均有所涉及。

（二）关于社会救助的城乡一体化问题的研究

习近平总书记在党的十九大报告中明确提出："要按照兜底线、织密网、建机制的要求，全面建成覆盖全民、城乡统筹、权责清晰、保障适度、可持续的多层次社会保障体系。"而城乡一体化的社会救助体系就是为保障全体城乡困难群众的基本生活，以城乡统筹发展战略为指导，按照统一救助政策、整合救助资源和协调救助行动的要求，赋予城乡弱势群体平等的受救助权，实现对所有城乡弱势群体的平等保护的一种多层次的社会保障体系。③ 社会公平正义是现代社会保障制度必须遵循的基本原则之一，它主要是指一个国家的社会制度或社会结构要按照公平原则实现分配正义，作为在现代社会保障制度当中处于"兜底"位置的社会救助制度

---

① 厉以宁、艾丰、石军主编：《中国新型城镇化概论》，中国工人出版社 2014 年版，第 147—148 页。
② 孙来斌、姚小飞：《中国城乡一体化研究述评》，《湖北社会科学》2016 年第 6 期。
③ 蒋悟真、杨博文：《我国社会救助城乡一体化保障机制探究》，《江西财经大学学报》2016 年第 5 期。

尤其应当遵循此原则。

关于社会救助的城乡一体化问题，国内学术界迄今为止已经取得了比较丰硕的成果。在著作方面，代表性的有景天魁的《底线公平：和谐社会的基础》、郑功成的《中国社会保障改革与发展战略：理念、目标与行动方案》、林闽钢、刘喜堂主编的《当代中国社会救助制度：完善与创新》、王国军的《中国社会保障制度一体化研究》等；在论文方面，代表性的有邓大松的《农村社会保障制度改革中的政策建议》、关信平的《论我国农村社会救助制度的目标、原则及模式选择》、洪大用的《社会救助的目标与我国现阶段社会救助的评估》、骆勇的《发展型社会政策下社会救助城乡一体化路径分析》等。具有代表性的观点也有很多。景天魁、邓大松等学者特别强调了构建城乡统一的最低生活保障制度的重要性；郑功成、童星等学者认为：社会救助的根本原则是保障低收入人群的基本生存权，因此它是实现社会保障城乡一体化的突破口；关信平、洪大用等学者提出要合理分配城乡之间的社会救助资源；林闽钢等学者认为：要保证城乡居民在社会救助面前享有相同的权利，确保救助效果的公平；王国军、骆勇等学者则强调：在建设城乡一体化社会救助体系的同时，要实现由生存型救助向发展型救助的转变。

当前，国内很多学者已经深刻认识到了建设城乡一体化社会救助体系的必要性，他们纷纷提出了很多相应的策略，并且大多把最低生活保障制度作为城乡一体化社会救助问题的重点进行了深入的研究。

（1）关于建设城乡一体化社会救助体系的必要性

景天魁认为：在我国推进工业化和城镇化的过程中，如果不及时给"失地又失业"的农民以必要的社会保障，其生活状况会比城镇下岗职工还要窘迫，因此建立城乡统筹的社会保障制度已经刻不容缓了。我国建立城乡统筹的社会保障制度的一个着手处，就是建立城乡统一的最低生活保障制度，但是制度统一，标准各异。[①]

郑功成认为：在建设覆盖城乡居民社会保障体系的过程中，社会救助制度因为关系到维护城乡居民的基本生存权问题，无疑应当率先实现覆盖全民并走向城乡一体化。一方面，社会保障的核心价值观与城乡社会救助

---

① 景天魁：《底线公平：和谐社会的基础》，北京师范大学出版社2009年版，第295页。

制度的同质性，要求尽快实现社会救助制度城乡一体化。公平、正义、共享的社会保障核心价值观，要求社会救助制度打破目前城乡分割的现状，促进这一制度在确保国民基本生活水平的同时，维护所有受助对象的平等与尊严。另外一方面，无论是城市还是乡村，城乡社会救助制度在目标、原则、筹资机制、待遇确定与调整机制、管理体制等方面均具有高度的一致性，这种一致性决定了社会救助制度是最容易实现城乡统筹、城乡一体化的制度安排。①

厉以宁等学者认为：受传统的城乡二元体制的影响，长期以来中国在城镇与农村分别建立起了相互独立的社会救助制度，社会救助的城乡二元分割和不均衡现象比较严重。目前，城镇地区社会救助对象范围广，覆盖面大，实施的内容比较丰富。而在农村地区，社会救助对象范围窄，覆盖面小，实施的内容比较单一，除了农村低保、五保供养和灾害救助外，其社会救助项目进展缓慢，落实往往不够到位。② 与此同时，在城乡有别的社会救助政策之下，我国农村社会救助的标准、水平和资金投入也普遍低于城镇社会，而且往往缺乏制度化的安排。

童星认为：在我国社会保障体系的整体结构中，社会救助的层次最低，起着"兜底"的作用，社会保险次之，社会福利的层次最大。在社会保障水平极度不平衡的城乡之间实现统筹，只能采取渐进的、分阶段实施的政策，促使低水平者逐步提高其社会保障待遇，缩小他们与高水平者之间的差距。因此，必然的结论就是在社会救助领域先实现城乡之间的统筹，然后推进到社会保险领域，最后再扩展到社会福利领域。③

毕天云认为：城市居民最低生活保障制度和农村最低生活保障制度的先后建立，为城乡贫困人口提供了基本生活保障。在基本实现城乡贫困人口"应保尽保"的基础上，需要加快推进制度整合并建立城乡一体化的最低生活保障制度。实现城市低保制度与农村低保制度的有机整合，有利于加快城乡社会保障体系的全面整合，有利于促进城乡最低生活保障的公

---

① 郑功成：《中国社会保障30年》，人民出版社2008年版，第176页。
② 厉以宁、艾丰、石军：《新型城镇化与城乡发展一体化》，中国工人出版社2014年版，第166—167页。
③ 童星：《社会救助是城乡统筹的"突破口"》，《中国社会保障》2009年第9期。

平发展，有利于加快户籍制度改革和新型城镇化进程。①

蒋悟真指出：在我国城镇地区，社会救助体系除城镇最低生活保障制度之外，往往还包括了比较完善的医疗、教育、就业和住房等方面的专项社会救助；而在农村地区，实际上仅有最低生活保障制度并辅以有限的教育救助和医疗救助。排除物价和生活成本等因素的影响，城镇低保的保障数额实际上远大于农村低保的数额，加上医疗救助和教育救助等其他社会救助项目实施力度的差异性，城乡社会救助水平的实际差距将进一步被拉大。这不仅弱化了社会救助保障城乡社会弱势群体的生存权和发展权的制度属性，也使得社会救助缓解城乡收入差距的功能被大大地削弱了。因此，很有必要建立城乡一体化的社会救助体系。②

（2）关于城乡一体化社会救助体系建设的基本策略

郑功成指出：由于中国现阶段城乡经济发展水平客观上存在差异，城乡救助的绝对标准还不可能完全统一，但其相对标准（例如最低生活标准占当地城乡居民平均收入的比例）应当基本保持一致。当务之急是积极探索建立城乡一体化的社会救助制度的协调机制，更加合理地分配城乡之间的社会救助资源。在制度推进方面，可以先从整合最低生活保障制度开始，逐步扩展到其他社会救助项目，最终实现整个社会救助制度的城乡统一。③

林闽钢认为：实现城乡社会救助制度的一体化路径主要包括以下几个方面：第一，制度补缺。目前农村的很多专项社会救助项目滞后于城镇，比如医疗、住房、就业援助等，迫切需要加快它们在农村的推广和普及。第二，一个制度。把城乡分设的社会救助项目进行合并，统一申请及审批程序、计发办法和管理模式。第三，两个标准。在一段时期内，城乡社会救助标准会存在一定的差别。第四，协调发展。④

关信平认为：在有条件的地区（比如城市郊区）应该积极探索建立城乡一体化的居民最低生活保障和医疗救助制度等，在更为广泛的农村地

---

① 毕天云：《论我国城乡居民最低生活保障制度的整合》，《天津师范大学学报》（社会科学版）2017年第2期。
② 蒋悟真：《我国社会救助立法研究》，北京大学出版社2015年版，第67—68页。
③ 郑功成：《中国社会保障30年》，人民出版社2008年版，第176页。
④ 林闽钢：《中国社会救助体系的整合》，《学海》2010年第4期。

区则要注意建立城乡之间社会救助制度的沟通协调机制,以求更加合理地分配城乡和地区之间的社会救助责任和资源。①

冀惠珍则提出:社会救助制度的城乡一体化起码包括两个方面,一是制度的一体化;二是待遇的一体化。社会救助制度的一体化能够保证社会救助制度面向全体社会成员的机会公平,因而必须建立和健全城乡统一的社会救助制度。低保制度城乡二元分治的现状必须得到改变,而专项社会救助制度更应该加紧在农村推广普及。②

蒋悟真认为:城乡一体化社会救助体系的建立和完善应该本着以下原则进行:第一,基本社会救助权利的制度化。要将基本社会救助权利制度化、法律化和具体化,以法律制度来保障公民社会救助权的实现。第二,社会救助服务的城乡均等化。社会救助服务应该实现对城乡居民的平等对待,要消除城乡有别的差异化歧视政策,真正实现城乡社会救助服务的公平供给。第三,城乡统筹与合理的差别相结合。城乡社会救助权的实现不要求绝对的平等,在基础社会救助权如最低生活保障平等实现的基础上,根据城乡差别和个体差别,提供特殊救助,以实现实质公平,真正实现社会救助的城乡一体化。③

目前,国内的相关研究成果大多是站在全国范围的角度来进行探讨的,事实上我国东部省份与中西部省份在经济社会发展水平上存在着巨大的现实差距,而地处我国中西部省份边远或边境地区的人口较少民族聚居地区,其经济社会发展的总体水平更为落后,社会救助的城乡差距更为明显。但是,当前专门针对我国经济发展社会水平相对比较落后的少数民族地区(尤其是人口较少民族聚居地区)的社会救助问题的研究成果还比较少,这就为本课题留下了一定的研究空间。

三 我国当前社会救助制度的城乡二元分割弊端

长期以来,我国一直具有较为显著的城乡二元经济社会结构特征,因此社会救助体系的城乡二元分割特征比较明显,不仅在具体的社会救助项

---

① 关信平:《论我国农村社会救助制度的目标、原则及模式选择》,《华东师范大学学报》(哲学社会科学版) 2006 年第 6 期。

② 冀惠珍:《当代中国社会救助权问题研究》,中央编译出版社 2015 年版,第 207 页。

③ 蒋悟真:《我国社会救助立法研究》,北京大学出版社 2015 年版,第 60 页。

目方面存在多寡的差别，而且即便是同一种社会救助项目，在救助的标准、覆盖范围和管理制度方面也存在着较大的城乡差距，有很明显的"重城镇轻农村"倾向。也就是说，在我国的社会主要矛盾已经发生转变的大背景下，目前我国还比较突出地存在着社会救助制度在城乡间发展的不平衡问题，以及社会救助项目在农村地区发展的不充分问题，这无疑严重损害了农民的合法权益，导致了部分农民的不公平感明显上升，这明显有悖于社会公平正义的原则。

我国社会救助体系的城乡二元分割特征首先表现为立足于传统户籍管理的城乡二元化行政管理制度，涉及社会救助对象的认定、社会救助资金的计发和最低生活保障标准的测算等内容的行政管理制度均存在明显的城乡差别。比如，当前我国城乡低保补助水平的差距较大，这种差距主要不是来自城乡物价水平的差距，而是来自人为的制度安排，它显示了城乡居民身份的差异性。伴随着我国新型城镇化进程的不断推进，城、乡间人口流动的频率在不断加快，现有的城乡二元分割的社会救助行政管理制度已经越来越不适应当前的社会形势。与此同时，城乡居民的社会救助权不能获得平等的保护，势必造成城乡居民的收入差距进一步扩大，不利于社会的和谐稳定。

城乡困难居民在社会救助方面享有获得平等救助的权利，不能因为经济社会发展状况和地域的差别而区别对待，社会救助是一项基础的宪法权利，理应得到平等的实施和保护。但是，当前我国城镇居民除了享有城镇最低生活保障之外，还受到包括教育救助、住房救助、医疗救助、法律援助和就业救助等制度的保护。而在农村，实际上仅有以最低生活保障为主辅以有限的教育救助和医疗救助的社会救助体系。排除物价、生活成本等因素的影响，城镇低保的保障数额远大于农村低保的数额，加上医疗救助、教育救助等其他救助项目实施程度的差异，城乡社会救助水平的差距实际上被进一步拉大了。社会救助的城乡差异不仅弱化了社会救助保障、社会弱势群体生存权和发展权城乡平等的制度属性，也使得社会救助缓解城乡收入差距的功能被大大地削弱了。① 鉴于此种情形，作为我国社会保障制度的最后一道"安全网"，现有的城乡社会救助其实难以充分发挥其

---

① 蒋悟真：《我国社会救助立法理念研究》，北京大学出版社2015年版，第67—68页。

应有的作用，还在一定程度上阻碍了社会公平正义原则的实现。

四　我国建设城乡一体化社会救助体系的必要性

罗尔斯说过，正义是社会制度的首要价值，某些法律和制度，不管它们如何有效率和条理，只要它们不正义，就必须加以改造或废除。① 城乡一体化的国际经验告诉我们，城乡一体化有两个主要目标：一是有平等的社会地位和政治权利；二是享有大致相当的基本公共服务。② 因此，只有大力促进社会救助体系的城乡一体化，才能使它更好地发挥其作为我国社会保障制度最后一道安全网的"兜底"功能，实现社会的公平正义。就我国来说，实现社会救助体系的城乡一体化就是最大限度地维护景天魁在《底线公平：和谐社会的基础》一书中所倡导的"底线公平"，因为社会救助的主要目的就是为我国城乡弱势群体的基本生活提供最起码的保障。

社会救助属于国民收入的二次分配，一个良好的社会救助制度所追求的目标是公共利益的最大化，即社会上的所有弱势群体都享受到了平等的社会救助权利，所以社会救助制度所应该遵循的首要原则就是公平正义原则。公平正义可以理解为"公平"与"正义"，"公平"是指身份、机会、权利、过程与结果的公平，"正义"是指社会制度或社会结构的分配正义。公平正义不仅要求程序正义还必须实现结果正义，其主要途径是政府通过再分配来顾及最少受惠群体的利益。③ 钱宁在《分配正义理论的发展及其对构建和谐有序社会的启示》一文中指出："当我们说分配正义对社会的稳定和社会和谐有序发展起决定作用时，我们不是将分配问题仅仅看作经济发展的成果和物质财富如何在社会成员之间进行分配，而是在一个更广阔的社会空间之内，将各个领域的分配纳入到起支配作用的正义原则的支配范围，从而起到稳定社会结构，促进社会有序和谐发展的

---

① ［美］约翰·罗尔斯：《正义论》，何怀宏等译，中国社会科学出版社2016年版，第3页。

② 樊小钢、朱计：《浙江省城乡社会保障一体化公共政策研究》，中国社会科学出版社2012年版，第28页。

③ 刘夏阳：《高度重视新型城镇化进程中的公平正义》，《现代经济探讨》2016年第3期。

作用。"①

习近平总书记在党的十九大报告中明确指出我国城乡区域发展和收入分配差距依然较大，群众在就业、教育、医疗、居住、养老等方面面临不少难题，提出了"增进民生福祉是发展的根本目的。必须多谋民生之利、多解民生之忧，在发展中补齐民生短板、促进社会公平正义，在幼有所育、学有所教、劳有所得、病有所医、老有所养、住有所居、弱有所扶上不断取得新进展"的奋斗目标。根据党中央和国务院的统一部署，社会救助制度在我国当前的精准扶贫战略中处于"兜底"的位置。但是，目前我国农村社会救助在保障水平和资源配置等方面明显落后于城镇社会救助，社会救助的这种城乡二元分割局面是有悖于党和国家的政策导向的，不利于社会的和谐稳定，也加大了解决"三农"问题的难度，不利于党中央的精准扶贫战略的顺利实施。

习近平总书记在党的十九大报告中明确指出：我国当前的社会主要矛盾已经由"人民日益增长的物质文化需要同落后的社会生产之间的矛盾"变成了"人民日益增长的美好生活需要和不平衡不充分的发展之间的矛盾"。就我国当前的国情来说，"不平衡"主要是指城乡之间和地区之间的发展的不平衡，民生领域存在不少需要补齐的短板；"不充分"则是指发展的质量和效益不高，特别是农村地区和落后地区的发展不充分，无法满足人民日益增长的美好生活需要。因此，针对我国当前的社会主要矛盾，迫切需要解决好发展过程中的一些具体的不平衡不充分问题，大力提升发展的质量和效益，特别是要解决好农村地区和落后地区的经济社会发展的不平衡不充分问题。

在党的十八大报告中，解决好"三农"问题被列为全党工作的重中之重，报告明确指出推动城乡发展一体化是解决"三农"问题的根本途径，要逐步缩小城乡差距，促进城乡共同繁荣，着力在城乡规划、基础设施和公共服务等方面推进城乡一体化。习近平总书记在党的十九大报告中进一步指出：农业、农村、农民问题是关系国计民生的根本性问题，必须始终把解决好"三农"问题作为全党工作重中之重。鉴于社会保障是公

---

① 钱宁：《分配正义理论的发展及其对构建和谐有序社会的启示》，《学习与探索》2010年第3期。

共服务的主要内容之一，为了彻底解决好"三农"问题，城乡一体化已经成为我国社会保障制度的必然发展方向，而社会救助则是我国现有社会保障制度里很有可能率先实现城乡一体化的领域。

习近平总书记在党的十九大报告中明确指出："我国社会主要矛盾已经转化为人民日益增长的美好生活需要和不平衡不充分的发展之间的矛盾"。基于此，当前必须深刻领会习近平总书记关于我国的社会主要矛盾已经发生转变的重要论断的精神，严格贯彻党的路线、方针和政策，在遵循社会公平正义的基本原则前提下对我国现有的社会救助制度进行深入改革，妥善解决社会救助制度所面临的发展的不平衡不充分问题，彻底改变社会救助制度的城乡二元分割局面，建立起惠及所有城乡弱势群体的城乡一体化社会救助体系，以满足人民日益增长的美好生活需要，为解决好"三农"问题发挥其应有的作用。

五　人口较少民族聚居地区建设城乡一体化社会救助体系的现实意义

人口较少民族是指本民族总人口在30万以下的28个少数民族，他们大多居住在我国中西部省份的边远或边境地区，这些地方往往地广人稀，自然条件恶劣，距离中心城市比较远，交通、通讯、教育和卫生等基础设施落后，经济社会发展的基础十分薄弱。当地的农牧业主要是靠天吃饭，没有多少科技含量，农田水利设施比较落后，抗击自然灾害的能力很弱，许多村寨的通路、通水和人畜饮水问题尚未完全得到解决，贫困面广，贫困程度深。根据《扶持人口较少民族发展规划（2011—2015年）》，我国人口较少民族聚居地区实际上包括了2119个人口较少民族聚居的行政村、71个人口较少民族乡、16个人口较少民族自治县和2个人口较少民族自治州。因此，在"十三五"期间，人口较少民族聚居地区必将是我国脱贫攻坚战役所面临的一块硬骨头。而且，我国人口较少民族聚居地区的贫困问题还往往同民族问题、宗教问题和边境问题密切相连。

由于人口较少民族占到了我国民族总数的整整一半，因此人口较少民族聚居地区的贫困问题就不仅仅是个简单的经济问题了，而是个关系到我国各民族的平等、团结和共同繁荣，以及边疆地区社会稳定的重大政治问题。根据党中央的统一部署，社会救助制度在我国当前的精准扶贫战略中处于"兜底"的位置，但是目前我国农村社会救助在保障水平和资源配置等方面明显落后于城镇社会救助，在经济社会发展水平相对比较低的人口较少民族聚居地区，这种情况就更为突出了，何况当地的绝大部分贫困人口尤其是人口较少民族的贫困人口都居住在农村，由此造成了事实上的诸多不公平，加大了解决"三农"问题的难度，使得当地的脱贫任务显得非常的艰巨，同时也不利于各民族之间的团结。

基于此，人口较少民族聚居地区实际上比我国其他地区更为迫切地需要构建城乡一体化的社会救助体系。目前，人口较少民族聚居地区农村社会救助的发展水平明显落后于城镇社会救助，这种状况既违背了党历来所积极倡导的社会公平正义原则，同时也与《扶持人口较少民族发展规划（2011—2015 年）》所提出的"促进人口较少民族聚居地区经济社会的跨越式发展和长治久安"这一奋斗目标格格不入，因此，在人口较少民族聚居地区构建城乡一体化的社会救助体系无疑是一项很紧迫的重要政治任务。

六 研究内容

在我国现有的 2 个人口较少民族自治州和 16 个人口较少民族自治县当中，课题组选择到其中的 1 个人口较少民族自治州和 4 个人口较少民族自治县进行实地调研，它们分别是云南省的德宏州（具体是到芒市和陇川县）、贡山县、兰坪县以及广西壮族自治区的环江县、罗城县，具体涉及景颇族、阿昌族、德昂族、独龙族、怒族、普米族、毛南族和仫佬族这8 个人口较少民族。通过本书的研究，以期能为在我国人口较少民族聚居地区建设城乡一体化的社会救助体系提供具有一定可操作性的政策建议。

本课题研究主要包括三个方面的内容，首先是人口较少民族聚居地区城乡社会救助现状调查。课题组主要是了解人口较少民族聚居的 6 个县（市）的城乡低保、医疗救助、教育救助、住房救助、就业救助和法律援助等工作的现状，获取相关政策文件和统计数据；另外，课题组还要对 6 个县（市）城乡社会救助工作存在的问题进行分析、归纳和总结，主要是从社会救助的城乡二元分割的角度来查找问题，从而为本课题的后续研究奠定基础。

其次，研究人口较少民族聚居地区城乡一体化社会救助体系建设所需要采取的普遍性策略。具体内容包括：第一，完善社会救助的立法以及行政管理制度。要完善社会救助立法，改革现有的城乡二元分割的社会救助行政管理制度，打破城乡界限，统一计发办法，统一基金管理，统一城乡最低生活保障标准的测算方法，建立起城乡一体化的社会救助行政管理制度。第二，实现最低生活保障制度的城乡统筹。实现最低生活保障制度的城乡统筹是建设城乡一体化社会救助体系的核心任务之一，由于城乡居民生活水平的不同，城乡低保救助标准存在一定差距是合理的，要根据当地的城乡生活水平把这个差距控制在一个合理的范围内并且逐步缩小乃至统一。第三，专项救助项目在城镇和农村的均衡发展问题。目前，一些专项救助项目在农村的发展是明显滞后于城镇的，比如医疗救助、住房救助、法律援助和就业救助等，因此需要加快这些专项救助项目在农村的推广和普及。第四，城乡一体化的社会救助网络信息平台的建设问题。随着城乡之间人员流动的日益频繁，城乡一体化的网络信息平台有利于社会救助管理的科学化和规范化，特别是社会救助信息数据库的建立能方便对城乡社会救助对象的动态管理。

最后，研究人口较少民族聚居地区城乡一体化社会救助体系建设所需要采取的特殊性策略。具体内容包括：第一，通过精准扶贫战略和扶持人口较少民族政策来促进当地农民增收和提升农村基本公共服务的水平。中央和地方政府对人口较少民族聚居地区的专项扶持政策以及精准扶贫能极大地改善当地尤其是农村的教育、医疗和交通等基础设施状况，帮助当地农民实现增收脱贫，从而有效地减缓当地社会救助工作的压力，改善社会救助工作的软硬件条件，确保当地的社会救助尤其是农村社会救助达到较为理想的效果。第二，建立社会救助资金的多渠道筹措机制。人口较少民族聚居地区贫困人口多，贫困程度深，对社会救助的需求明显大于我国其他地区，而当地财政的支付能力往往又非常薄弱，因此资金问题成为当地城乡一体化社会救助体系建设的制约因素之一，要想办法建立社会救助资金的多渠道筹措机制。第三，完善农村居民家庭经济状况核对机制。居民家庭经济状况核对工作直接关系到社会救助对象的科学界定，我国人口较少民族聚居地区绝大多数的贫困人口都居住在农村，但农村居民家庭经济状况核对工作的难度一般都是高于城镇家庭的，而人口较少民族聚居地区地广人稀、交通不便和自然环境恶劣的特点更是进一步增加了这种难度，因此必须采取有效的措施来积极应对。第四，宗教和民族文化对城乡社会救助的影响问题。我国很多人口较少民族群众是信教的，他们信仰的宗教往往都教化人们弃恶扬善和帮助危难之人，而共同的文化则导致其本民族内部团结互助的群众基础比较好，因此在人口较少民族聚居地区开展社会救助工作时，应该充分发挥宗教和传统民族文化的积极作用，把它们当做可利用的资源，从而把当地尤其是农村地区的社会救助工作做得更好。第五，积极推进人口较少民族聚居地区的新型城镇化。人口较少民族聚居地区的城镇化水平在全国乃至整个中西部省份都属于比较低的，这是导致当地城乡社会救助的差距非常大的一个重要原因，因此当前的新型城镇化对于人口较少民族聚居地区的城乡一体化社会救助体系建设是比较有利的外部条件。

七　研究思路和方法

本书的研究思路是：以党的十九大报告、十八大报告和国家《扶持人口较少民族发展规划（2011—2015年）》为指引，通过对6个县（市）的个案研究，深入分析在人口较少民族聚居地区建设城乡一体化社会救助体系所需要解决的一系列问题并积极探讨相关对策，为实现我国的人口较少民族与其他民族一起全面建成小康社会提供有一定价值的决策参考。

本书所采用的研究方法主要是文献研究法和田野调查法。课题组首先对国内外相关研究文献进行分类收集、整理，掌握当前的研究动态，以求准确把握研究的切入点。其次，课题组到人口较少民族聚居的云南和广西的6个县（市）了解当地城乡社会救助的相关政策法规和落实情况，并到16个人口较少民族村委会（每个人口较少民族抽样2个村委会）进行入户调查，平均每个村委会入户调查15户，共计240户（实际上调查了245户），平均每个村委会发放100份调查问卷，共计1600份，以了解人口较少民族群众对于当前农村社会救助的评价和期望，评估当地农村社会救助的实施效果。

八　研究的创新之处

本书研究的创新之处有以下几点：（1）专门对人口较少民族聚居地区的城乡社会救助问题展开研究，有着很强的针对性，完全符合党中央国务院给予人口较少民族聚居地区特殊关注和专项扶持的政策导向。（2）

对专项社会救助的城乡均衡发展问题进行了重点研究,并且把就业救助当作建设城乡一体化社会救助体系的关键因素,而不是一味地只关注最低生活保障制度的城乡一体化。(3) 对在人口较少民族聚居地区建设城乡一体化社会救助体系所面临的一些特殊问题进行了深入分析,比如城乡社会救助与国家扶持人口较少民族专项政策的衔接、社会救助资金的多渠道筹集、农村居民家庭经济状况的核对机制以及宗教和民族传统文化因素对当地城乡社会救助工作的影响,等等。

第一章　人口较少民族聚居地区城乡社会救助现状调查

课题组首先调查了人口较少民族聚居的 6 个县（市）城乡最低生活保障的现状，以及医疗救助、教育救助、住房救助、就业救助和法律援助这些专项社会救助项目的具体实施情况，并深入分析了其存在的一些问题，以获取课题研究的第一手材料，为后续的研究奠定基础。

我国现行的 2014 年颁布的《社会救助暂行办法》所规定的很多专项社会救助对象仅限于城乡低保户和特困供养人员，事实上根据相关法律、法规和规范性文件，除城乡最低生活保障对象和特困供养人员之外，其他的城乡困难群众也可获得相应的教育、住房和就业等方面的救助，只不过名称有所区别，分别叫作贫困生资助、公租房（2014 年以前的廉租房）和就业援助。因此，课题组支持朱勋克的观点：低保对象和特困供养人员并不是专项社会救助的唯一救助对象，针对困难人群的教育资助、公租房（2014 年以前的廉租房）、就业援助与教育救助、住房救助、就业救助并无本质上的区别，把贫困生资助称为教育救助，公租房（2014 年以前的廉租房）和农村危房改造称为住房救助，就业援助称为就业救助，并不会增加或减少救助对象的规模。从长远来看，应当对贫困生资助、公租房（2014 年以前的廉租房）建设和农村危房改造、就业援助与教育救助、住房救助、就业救助进行合并，全部统一纳入规范的社会救助体系。[①] 课题组建议以后的社会救助立法不要再把城乡最低生活保障对象与专项社会救助资格简单地"捆绑"在一起，而是要让二者之间"脱钩"，即明确规定不是城乡低保对象的人也可享受相应的专项社会救助，只要他确实存在某

---

① 朱勋克：《社会救助法新论》，中国社会出版社 2015 年版，第 88 页。

个方面的困难且希望得到相应的专项社会救助。

基于此，需要特别说明的是，本课题组所调查的人口较少民族聚居地区的教育救助、就业救助和住房救助等专项社会救助的现状实际上是范围更为广泛的当地贫困生资助和捐资助学、就业援助、公租房（2014年以前的廉租房）建设和农村危房改造的现状，而不是现行《社会救助暂行办法》所规定的比较狭义的专项社会救助的现状。

第一节 人口较少民族聚居地区城乡最低生活保障现状调查

自2007年在全国范围内普遍建立起来以后，最低生活保障制度一直是我国农村最重要的社会救助内容，其主要目的是帮助解决农村最贫困群体的基本生活问题。我国人口较少民族的贫困人口绝大多数居住在农村，但目前人口较少民族聚居地区农村最低生活保障制度的发展水平明显偏低，既落后于当地城市，也落后于其他地区的农村，这种状况既违背了党一直以来所倡导的社会公平正义原则，也不符合各民族平等和共同繁荣的基本政策。

为了解我国人口较少民族聚居地区城乡最低生活保障的现状，课题组到我国人口较少民族聚居的6个县（市）进行了实地调研，它们分别是云南省的芒市和陇川县，兰坪白族普米族自治县和贡山独龙族怒族自治县，以及广西壮族自治区的罗城仫佬族自治县和环江毛南族自治县，一共涉及独龙族、怒族、普米族、景颇族、德昂族、阿昌族、毛南族和仫佬族这8个人口较少民族。

一 6个县（市）城乡最低生活保障的基本现状

（一）贡山县

截至2013年底，全县共有城镇低保对象820户1458人，共有7605户18118人享受农村低保。截至2014年底，全县共有城镇低保对象637户1059人，7605户18118人享受农村低保。截至2015年底，全县有637户1060人享受城镇低保待遇，有7605户18118人享受农村低保待遇。

（二）兰坪县

截至 2014 年底，兰坪县共有农村低保对象 21084 户 67495 人，城镇低保对象 2517 户 5180 人。截至 2015 年底，全县共有农村低保对象 21083 户 67495 人，城镇低保对象 2498 户 5143 人。

（三）芒市

截至 2014 年底，芒市共有城镇低保对象 7988 户 15101 人，农村低保对象 12520 户 36533 人。截至 2015 年底，全市有城镇低保对象 8184 户 15126 人，农村低保对象 12896 户 36533 人。

（四）陇川县

截至 2013 年底，全县有城镇低保对象 4594 户 8470 人，农村低保对象 25638 户 41651 人。截至 2014 年底，全县有城镇低保对象 4803 户 8710 人，农村低保对象 25919 户 41651 人。截至 2015 年底，全县有城镇低保对象 4828 户 8541 人，农村低保对象 25821 户 41651 人。

（五）罗城县

截至 2014 年底，全县有城镇低保对象 3528 人，农村低保对象 50618 人。截至 2015 年底，全县有城镇低保对象 3434 人，农村低保对象 49772 人。

（六）环江县

截至 2014 年底，全县有城镇低保对象 1450 人，农村低保对象 19658 人。截至 2015 年底，全县有城镇低保对象 818 户 1408 人，农村低保对象 4946 户 14448 人。

二 城乡最低生活保障制度面临的主要问题

在课题组所调研的 6 个县（市）中，德宏傣族景颇族自治州的陇川县是我国景颇族和阿昌族的主要聚居地，作为德宏州首府的芒市则是我国德昂族的主要聚居地，贡山县是我国唯一的独龙族自治县和怒族自治县，兰坪县是全国唯一的普米族自治县，罗城县是全国唯一的仫佬族自治县，环江县是全国唯一的毛南族自治县。课题组调查发现，这 6 个县（市）的城乡最低生活保障制度均面临着很多现实问题。

（一）城乡居民收入严重偏低，导致城乡最低生活保障的覆盖率比较高

课题组所调查的 6 个县（市）的经济社会发展水平总体都比较低，

第二、三产业发展明显滞后,而农牧业主要是靠天吃饭,因此当地城乡居民收入均严重偏低,贫困面广,贫困程度深,尤其是在农村地区。为了解人口较少民族家庭的具体收入状况,课题组专门对8个人口较少民族的245户家庭进行了入户调查,一共涉及16个村委会(每个人口较少民族调查2个村委会),平均每个人口较少民族调查了15户家庭(见表1-1)。

表1-1　　　人口较少民族家庭人均年纯收入情况调查表　　　(单位:户)

民族	村委会	被调查家庭数	2000元及以上	1500—1999元	1000—1499元	1000元以下
怒族	丙中洛	10	0	1	1	8
	甲生	10	0	3	1	6
独龙族	孔当	10	0	0	2	8
	献九当	10	0	0	1	9
阿昌族	隆光	24	3	8	5	8
	朗光	15	2	6	4	3
景颇族	营盘	13	1	3	5	4
	广瓦	29	4	9	3	13
普米族	大羊	11	0	2	2	7
	箐花	11	0	0	2	9
德昂族	出冬瓜	12	3	5	3	1
	勐丹	10	3	1	3	3
仫佬族	棉花	20	3	1	2	14
	聚环	20	2	4	6	8
毛南族	中南	20	8	4	5	3
	堂八	20	2	1	6	11
合计		245	31	48	51	115

资料来源:本表所有数据均是课题组实地调研获得的,为2013年度数据。

调查结果显示,在245户人口较少民族家庭中,人均年纯收入在2000元及以上的家庭占12.7%,人均年纯收入在1500—1999元的家庭占19.6%,人均年纯收入在1000—1499元的家庭占20.8%,人均年纯收入在1000元以下的家庭占46.9%。在2013年的时候，我国的农村绝对贫困线是人均年纯收入2300元，而课题组入户调查的结果表明，85%以上的人口较少民族农村家庭人均年纯收入是在2000元以下，可见人口较少民族群众的贫困程度是何等的严重。而这一现实直接导致了当地的城乡最低生活保障的覆盖率比较高，因此民政部门的低保工作量和管理难度均比较大，同时也给地方财政带来了较为沉重的压力。（见表1—5）

表1-2　2012年城乡居民收入及最低社会保障覆盖率比较表

地区	城镇居民人均可支配收入（元）	城镇低保覆盖率（%）	农民人均纯收入（元）	农村低保覆盖率（%）	城镇化率（%）
全国	24565	3.01	7917	8.32	52.6
云南	21075	5.08	5417	15.48	39.3
广西	21243	2.54	6008	12.57	43.5
贡山县	13170	20.55	2209	62.02	18.1
兰坪县	15146	18.16	3016	30.21	25.0
环江县	16017	1.93	4869	9.64	27.7
罗城县	13864	4.54	3938	14.55	26.5
陇川县	15008	15.57	4186	30.58	29.0
芒市	18069	9.47	4877	15.64	41.3

表1-3　2013年城乡居民收入及最低社会保障覆盖率比较表

地区	城镇居民人均可支配收入（元）	城镇低保覆盖率（%）	农民人均纯收入（元）	农村低保覆盖率（%）	城镇化率（%）
全国	26955	2.82	8896	8.56	53.7
云南	23236	5.49	6141	16.72	40.5
广西	23305	2.34	6791	13.28	44.8
贡山县	15359	21.78	2635	61.89	19.7
兰坪县	17013	8.78	3590	36.38	26.5
环江县	17507	1.90	5665	9.60	27.9
罗城县	15458	4.34	4485	22.01	27.7
陇川县	17551	15.65	4946	30.60	30.7
芒市	18915	9.21	5801	15.84	42.3

表1-4　2014年城乡居民收入及最低社会保障覆盖率比较表

地区	城镇居民人均可支配收入（元）	城镇低保覆盖率（%）	农民人均可支配收入（元）	农村低保覆盖率（%）	城镇化率（%）
全国	28844	2.51	9892	8.42	54.8
云南	24299	5.13	7456	16.71	41.7
广西	24669	2.05	8683	12.85	46.0
贡山县	16808	14.61	3960	63.60	21.7
兰坪县	17377	8.73	4406	43.19	27.5
环江县	19083	1.84	6203	9.96	28.7
罗城县	17019	4.07	4956	23.09	28.3
陇川县	18973	14.13	6506	32.39	32.0
芒市	20428	9.25	7656	15.80	43.4

表1-5　2015年城乡居民收入及最低社会保障覆盖率比较表

地区	城镇居民人均可支配收入（元）	城镇低保覆盖率（%）	农民人均可支配收入（元）	农村低保覆盖率（%）	城镇化率（%）
全国	31195	2.21	11422	8.12	56.1
云南	26373	4.78	8242	16.94	43.3
广西	26416	1.70	9467	11.51	47.1
贡山县	18135	15.81	4519	62.02	23.0
兰坪县	19162	10.63	4874	38.77	29.3
环江县	20362	1.73	6668	7.29	29.0
罗城县	19125	3.84	5793	22.77	29.0
陇川县	20565	14.22	7283	31.28	32.9
芒市	22062	9.31	8498	13.52	44.6

从上述统计表可以看出，城乡居民人均可支配收入（纯收入）越少的地方，其最低生活保障的覆盖率就越高；城镇化率越高的地方，其最低生活保障的覆盖率就越低。简而言之，城乡居民的人均可支配收入（纯收入）和城镇化率均与最低生活保障的覆盖率均呈现出负相关的关系。

当然，也有例外，比如环江县，在2012—2015年间，它的农村低保覆盖率一直与全国平均水平相差不大，在2014年以前是略高于全国平均水平，在2015年仅为7.29%，甚至还低于全国平均水平的8.12%；至于城镇低保方面，环江县在2012—2015年间一直都是低于全国的平均水平。但是，在2012—2015年间，环江县的城乡居民的人均可支配收入（纯收入）和城镇化率一直远远低于全国的平均水平。

（二）农村最低生活保障的救助标准偏低，城乡差距较大

农村最低生活保障的覆盖率越高，说明"应保尽保"的实现程度越高。但是，在人口较少民族聚居地区农村最低生活保障的高覆盖率背后，是救助标准严重偏低的残酷现实。[①] 从2012—2015年的相关统计数据可以看出，除了2012年之外，在其余年度里，人口较少民族聚居的6个县（市）的农村最低生活保障标准整体上不仅大大低于同期的全国平均水平，也明显低于其所在省份的平均水平。2012年，农村最低生活保障标准最高的是陇川县和芒市，其农村低保救助标准是全国平均水平的82.20%，云南省平均水平的101.43%；农村最低生活保障标准最低的是贡山县和兰坪县，其农村低保救助标准是全国平均水平的70.12%，云南省平均水平的86.52%。到了2015年，农村最低生活保障标准最高的是环江县和罗城县，其农村低保救助标准是全国平均水平的64.19%，广西壮族自治区平均水平的79.81%；农村最低生活保障标准最低的是贡山县和兰坪县，其农村低保救助标准是全国平均水平的60.35%，云南省平均水平的81.90%。这充分说明，虽然农村最低生活保障的保障标准一直在逐年增长，但实际上人口较少民族聚居地区农村最低生活保障的救助标准整体偏低的趋势却越来越严重。

除了整体的救助标准明显偏低之外，人口较少民族聚居地区最低生活保障救助标准的城乡差距也是比较大的。在2012—2015年间，全国城乡低保标准的对比关系从1.91∶1变为1.70∶1，而贡山县、兰坪县在2012年是2.48∶1，到了2015年仍然是2.48∶1；陇川县、芒市在2012年是1.98∶1，到了2015年仍然是1.98∶1；环江县、罗城县在2012年是

---

① 刘苏荣：《人口较少民族聚居地区农村最低生活保障分析——基于对我国3个人口较少民族自治县的调查》，《贵州民族研究》2015年第6期。

1.96∶1，到了 2015 年则变为 2.00∶1。(见表 1—9 表)

表 1-6　　2012 年城乡低保救助标准、补助水平比较表

	城市低保 救助标准 （元/人/月）	城市低保 平均补助水平 （元/人/月）	农村低保 救助标准 （元/人/年）	农村低保 平均补助水平 （元/人/月）
全国	330	239	2068	104
云南	284	209	1676	94
广西	270	208	1375	83
贡山县	300	221	1450	94
兰坪县	300	221	1450	94
环江县	245	195	1500	75
罗城县	245	195	1500	75
陇川县	280	209	1700	94
芒市	280	209	1700	94

表 1-7　　2013 年城乡低保救助标准、补助水平比较表

	城市低保 救助标准 （元/人/月）	城市低保 平均补助水平 （元/人/月）	农村低保 救助标准 （元/人/年）	农村低保 平均补助水平 （元/人/月）
全国	373	264	2434	116
云南	324	240	1953	108
广西	335	228	1993	93
贡山县	345	240	1668	108
兰坪县	345	240	1668	108
环江县	300	250	1680	90
罗城县	260	205	1600	84
陇川县	280	240	1700	108
芒市	280	240	1700	108

表1-8　　　2014年城乡低保救助标准、补助水平比较表

	城市低保救助标准（元/人/月）	城市低保平均补助水平（元/人/月）	农村低保救助标准（元/人/年）	农村低保平均补助水平（元/人/月）
全国	411	286	2777	129
云南	360	276	2142	124
广西	340	240	2029	100
贡山县	397	276	1918	124
兰坪县	397	276	1918	124
环江县	310	255	1920	103
罗城县	300	240	1899	100
陇川县	322	209	1955	124
芒市	322	209	1955	124

表1-9　　　2015年城乡低保救助标准、补助水平比较表

	城市低保救助标准（元/人/月）	城市低保平均补助水平（元/人/月）	农村低保救助标准（元/人/年）	农村低保平均补助水平（元/人/月）
全国	451	317	3178	147
云南	397	308	2342	143
广西	404	280	2556	125
贡山县	397	317	1918	143
兰坪县	397	317	1918	143
环江县	340	281	2040	127
罗城县	340	261	2040	110
陇川县	322	317	1955	143
芒市	322	317	1955	143

而在更加具有实际意义的低保补助水平对比方面，人口较少民族聚居的这6个县（市）同样呈现出较大的城乡差距，而这种差距也是高于全国平均水平的。在2012—2015年间，全国城乡低保补助水平的对比关系从2.30∶1变为2.16∶1；而贡山县、兰坪县在2012年是2.35∶1，2015

年是 2.22∶1；陇川县、芒市在 2012 年是 2.22∶1，2015 年仍然是 2.22∶1；环江县在 2012 年是 2.60∶1，2015 年是 2.21∶1；罗城县在 2012 年是 2.60∶1，2015 年是 2.37∶1。

（三）救助力度系数较大

救助力度系数已经成为国内学者研究城乡最低生活保障制度的一个重要指标，其计算公式为：当年度最低生活保障救助标准/上年度居民人均纯收入（或可支配收入）。在公式中，系数越大说明政府对最低生活保障对象的救助力度越大，系数过低说明政府的救助力度不足。[①] 而课题组的调查结果显示，除芒市以外，人口较少民族聚居的其余 5 个县的城乡社会救助力度系数均明显高于其所在省份和全国的平均水平。与全国一样，6 个县（市）的农村社会救助力度系数均大大高于城镇，特别是贡山县，在 2013—2014 年度，该县的农村社会救助力度系数均达到惊人的 0.7 以上，是全国和云南省平均水平的两倍以上。（见表 1-10）

表 1-10　　　　救助力度系数统计表

地区	2013 年度		2014 年度		2015 年度	
	城镇低保救助力度系数	农村低保救助力度系数	城镇低保救助力度系数	农村低保救助力度系数	城镇低保救助力度系数	农村低保救助力度系数
全国	0.182	0.307	0.183	0.312	0.188	0.321
云南	0.184	0.361	0.186	0.349	0.196	0.314
广西	0.189	0.332	0.175	0.299	0.197	0.294
贡山县	0.314	0.755	0.310	0.728	0.283	0.484
兰坪县	0.273	0.553	0.280	0.534	0.274	0.435
环江县	0.225	0.345	0.212	0.339	0.214	0.329
罗城县	0.225	0.406	0.233	0.423	0.240	0.412
陇川县	0.224	0.406	0.220	0.395	0.204	0.301
芒市	0.186	0.349	0.204	0.337	0.189	0.255

---

① 毕红霞等：《论农村最低生活保障财政支持的适度性与政策优化》，《农业经济问题》2012 年第 1 期。

人口较少民族聚居地区城乡社会救助力度系数如此之高，一方面固然说明当地政府对城乡最低生活保障投入了比较多的人力、物力和财力，而另外一方面也说明当地低保对象的数量相对比较多，资金需求量很大，地方政府在城乡最低生活保障方面的财政负担是比较沉重的，而且很有可能会引发福利依赖现象。

（四）地方政府对城乡最低生活保障的财政支持力度受到严重制约

由于地处偏远、交通不便和自然条件恶劣，人口较少民族聚居地区的经济社会发展水平与我国其他地区相比整体落后，因此地方政府在财政问题上经常捉襟见肘，其对最低生活保障的财政支持受到了严重的制约。以贡山县为例，由于其自然条件极其恶劣，当地严重缺乏规模化经营的企业，因此税收来源很少，其地方财政收入非常之低，长期处于云南省129个县（市、区）的最末一位，一直是云南省经济社会发展水平最低的一个县。课题组调查发现，纳入2013年度财政预算的贡山县全县城乡最低生活保障工作经费仅有5万元。① 调查还发现，在2013年，4个人口较少民族自治县的地方财政都非常薄弱，均处于严重的入不敷出状态，人均公共财政预算收入只相当于所在省份平均水平的20%到50%之间。与此相对应的是，4个人口较少民族自治县的公共财政预算总支出却高得离谱，地方公共财政预算总收入与总支出的比例均明显大大高于其所在省份的平均水平。② 很明显，以如此薄弱乃至严重入不敷出的地方财力现状，人口较少民族聚居地区的地方政府难以对当地的城乡最低生活保障制度提供有力的财政支撑，这也必将影响到最低生活保障政策在当地的实施效果。

在2013—2015年间，课题组所调查的1个人口较少民族自治州和4个人口较少民族自治县的人均地方公共预算财政收入均远远低于其所在的省份，差距最小的是德宏州，其人均地方公共预算财政收入约为云南省平均水平的2/3左右，差距最大的是罗城县，其人均地方公共预算财政收入仅为广西壮族自治区平均水平的1/5左右。至于地方公共财政预算总收入

---

① 刘苏荣：《人口较少民族聚居地区农村最低生活保障分析——基于对我国3个人口较少民族自治县的调查》，《贵州民族研究》2015年第6期。

② 刘苏荣：《人口较少民族聚居地区县域经济的困境及对策——基于对环江、罗城、兰坪、贡山民族自治县的调查》，《改革与战略》2016年第3期。

与总支出的比例,德宏州和4个人口较少民族自治县也是明显高于其所在的省份,特别是环江、罗城和贡山县,长期以来地方公共财政预算总收入还不到预算总支出的1/10,这一比例仅为所在省份平均水平的1/4左右,德宏州和兰坪县的情况要稍好一些,但其地方公共财政预算总收入占预算总支出的比例也仅为云南省平均水平的3/5左右。人口较少民族聚居地区地方政府的财力之薄弱,由此可见一斑。(见表1—11、表1—12和表1—13)

表1-11　　　　2013年地方财政收入与支出情况表

地区	地方人均公共财政预算收入（元）	地方公共财政预算总收入与总支出的比例
广西	2790	1∶2.42
云南	3437	1∶2.54
环江县	529	1∶11.89
罗城县	506	1∶11.63
兰坪县	1739	1∶3.95
贡山县	1343	1∶17.49
德宏州	2246	1∶3.56

表1-12　　　　2014年地方财政收入与支出情况表

地区	地方人均公共财政预算收入（元）	地方公共财政预算总收入与总支出的比例
广西	2991	1∶2.44
云南	3602	1∶2.61
环江县	598	1∶11.36
罗城县	560	1∶11.66
兰坪县	1971	1∶4.47
贡山县	1566	1∶14.16
德宏州	2453	1∶3.93

表1-13　　　　　2015年地方财政收入与支出情况表

地区	地方人均公共财政预算收入（元）	地方公共财政预算总收入与总支出的比例
广西	3159	1∶2.69
云南	3813	1∶2.61
环江县	708	1∶11.17
罗城县	669	1∶11.16
兰坪县	1500	1∶6.43
贡山县	1760	1∶13.73
德宏州	2499	1∶3.90

（五）家庭经济状况核对难度大，城乡低保工作的动态管理不够到位

虽然我国当前城乡低保的救助标准并不高，但是它的"含金量"却比较高，是获得其他专项社会救助的"通行证"，所以在我国很多地区尤其是农村普遍存在着"进低保容易、退低保难"的现象。众所周知，我国很多地方的农村低保线是明显低于国家贫困线的，在人口较少民族聚居地区更是如此，但是课题组在贡山县、兰坪县、芒市和陇川县调研时发现，近两年当地存在着民政部门统计的农村低保覆盖率高于扶贫开发部门统计的农村贫困发生率的奇怪现象，这说明有相当多的农村非贫困人口不合理地占据了农村低保指标，从而导致当地的低保保障水平比较低下。之所以会出现这种奇怪现象，无疑与人口较少民族聚居地区居民家庭经济状况核对难度大、城乡低保工作动态管理落实不够到位有着莫大的关系。（见表1-14）

课题组在6个县（市）进行调研时发现，实际上只有少数县（市）在城乡低保工作中做到了比较严格意义上的动态管理，比如环江县和罗城县。2015年，环江县分别制定并下发了《环江毛南族自治县社会救助专项执法检查实施方案、督查通知、通报》等文件，在全县范围内组织开展了社会救助专项执法检查工作，对城乡低保对象、农村五保供养对象、医疗救助和临时救助申请对象进行大调查大清理，对符合条件的对象及时给予救助，不符合条件的坚决予以清退。在开展督查核对工作中，环江毛南族自治县低收入居民家庭经济状况核对中心全年接受671户2197

表1-14 人口较少民族聚居地区农村贫困发生率与低保覆盖率

地区	2014年度		2015年度	
	农村贫困发生率（%）	农村低保覆盖率（%）	农村贫困发生率（%）	农村低保覆盖率（%）
全国	11.34	8.42	9.24	8.12
贡山县	45.76	63.60	37.63	62.02
兰坪县	38.46	43.19	32.72	38.77
陇川县	11.10	32.39	8.78	31.28
芒市	4.32	15.80	3.45	13.52
环江县	41.78	9.96	33.62	7.29
罗城县	45.71	23.09	37.72	22.77

人次平台数据核对，核查出有差异的290户494人；入户调查145户519人，核查出有差异的64户231人。低保办通过本年度专项执法检查，筛选处理违规领取低保金人员，清退已不符合享受城镇低保条件的58户和不符合享受农村低保条件的1917户，新纳入城镇低保保障范围43户96人和农村低保保障范围676户2234人。2015年，罗城县新增城镇低保对象52户65人，取消城镇低保对象147户197人，新增农村低保对象445户1171人，取消农村低保对象961户2237人。表1-15和表1-16为罗城县民政局提供的2014年城乡低保对象动态管理情况统计表，也就是说罗城县民政局做到了每月一次的数据更新和低保对象的变更，在城乡低保对象的动态管理方面做得比较到位。

而其他4个县（市），按照应保尽保、动态管理的原则，每年进行1—2次城乡低保资格核查与调整保障对象的工作都会难以完成，更别提每月调整一次城乡低保对象了。2014年，兰坪县制定下发了《兰坪县民政局关于对全县城市低保对象进行清查暨规范化管理的通知》，对全县城镇低保对象进行核查清理，共计清理出城镇低保对象310人，其中死亡35人，已经享受养老保险或者再就业105人，因为家庭经济状况好转而调整109人，但是每年才搞一次运动式的专项核查，这种动态管理的力度显然是不够的。

表 1 - 15　　　罗城县 2014 年农村低保对象情况统计表

月份	低保户数	低保人数	人员类别					补差标准（元/月）	救助标准（元/年）
			因病	因残	年老体弱	生存条件恶劣	缺乏劳动力		
1	27647	49078	10950	5614	18038	7011	7465	84	1600
2	27640	49087	10959	5614	18038	7011	7465	84	1600
3	27600	49031	10939	5608	18018	7001	7465	84	1600
4	27510	48836	10900	5500	18000	7001	7435	84	1600
5	27420	48649	10826	5475	17965	6983	7400	100	1899
6	27501	49107	10900	5575	18047	7085	7500	100	1899
7	27454	48995	10788	5575	18047	7085	7500	100	1899
8	27411	48892	10700	5560	18047	7085	7500	100	1899
9	27899	50537	11100	5980	18499	7158	7800	100	1899
10	27683	50008	10900	5880	18399	7100	7729	100	1899
11	27486	49606	10800	5780	18299	7000	7727	100	1899
12	27782	50618	11000	6080	18508	7230	7800	100	1899

2016 年 6 月，兰坪县下发了《兰坪县 2016 年农村低保减量提标工作实施方案》，明确提出加强农村低保与扶贫开发政策的衔接，逐步完成农村低保减量提标工作，逐年减少低保对象并逐步提高保障标准，2016 年农村居民最低生活标准提高至 2700 元/人/年，力争 2018 年做到农村低保标准与扶贫标准"两线合一"。（见表 1 - 17）

但是，通过行政命令的方式制定计划来进行农村低保对象的削减，而不是通过科学核查低保对象家庭经济状况的方式，其实际效果会怎样，是否做到了公平公正，无疑是要打上一个问号的。

（六）农村低保管理不规范

虽然我国的最低生活保障制度表面上采取的是城乡基本一致的行政管理模式，但在实际操作中，由于农村较之城镇更加重视宗族等血缘关系，而基于血缘和地缘关系结成的熟人社会会导致一个后果，那就是在农村低保的日常管理上很容易受到人为因素的干扰，相关政策在执行过程中没有做到规范化。比如，在农村低保的民主评议环节中，不少地方存在拉票和

表 1-16　罗城县 2014 年城镇低保对象情况统计表

月份	低保户数	低保人数	女性	残疾人	三无人员	老年人	在职人员	灵活就业	登记失业	未登记失业	在校学生	其他未成年人	补差标准（元/月）	救助标准（元/月）
1	2539	3710	1539	137	51	351	94	546	1131	1266	202	120	205	260
2	2542	3715	1539	137	51	351	94	546	1131	1266	202	125	205	260
3	2486	3624	1539	137	51	325	94	546	1101	1236	202	120	205	260
4	2483	3617	1537	137	49	314	82	536	1124	1243	202	116	205	260
5	2483	3612	1539	136	49	314	82	536	1124	1241	202	113	205	260
6	2497	3644	1539	142	49	324	82	536	1124	1241	208	129	240	300
7	2490	3638	1539	142	49	319	81	536	1124	1241	208	129	240	300
8	2494	3647	1539	142	49	322	81	536	1124	1241	210	133	240	300
9	2506	3677	1539	142	49	332	81	545	1124	1241	213	141	240	300
10	2392	3511	1539	142	49	332	81	352	1151	1241	213	141	240	300
11	2384	3493	1539	142	49	332	81	334	1151	1241	213	141	240	300
12	2405	3528	1539	142	49	332	81	365	1151	1241	217	141	240	300

表 1-17　兰坪县 2016 年农村低保减量计划表

地区	计划 2016 年底低保保障对象占农村人口比例（％）	2015 年底实际低保人数（人）	2015 年农村人口数（人）	计划 2016 年减少低保人数（人）
金顶镇	52	10324	19818	650
啦井镇	36	4935	13718	250
营盘镇	34	12017	34962	155
石登乡	35	9244	26010	155
兔峨乡	39	7380	18926	155
中排乡	36	8410	23468	155
通甸镇	43	8920	20739	155
河西乡	38	6265	16461	155
全县	38	67495	174102	1830

串通投票现象，或是简化民主评议的过程。① 种种此类现象，已经严重损害了最低生活保障制度在我国农村地区的公信力，也违背了社会公平正义的基本原则。追根溯源，我国农村地区建立在血缘、亲缘、地缘和利缘基础之上的圈子愈来愈普遍，优先照顾圈内人逐渐成为一种社会风尚，这是农村地区大量产生"人情保""关系保"等现象的重要社会根源。

在我国城乡户籍制度逐渐放开、人口流动日益频繁和农村居民人户分离现象逐渐增多的新形势下，农村低保工作的管理难度在不断加大。由于农村居民居住相对分散，而基层民政部门人员数量较少，由县、乡两级民政干部逐一核查的话，工作量太大，行政成本太高，因此事实上是村委会干部承担着我国农村低保的日常管理工作。但是，这些农村低保的实际管理者缺乏对我国现行社会救助法律法规的系统学习，绝大多数人只是接受过当地政府部门组织的简单的民政业务培训，因此他们对于农村低保政策缺乏深入的理解，其政策执行水平并不高。

事实上，我国很多地方的农村低保名额需要熟知本村实际情况的村委会和村民小组干部来进行分配，而他们在分配低保名额时就不得不考虑乡村社会的各种传统因素，既要照顾到村里真正的弱势群体，又要兼顾其他利益群体，包括"失范户"，即遭遇社会转型的失范效应而引发生活困难但尚不符合当地农村低保条件者。"失范户"主要包括两种：一是福利户，即在村组中曾经担任过干部，后因为各种原因退下来的村民；二是关系户，即与村组干部关系较好的农户，这些家庭大多比较支持村组干部的工作，或者村组干部有求于他们。村组干部这样分配低保名额，在实践当中会有利于其他工作的开展。② 由此可见，农村低保不仅要保障乡村弱势群体的基本生活，还要考虑如何通过低保名额的分配来维持乡村的稳定和有序状态，有的村干部之所以把农村低保名额的分配当作乡村治理的一种手段，是因为他们是站在"维稳"的角度来开展农村低保工作的，而不是站在"公平正义"的角度。因此，农村低保已经不仅是一种社会救助方式，实际上它在一定程度上已经被"异化"了，由此导致了农村低保

---

① 钟一涵：《最低生活保障制度城乡统筹发展调研报告》，《中国民政》2016 年第 10 期。
② 朱德云：《我国农村社会救助体系改革与创新研究》，经济科学出版社 2016 年版，第 104—105 页。

工作中的种种不规范行为。

在我国当前乡镇一级的政府里，一般是配备一到两名民政助理，他们往往身兼多职，农村低保工作只是其中的一小部分，而每年农村低保的申请、受理、审核和动态管理的任务很繁重，没有足够的人手肯定是远远应付不过来的，这是我国乡镇政府把农村低保工作委托给村委会的第一个重要原因。由此，村委会上报的材料是农村低保资格审批的主要依据，村委会实际上获得了农村低保资格的认定权力。乡镇政府把农村低保工作委托给村委会的另外一个重要原因是：村委会具有"地方性知识"的垄断优势，村委会干部不仅很了解当地群众的基本生活保障需求的实际情况，也深谙本地行为处事规则及公共事务的处理方法，从而有助于解决农村基层低保管理工作中的信息不对称问题，也有利于掌握分散且流动频繁的农村低保对象的真实情况。村委会干部所具有的"地方性知识"优势，虽然有利于提高低保给付对象的瞄准，但具有"福利包"性质的低保资格也刺激了"地方性知识"下农村"熟人社会"的就近选择弊端，从而导致农村低保对象认定的一些混乱现象。①

针对农村低保的日常管理问题，课题组共计向16个人口较少民族村委会（每个人口较少民族调查2个村委会）的村民发放了不记名调查问卷1600份，每个村委会发放了100份，实际回收1581份，其中有效问卷1574份，有效问卷的具体分布情况是：孔当村委会98份，献九当村委会97份，丙中洛村委会100份，甲生村委会98份，营盘村委会98份，广瓦村委会99份，隆光村委会99份，朗光村委会97份，出冬瓜村委会98份，勐丹村委会99份，大羊村委会99份，箐花村委会96份，中南村委会99份，堂八村委会98份，棉花村委会99份，集环村委会100份。（见表1-18）

在1574名调查对象中，从性别比例来看，男性有877人，所占比例为55.72%；女性有697人，所占比例为44.28%。从年龄分布来看，29岁及以下的有420人，30—44岁的538人，45—59岁的379人，60

---

① 刘耀辉、吴秀琳：《农村基层低保给付主体功能错位及应对——以社会工作力量介入为视角》，《怀化学院学报》2016年第8期。

岁及以上的 237 人，所占比例分别为 26.68%、34.18%、24.08% 和 15.06%。

表 1-18　　　　　　　　　问卷调查表 I

民族	村委会	被调查人性别比例（%）		被调查人年龄分布（人）			
		男	女	29 岁及以下	30—44 岁	45—59 岁	60 岁及以上
独龙族	孔当	52	46	37	38	15	8
	献九当	58	39	31	44	16	6
怒族	丙中洛	54	46	36	29	21	14
	甲生	61	37	35	26	15	22
景颇族	营盘	43	55	20	36	28	14
	广瓦	45	54	34	32	24	9
阿昌族	隆光	53	46	19	23	30	27
	朗光	59	38	24	31	22	20
德昂族	出冬瓜	46	52	36	23	31	8
	勐丹	61	38	22	44	14	19
普米族	大羊	58	41	24	38	22	15
	箐花	55	42	32	34	21	9
毛南族	中南	47	52	21	36	27	15
	堂八	61	37	20	25	41	12
仫佬族	棉花	59	40	17	31	25	26
	集环	65	35	12	48	27	13

从受教育程度来看，调查对象中未上过学的有 122 人，所占比例为 7.75%；小学文化程度的有 598 人，所占比例为 37.99%；初中文化程度的有 623 人，所占比例为 39.58%；高中文化程度的有 191 人，所占比例为 12.13%；大专及以上文化程度的有 39 人，所占比例为 2.54%。也就是说，85% 以上的问卷调查对象的文化程度均为初中及以下，具有高中及以上文化程度的比例不足 15%（见表 1-19）。

表1-19　　　　　　　　　　　问卷调查表Ⅱ　　　　　　　　（单位：人）

民族	村委会	被调查人的受教育程度				
		未上过学	小学	初中	高中	大专以上
独龙族	孔当	12	46	33	7	0
	献九当	9	45	39	4	0
怒族	丙中洛	7	42	36	14	1
	甲生	6	28	54	10	0
景颇族	营盘	8	38	39	11	2
	广瓦	4	49	32	13	1
阿昌族	隆光	8	39	35	15	2
	朗光	10	41	28	13	5
德昂族	出冬瓜	6	23	39	23	7
	勐丹	4	25	47	20	3
普米族	大羊	12	29	41	13	4
	箐花	11	20	56	4	5
毛南族	中南	9	34	39	12	5
	堂八	3	41	40	13	1
仫佬族	棉花	5	52	29	11	2
	集环	8	46	36	8	2

　　从调查结果来看，有225人认为村委会在农村低保对象认定过程中没有做到公开透明，所占比例为14.29%，怒族、景颇族、普米族、毛南族和仫佬族的调查对象对此反应比较强烈。而对于低保资格的认定结果，认为不公平的调查对象有352人，所占比例为22.36%，其中独龙族、怒族、毛南族和仫佬族的调查对象反应最为强烈。（见表1-20）

　　总的来看，人口较少民族聚居地区的村干部整体文化水平不高，低保工作的专业能力比较欠缺，从而严重影响了对于农村最低生活保障制度的执行水平，导致了农村低保管理工作中的种种不规范行为。以贡山县为例，2013年该县村委会"两委"（村党支部委员、村委会委员）换届工作共选举产生农村基层党组织领导班子成员136名。在年龄结构上，35

表 1-20　　　　　　　　问卷调查表Ⅲ　　　　　　　　（单位：人）

民族	村委会	低保认定过程是否公开透明		低保认定结果是否公平		
		是	否	很公平	基本公平	不公平
独龙族	孔当	95	3	20	53	25
	献九当	93	4	9	60	28
怒族	丙中洛	81	19	7	61	32
	甲生	88	10	17	54	27
景颇族	营盘	85	13	36	47	15
	广瓦	78	21	20	61	18
阿昌族	隆光	96	3	21	72	6
	朗光	90	7	10	78	9
德昂族	出冬瓜	96	2	23	62	13
	勐丹	91	8	16	78	5
普米族	大羊	76	23	21	58	20
	箐花	85	11	24	60	12
毛南族	中南	68	31	8	47	44
	堂八	72	26	11	50	37
仫佬族	棉花	74	25	12	52	35
	集环	81	19	15	59	26

岁以下的 61 人，占总数的 45%；36—50 岁的 68 名，占总数的 50%；51 岁以上的 7 名，占总数的 5%；在知识结构上，高中（中专）文化程度的 35 名，占总数的 26%，初中及以下程度的 84 名，占总数的 62%，大专及以上文化程度 17 人，占总数的 12%。从这些统计数据可以看出，贡山县农村基层党组织领导班子成员初中以下文化程度占了大多数，这必然会严重制约其对于国家农村低保政策的理解力和执行力。在环江县，调查组发现个别乡（镇）政府对农村低保工作不够重视，只安排了一些临近退休或从领导岗位退下来的人员从事农村低保工作，因为自身的能力有限，加上年龄又偏大，使得个别乡（镇）出现无人操作农村低保信息管理系统的不正常现象。

（七）农村低保难以有效满足人口较少民族群众的需求

在 245 户课题组入户调查家庭中，有 176 户家庭是低保户，占被调查家庭总数的 71.8%。其中，高达 89.2% 的景颇族被调查低保户认为当前的农村最低生活保障的救助标准偏低，而怒族只有 45.0% 的被调查低保户持这一观点。知道城乡低保存在差异的户数所占比例最高的是怒族家庭，达到了 55.0%，而这一比例最低的是普米族家庭，仅为 18.2%，这充分反映出人口较少民族对于我国现行的城乡最低生活保障制度知之甚少。① 调查结果显示，认为当地农村低保救助标准偏低的有 128 户，占总数的 52.2%，对此反应比较强烈的有景颇族和阿昌族群众；知道城乡低保存在差距的有 67 户，仅占总数的 27.3%，这说明人口较少民族群众对城乡低保政策知之甚少。（见表 1-21）

表 1-21　　　　最低生活保障入户调查表 I　　　　（单位：户）

民族	被调查户数	其中的低保户数	认为低保标准偏低的户数	知道城乡低保存在差异的户数
独龙族	20	20	13	5
怒族	20	20	9	11
阿昌族	39	33	28	10
景颇族	42	37	33	10
普米族	22	20	12	4
德昂族	22	16	13	7
仫佬族	40	15	10	11
毛南族	40	15	10	9

在课题组入户调查时，52.2% 的被调查家庭（128 户）希望"提高低保救助标准"，其中意愿最强烈的是独龙族家庭；31.9% 的被调查家庭（78 户）希望"扩大低保覆盖面"，其中意愿最强烈的是仫佬族家庭；15.9% 的被调查家庭（39 户）希望"低保评选与发放更加公正公平"，其中意愿最强烈的是独龙族、怒族和毛南族家庭。从调查结果来看，当前

---

① 刘苏荣：《论人口较少民族对农村社会救助的现实需求——基于对 8 个人口较少民族 245 户家庭的入户调查》，《湖北民族学院学报》（哲学社会科学版）2016 年第 3 期。

农村最低生活保障的救助标准并不能满足人口较少民族群众的现实需求，考虑到当地比较低的城乡居民收入水平，这一结果实际上是可以预料的。但是，共计39户被调查家庭选择"希望低保评选与低保金发放更加公正公平"这一答案则不得不引起人们的极大关注。尤其值得注意的是在这39户家庭中，一半以上是低保户，而非低保户只占少部分。非低保户选择这一答案的主要理由包括"自己的家庭完全符合条件但却未被评上""屡屡评不上让人没有了申请低保的意愿""经济状况很相似的两个家庭一家能评上而另外一家却评不上"等，而低保户选择这一答案的主要理由包括"低保金不同档次之间的差距太小""对于残疾人家庭、独居老人家庭等类型的低保户应该尽可能多发一些低保金""小孩多的低保户占便宜而小孩少的低保户吃亏"等。①（见表1-22）

表1-22　　　　　最低生活保障入户调查表Ⅱ　　　　（单位：户）

民族	被调查户数	希望扩大低保覆盖面的户数	希望提高低保救助标准的户数	希望低保评选与发放更加公平公正的户数
怒族	20	5	9	6
独龙族	20	1	13	6
阿昌族	39	14	23	2
景颇族	42	13	26	3
普米族	22	4	12	6
德昂族	22	9	12	1
仫佬族	40	20	17	3
毛南族	40	12	16	12

在1574份有效调查问卷中，关于"当前农村低保对缓解贫困家庭经济状况的效果"这一问题，认为"效果很好"的有148人，占9.40%；认为"有一点效果"的有1173人，占74.53%；认为"没有效果"的有253人，占16.07%。也就是说，认为农村低保能明显缓解贫困家庭经济状况的比例不足10%，这充分说明当地农村低保的补助水平明显偏低，

---

① 刘苏荣：《论人口较少民族对农村社会救助的现实需求——基于对8个人口较少民族245户家庭的入户调查》，《湖北民族学院学报》（哲学社会科学版）2016年第3期。

对缓解低保户家庭贫困状况的效果并不明显,对此反应比较强烈的有毛南族、怒族、普米族和仫佬族群众。(见表1-23)

表1-23　　　农村低保对缓解贫困家庭经济状况的效果　　　(单位:户)

民族	村委会	当前农村低保对缓解贫困家庭经济状况的效果		
		效果很好	有一点效果	没有效果
独龙族	孔当	18	67	13
	献九当	6	81	10
怒族	丙中洛	3	83	14
	甲生	6	70	22
景颇族	营盘	8	75	15
	广瓦	3	87	9
阿昌族	隆光	12	78	9
	朗光	5	86	6
德昂族	出冬瓜	22	68	8
	勐丹	10	78	11
普米族	大羊	14	59	26
	箐花	12	71	13
毛南族	中南	5	60	34
	堂八	2	67	29
仫佬族	棉花	10	74	15
	集环	12	69	19

关于"在同等的经济条件下哪个群体应该优先考虑给予农村低保待遇"这一问题,选择"家庭成员有重大、慢性疾病或残疾的家庭"的有1099人,占69.82%;选择"独居老人家庭"的有282人,占17.92%;选择"未成年子女众多的家庭"的有123人,占7.81%;选择"单亲家庭"的有70人,占4.45%。在课题组所调查的16个村委会中,选择"家庭成员有重大、慢性疾病或残疾的家庭"和"独居老人家庭"的均排在前两位,在大部分村委会中,选择"未成年子女众多的家庭"的人要多于选择"单亲家庭"的人。这说明人口较少民族群众对于因病因残致

贫家庭有着强烈的同情心,认为应该优先把低保指标分给此类家庭。(见表1-24)

表1-24　　　　　　　　问卷调查表Ⅳ　　　　　　　　（单位：人）

民族	村委会	下面哪个群体应该优先考虑给予农村低保待遇			
		家庭成员有重大疾病或残疾的家庭	单亲家庭	独居老人家庭	未成年子女众多的家庭
独龙族	孔当	57	6	29	16
	献九当	70	5	12	10
怒族	丙中洛	56	9	21	14
	甲生	61	5	22	10
景颇族	营盘	75	4	14	5
	广瓦	62	3	27	7
阿昌族	隆光	65	4	19	11
	朗光	79	3	12	3
德昂族	出冬瓜	71	3	17	7
	勐丹	60	2	29	8
普米族	大羊	67	7	15	10
	箐花	72	8	12	4
毛南族	中南	68	3	20	8
	堂八	80	2	11	5
仫佬族	棉花	85	2	10	2
	集环	81	4	12	3

第二节　人口较少民族聚居地区城乡医疗救助现状调查

医疗救助是一项专项社会救助,在当前,疾病已经成为我国城乡居民贫困的主要原因之一,"因病致贫、因贫致病"成为我国反贫困的重要任务和挑战,因此医疗救助的重要性日益凸显。一般来说,医疗救助是政府通过提供财政、政策和技术上的支持,以及社会通过各种慈善行为,对贫困人群中因病而无经济能力进行治疗的人群，或者因支付数额庞大的医疗费用而陷入困境的人群，实施专项帮助和经济支持，使他们获得必要的卫生服务，以维持基本生存能力，改善目标人群健康状况的一种医疗保障制度。[①] 疾病风险是每个人都有可能遇到的风险，疾病风险一旦发生，严重的情况下有可能会危及生命，即使是不严重的疾病，如果治疗不及时也会影响人体健康或导致疾病的加重。贫困人口由于自身和家庭原因，往往没有能力应对疾病风险，而医疗救助可以增强贫困人口抵御风险的能力，从而确保贫困人口的身体健康。医疗救助的形式主要有六类，即医疗减免、临时救助、专项补贴、建立基金、团体医疗互助和慈善救助。而在实际操作中，主要采用医疗费用直接减免、按比例报销和现金救助等方式。[②]

2002年10月，中共中央、国务院下发《关于进一步加强农村卫生工作的决定》，要求"对农村贫困家庭实施医疗救助"。2003年11月，民政部等部委联合下发了《关于实施农村医疗救助的意见》。2005年3月，国务院办公厅转发了民政部等部委《关于建立城市医疗救助制度试点工作意见》，标志着我国城乡医疗救助制度的正式建立。当前我国医疗救助的主要方式有：资助城乡困难群众参加城镇居民基本医疗保险或农村新型合作医疗保险，对医疗救助对象经医疗保险报销之后的自付费用给予一定的补助，包括住院费用和门诊费用。2012年，民政部、财政部、卫生部和人力资源与社会保障部联合出台了《关于开展重特大疾病医疗救助试点工作的意见》，在全国选择了273个县（市、区）开展困难群众重特大疾病医疗救助试点，积极探索在城乡基本医疗保险报销一部分医疗费用的基础上，进一步提高对于困难群众的重特大疾病的救助水平，帮助其增强抵御疾病风险的能力。

一 人口较少民族聚居地区城乡医疗救助的实施现状

我国城乡居民医疗救助制度往往以个人或家庭收入为基础来确定救助对象，各地普遍规定了城镇最低生活保障线高于农村的做法，这必然会使

[①] 王保真、李琦：《医疗救助在医疗保障体系中的地位和作用》，《中国卫生经济》2006年第1期。

[②] 林闽钢：《社会救助通论》，科学出版社2017年版，第77—86页。

得城市贫困居民比农村居民更加容易被确定为医疗救助的对象。[①] 而且，当前的医疗救助基本上是参照了城镇居民基本医疗保险和新型农村合作医疗的做法，有起付线、封顶线、自费药品和用药目录等多方面的政策限制，实际上是把"医疗救助"当作"医疗保险"来运作。鉴于城镇居民基本医疗保险和新型农村合作医疗本身存在的较大差距，现行政策实际上拉大了城乡医疗救助的差距，背离了这项政策的初衷。由于整体的经济社会发展水平比较落后，医疗救助制度存在的城乡差距在人口较少民族聚居地区表现得尤为明显。基于此，课题组重点对环江、贡山和兰坪这3个人口较少民族自治县的城乡医疗救助情况进行了实地调查。

（一）城乡医疗救助规章制度的主要内容

1. 环江毛南族自治县

按照自2013年8月开始实行的《广西壮族自治区城乡困难群众住院医疗救助暂行办法》，住院医疗救助不设起付线，救助对象可计入的住院医疗救助费用按以下比例和限额给予救助：（1）城市低保对象中的"三无人员"、五保户按应计入住院医疗救助费用的100%给予救助，年累计救助最高限额为30000元；（2）城乡低保对象中的重度残疾人按95%给予救助，年累计救助最高限额为15000元；（3）其他城乡低保对象按90%给予救助，年累计救助最高限额为12000元；（4）低收入家庭重病患者按80%给予救助。在2013—2015年间，环江县的住院救助封顶线为城乡统一6000—30000元，门诊救助封顶线为900—1000元。

2. 贡山独龙族怒族自治县和兰坪白族普米族自治县

贡山县对个人负担的医药费（300元以上的）进行一定比例的救助：（1）在乡（镇）定点医疗机构住院的给予80%的救助；（2）在县级定点医疗机构住院的给予60%的救助；（3）在县外公立医疗服务机构住院的给予50%的救助；（4）五保人员、城乡低保对象、在校学生、肺结核病人在县级定点医疗机构住院的给予100%的救助；（5）医疗救助对象当年住院，每人每年累计救助金额封顶线为8000元，门诊费封顶线为1000元。患有肾衰竭（尿毒症）、心脏病、癌症、重度精神病、再生障碍性贫

[①] 景天魁等：《当代中国社会福利思想与制度：从小福利迈向大福利》，中国社会出版社2011年版，第266页。

血等重大疾病住院治疗的，自负部分数额较大的，当年度向县民政局提出申请，县民政局根据医疗救助金支出情况给予酌情审批。

兰坪县关于医疗救助的相关规定与贡山县差别不大，有所不同的是医疗救助对象当年住院，每人每年累计救助金额封顶线为10000元，门诊救助封顶线为500元。2012—2013年，贡山县执行农村住院救助封顶线4000元，门诊救助封顶线500元；城镇住院救助封顶线8000元，门诊救助封顶线200元。2014年，贡山县城乡统一执行住院救助封顶线8000元，门诊救助封顶线500元。2012—2013年，兰坪县城乡统一执行住院救助封顶线10000元，门诊救助封顶线500元。2014年，兰坪县城乡统一执行住院救助封顶线7000元，门诊救助封顶线500元。2015年，兰坪县城乡统一执行住院救助封顶线10000元，门诊救助封顶线500元。

（二）医疗救助具体实施状况

课题组主要对贡山、环江和兰坪这三个人口较少民族自治县近三年的医疗救助实施状况进行了调查，具体情况见表1-25、表1-26和表1-27。

表1-25　　　　　　　2013—2015年贡山县城乡医疗救助情况

年度	累计资助人数（人次）					累计资助金额（万元）				
	门诊救助	住院救助	资助参保（大病）	资助参保（常规）	资助参合	门诊救助支出	住院救助支出	资助参保大病支出	资助参保常规支出	资助参合支出
2013（农）	790	873	18457		29144	36.94	64.85	22.15		174.86
2013（城）	145	34	1450	1004		2.84	10.20	1.74	7.03	
2014	782	980	962		28823	32.31	100.88	6.73		172.94
2015	723	916	947		28705	30.59	91.24	5.96		166.23

表1-26　　　　2013—2015年环江县城乡医疗救助情况

年度	累计资助人数（人次）				累计资助金额（万元）			
	门诊救助	住院救助	资助参保	资助参合	门诊救助支出	住院救助支出	资助参保支出	资助参合支出
2013.1—10（农）	11	2040		19872	0.202	217.618		62.754
2013.1—10（城）	0	110	1372		0.00	31.682	4.116	
2014	15	2973	1484	20785	0.92	794.06	4.452	66.454
2015	12	1532	1372	18850	1.10	675.53	4.939	105.887

表1-27　　　　2013—2015年兰坪县城乡医疗救助情况

年度	累计资助人数（人次）				累计资助金额（万元）			
	门诊救助	住院救助	资助参保	资助参合	门诊救助支出	住院救助支出	资助参保支出	资助参合支出
2013（农）	60	8249		55608	3.00	455.62		406.57
2013（城）	25	302	5267		2.00	90.06	29.67	
2014	120	14980	4920	67762	12.00	1037.01	34.44	411.34
2015	154	12052	1812	59954	9.00	1034.03	12.68	421.91

二　人口较少民族聚居地区城乡医疗救助存在的主要问题

（一）城乡医疗救助基金很少且过分依赖于省级以上财政

目前，我国符合医疗救助条件的救助人数已经近1亿人，而救助对象人均筹资却不足200元，只够一次门诊医疗费用，医疗救助筹资总量和贫困人群实际需求之间的缺口在未来几年之内将更为明显。很多地方"钱少不敢花"，也不敢大力宣传医疗救助政策。根据国家审计署的社会保障全口径审计显示，2011年全国已经有458个县的医疗救助基金没有结余或出现透支，占全国所有县（市、区）总数的1/6。到了2013年，医疗救助基金没有结余或出现透支的县已经达到49%。在人口较少民族聚居地区，医疗救助基金更是显得特别少，从而严重地削弱了其保障水平。

在贡山县，课题组发现当地的医疗救助基金收入主要来自于中央财政，而来自于省级和市级财政的资金很少，而且仅限于农村医疗救助领域；在环江县，当地的医疗救助基金收入则全部来自于省级财政。[①] 之所以会出现这种现象，其根本原因在于人口较少民族聚居地区县级财政的极度匮乏。（见表1-28）

表1-28　　　　医疗救助基金收入来源明细表　　　（单位：万元）

时间	所在地	类别	上年度基金结转	中央财政	省级财政	市级财政	县级财政	基金总收入
2013年度	贡山县	城镇	0.00	42	0	2	0	44.00
		农村	140.98	205	5	2	0	352.98
2013年1—10月	环江县	城镇	125.94	0	24	0	0	149.94
		农村	414.36	0	289	0	0	703.36
2013年度	兰坪县	城镇	1.02	164.05	31.05	7	0	203.12
		农村	6.97	737.21	114.01	7	0	865.19
2014年度	贡山县	城乡	110.53	260	0	0	0	370.53
	环江县	城乡	490	0	460	0	2.4	952.4
	兰坪县	城乡	81.39	1265.57	131.38	16	0	1494.79
2015年度	贡山县	城乡	57.67	450	0	0	0	507.67
	环江县	城乡	280.5	0	516	0	0	796.5
	兰坪县	城乡	2.00	1364.62	95	16	0	1477.62

资料来源：本表所列数据均是课题组实地调研获得的。

（二）城乡医疗救助基金结余过多

与全国普遍情况相反的是，课题组调查发现，在3个人口较少民族自

[①] 刘苏荣、刘黎：《人口较少民族聚居地区城乡医疗救助现状调查》，《红河学院学报》2016年第4期。

治县中，贡山县与环江县每年均存在医疗救助基金的大量结余情况，当然这不是说当地医疗救助的保障水平很高，实际情况恰恰相反。客观地说，这是当地民政部门在财政压力之下的一种本能反应，因为在财政支持力度很有限的前提下，民政部门必须"量入为出"，以确保医疗救助基金收支的平衡。①（见表1-29）

表1-29　　　　　医疗救助基金使用情况调查表　　　　（单位：万元）

时间	所在地	类别	基金收入	基金支出	基金结余
2013年度	贡山县	城镇	44.00	21.81	22.19
		农村	352.98	298.80	51.48
2013年1—10月	环江县	城镇	149.94	35.80	114.14
		农村	703.36	280.57	422.79
2013年度	兰坪县	城镇	203.12	121.73	81.39
		农村	865.19	865.19	0.00
2014年度	贡山县	城乡	370.53	312.86	57.67
2014年度	环江县	城乡	952.40	865.886	86.514
2014年度	兰坪县	城乡	1494.79	1494.79	0.00
2015年度	贡山县	城乡	507.67	294.02	213.65
2015年度	环江县	城乡	796.5	787.46	9.04
2015年度	兰坪县	城乡	1477.62	1477.62	0.00

资料来源：本表所列数据均是课题组实地调研获得的。

但是，医疗救助基金的大量结余明显降低了医疗救助资金的实际使用效率，使得人口较少民族聚居地区的城乡医疗救助工作往往不够到位，受益面比较有限，很多家庭贫困的患者得不到应有的救助，医疗救助政策的实施效果大打折扣。

（三）医疗救助"保险化"问题突出导致其不能切实解决"看病贵"问题

我国现行的医疗救助设计参照了医疗保险制度设计，规定了起付线、

---

① 刘苏荣、刘黎：《人口较少民族聚居地区城乡医疗救助现状调查》，《红河学院学报》2016年第4期。

救助比例和封顶线，层层限制往往将一些困难群众卡在了医疗救助的大门之外，成为一道道阻碍其获得医疗服务的无形障碍：一是封顶线过低。在全国范围内，常规医疗救助的平均封顶线仅为每年1万元左右，有的地方还不到6000元。二是救助病种的范围较窄，一些试点地区仅限定几个病种纳入重特大疾病救助的范围，而其他病种或医疗费用较高的贫困群体往往被排斥在救助范围之外。三是用药目录范围窄。对于自费药，城镇医保和新农合都不报销，当然也就没有被纳入医疗救助的范围。当前使用的《报销目录》，很多药的治疗效果不明显，为了治病，只能选择报销不了的自费药，导致医疗费用高昂，患者陷入"管用的不报销，报销的不管用"的困局。四是异地就医限制过多。就诊的医疗机构层级越低，医疗救助的报销比例就越大，反之，救助报销的比例就越小。实际上，能够治疗大病的往往是一些市级以上的三甲医院，为了治病救命，病人也只好选择到更高级别的医院进行治疗。①

在245户被调查家庭中，家庭主要经济支出是看病的有91户，其比例达到了37.1%，这说明看病问题已经成为人口较少民族群众的主要经济负担之一，在课题组所调查的16个人口较少民族聚居村委会中，比例最高的是棉花村委会。（见表1-30）

课题组的入户调查结果显示，即便看病问题已经成为人口较少民族群众的主要经济负担之一，但是他们对于医疗救助政策的知晓率并不是很高。在总共245户被调查家庭中，听说过医疗救助政策的家庭有185户，知晓率为75.5%，也就是说，有1/4的人口较少民族家庭没有听说过医疗救助政策，当然也就不可能有享受此项政策的机会了。（见表1-31）

为了深入了解医疗救助能否有效缓解人口较少民族群众的"看病贵"问题，课题组专门对芒市三台山德昂族乡的农村医疗救助现状进行了个案分析。2013年，三台山德昂族乡农村医疗救助的基本情况如下：出冬瓜村委会救助35人次，勐丹村委会救助35人次，邦外村委会救助16人次，允欠村委会救助7人次，共计93人次。从救助的病种来看，范围是比较

---

① 成海军：《社会救助工作中的突出问题和难点问题研究——以医疗救助为例》，载王治坤、林闽钢《中国社会救助：制度运行与理论探索》，人民出版社2015年版，第126页。

表1-30　　　　　　2013年家庭主要经济支出情况调查表　　　　（单位：户）

民族	村委会	被调查的户数	主要家庭经济支出是看病的户数
怒族	丙中洛	10	4
怒族	甲生	10	4
独龙族	孔当	10	3
独龙族	献九当	10	3
阿昌族	隆光	24	10
阿昌族	朗光	15	4
景颇族	营盘	13	2
景颇族	广瓦	29	10
普米族	大羊	11	4
普米族	箐花	11	5
德昂族	出冬瓜	12	2
德昂族	勐丹	10	4
仫佬族	棉花	20	13
仫佬族	集环	20	8
毛南族	中南	20	7
毛南族	堂八	20	8

表1-31　　　　　人口较少民族家庭对医疗救助的知晓率

民族	被调查家庭（户）	听说过医疗救助政策的家庭（户）	对医疗救助的知晓率（%）
怒族	20	16	80.0
独龙族	20	12	60.0
阿昌族	39	34	87.2
景颇族	42	35	83.3
普米族	22	15	68.1
德昂族	22	20	90.9
仫佬族	40	32	80.0
毛南族	40	21	52.5
合计		185	

广泛的，涵盖了各种常见疾病。课题组重点对病例为骨折、妇科手术、结石病和肺部感染这 4 种常见病以及心脏病、肺癌和白血病这 3 种重大疾病的医疗救助费用进行了具体分析。（见表 1-32）

表 1-32　2013 年芒市三台山德昂族乡农村医疗救助费用统计表

病种	病例（个）	人均医疗费用（元）	人均个人自付金额（元）	个人自付占医疗费用的比例（%）	人均救助金额（元）	救助金占个人自付的比例（%）
骨折	13	16027.44	4961.31	30.96	1756.15	35.40
妇科手术	9	5786.37	2201.05	38.04	653.33	29.68
结石病	8	9417.27	2896.18	30.75	871.25	30.08
肺部感染	6	10171.56	3008.96	29.58	941.67	31.30
心脏病	5	35496.66	14736.58	41.52	5816	39.47
肺癌	1	62932.24	15479.04	24.60	6040	39.02
白血病	1	46068.50	12484.90	27.10	5000	40.05

资料来源：本表所列数据均是课题组实地调研获得的。

从表 1-32 所反映的情况来看，医疗救助金平均只占个人自付医疗费用部分的 30%—40%，其救助力度是非常有限的，尤其是患有心脏病、肺癌和白血病这 3 种重大疾病的医疗救助对象，他们所承担的人均实际自付医疗费用在 7200—9500 元之间。课题组在获得医疗救助的人次最多的出冬瓜和勐丹这两个村委会（均为 35 人次）进行入户调查时了解到：2013 年，出冬瓜村委会的农民人均年纯收入是 3982 元，勐丹村委会的农民人均年纯收入是 3836 元。也就是说，三台山德昂族乡现有的农村医疗救助水平显然无法有效缓解人口较少民族群众的"看病贵"问题。值得注意的是，2013 年芒市的农民人均纯收入在课题组所调研的 6 个县（市）中是最高的，当地农村群众尚且遭遇"看病贵"问题，其他 5 个县（市）的情况就更不用说了。

（四）城乡医疗卫生资源配置严重不均衡影响了医疗救助的实际效果

医疗救助实现城乡一体化的一个重要前提就是城乡医疗卫生资源配置的均等化，但是我国目前医疗卫生资源的分布不够合理，存在着较为严重的城乡医疗卫生资源配置不均等现象。从千人医疗机构床位数、千人卫生技术人员数和千人执业医师数等基本衡量指标来看，我国农村的医疗卫生资源远远不及城镇，并且这种差距还呈现出逐年扩大的趋势，这成为医疗救助实现城乡一体化的现实障碍。（见表1-33）

表1-33　　　　我国城乡医疗卫生资源配置比较表

年度	千人医疗机构床位数		千人卫生技术人员数		千人执业医师数		千人注册护士数	
	城镇	农村	城镇	农村	城镇	农村	城镇	农村
2010	5.94	2.60	7.62	3.04	2.97	1.32	3.09	0.89
2011	6.24	2.80	6.68	2.66	2.62	1.10	2.62	0.79
2012	6.88	3.11	8.54	3.41	3.19	1.40	3.65	1.09
2013	7.36	3.35	9.18	3.64	3.39	1.48	4.00	1.22
2014	7.84	3.54	9.70	3.77	3.54	1.51	4.30	1.31

资料来源：杨林、李思赞：《城乡医疗资源非均衡配置的影响因素与改进》，《经济学动态》2016年第9期。

表1-33是相对比较简要的一个我国城乡医疗卫生资源配置比较表，而通过对更为复杂的城乡医疗卫生资源相关指标的分析，能更加清晰地看出我国医疗卫生资源分布的巨大城乡差距。（见表1-34）

表1-34　　　我国城乡医疗资源的投入、产出和效率指标

地区	类别	指标	2010年	2011年	2012年	2013年	2014年
城镇	物力投入	每千人医疗机构床位数	5.94	6.24	6.88	7.36	7.84
		疾控中心万元以上设备台数	53004	54871	53520	60529	69560
	人力投入	每千人医疗卫生人员数	7.62	6.68	8.54	9.18	9.70
		中级职称以上医疗卫生人员百分比	32.6	31.4	30.3	28.8	28.7
		本科以上学历医疗卫生人员百分比	24.9	25.7	26.7	27.6	29.2
	生产效率	DEA得分	0.936	0.960	0.949	0.941	0.915

续表

地区	类别	指标	2010年	2011年	2012年	2013年	2014年
城镇	医疗产出	诊疗人次（亿次）	42.79	46.46	50.50	53.77	55.63
	偏好	人均卫生费用（元）	2315.5	2697.5	2999.3	3234.1	3487.5
		人均可支配收入（元）	19109.4	21809.8	24564.7	26955.1	29381.0
		人均医疗保健支出（元）	871.8	969.0	1063.7	1136.1	1305.6
	受益	婴儿死亡率（％）	5.8	5.8	5.2	5.2	4.8
		孕产妇死亡率（人/10万人）	29.7	25.2	22.2	22.4	20.5
乡村	物力投入	每千人医疗机构床位数	2.60	2.80	3.11	3.35	3.54
		疾控中心万元以上设备台数	41785	44284	46779	51737	57182
	人力投入	每千人医疗卫生人员数	3.04	2.66	3.41	3.64	3.77
		中级职称以上医疗卫生人员百分比	14.9	21.9	14.9	14.3	14.5
		本科以上学历医疗卫生人员百分比	5.7	5.9	5.7	7.5	7.8
	生产效率	DEA得分	0.836	0.858	0.849	0.860	0.862
	医疗产出	诊疗人次（亿次）	15.59	16.25	18.38	19.37	20.39
	偏好	人均卫生费用（元）	666.3	879.4	1064.8	1274.4	1424.3
		人均纯收入（元）	5919.0	6977.3	7916.6	8895.9	9892
		人均医疗保健支出（元）	326.0	436.8	513.8	668.2	753.9
	受益	婴儿死亡率（％）	16.1	14.7	12.4	11.3	10.7
		孕产妇死亡率（人/10万人）	30.1	26.5	25.6	23.6	22.2

资料来源：杨林、李思赞：《城乡医疗资源非均衡配置的影响因素与改进》，《经济学动态》2016年第9期。

表1-34中的DEA系数的投入为医疗机构床位数，产出为诊疗人数和出院人数，它反映的是医疗机构的投入—产出效率水平。婴儿死亡率和孕产妇死亡率反映居民的健康水平。从上表可以看出，无论是物力投入方面还是人力投入方面，我国农村地区医疗卫生资源的配置明显不如城镇地区，并且这种差距自2010年以来并无明显的缩小迹象。

分析城乡医疗资源的均衡配置除了关注资源占有量方面的差距之外，还需要关注城乡居民对医疗服务和医疗资源可获得性差距。以居民到最近医疗单位距离为例，根据2013年第五次国家卫生服务调查，居民到最近医疗单位距离5公里以上的比例为3.4%，其中城市为1.8%；农村为5.0%；西部农村地区达9.0%。依照世界卫生组织的标准，居民到最近医疗单位的距离超过5公里就不能及时获得医疗服务，按人口比例，全国约有4626万居民不能获得及时的医疗服务，其中农村人口为3311万，占总数的71.57%。[①]

以上是全国范围内的情况，而人口较少民族聚居地区城乡医疗资源配置失衡的现象更为严重。例如，截止2015年底，环江县的县疾控中心、明伦卫生院、水源卫生院、大安卫生院、大才卫生院、龙岩卫生院和长美卫生院这7个乡镇医疗机构均无医学影像技师，意味着这7家乡镇医疗机构均无法开展比较普通的X光片诊断，更别提其他相对复杂一点的医学诊断了，其医疗卫生服务的总体水平可想而知。此外，全县15个具有高级职称的临床医生全部是在县城医院工作，没有一个在乡镇卫生院工作，而大才卫生院和龙岩卫生院甚至连一个具有中级职称的医生也没有。（见表1-35）

截至2015年底，兰坪县有县乡两级医疗单位事业编制706人，实有人数656人，其中：正高级职称4人（0.60%），副高级职称68人（10.36%），中级职称172人（26.21%），初级职称256人（39.02%），初级以下职称145人（22.10%）。本科学历74人（11.28%），专科学历106人（16.15%），中专及以下学历（72.56%）（见表1-35）。全县共有乡村医生240人，其中中专及以上学历134人，中专以下学历106

[①] 杨林、李思赟：《城乡医疗资源非均衡配置的影响因素与改进》，《经济学动态》2016年第9期。

表1-35　　2015年环江县医疗卫生机构临床医生队伍统计表　　（单位：人）

序号	医疗机构	临床医生职称结构				
		副高级	中级	初级	初级以下	无证医师
1	县人民医院	6	35	48	6	19
2	县妇幼保健院	5	18	6	4	2
3	县疾控中心	4	13	10	4	0
4	明伦卫生院	0	2	2	1	8
5	东兴卫生院	0	2	4	3	10
6	川山卫生院	0	5	1	6	7
7	洛阳卫生院	0	14	10	10	5
8	驯乐卫生院	0	5	2	3	5
9	水源卫生院	0	2	2	10	2
10	大安卫生院	0	4	0	5	4
11	大才卫生院	0	0	0	3	3
12	下南卫生院	0	2	1	2	5
13	龙岩卫生院	0	0	0	2	7
14	长美卫生院	0	1	0	3	0
	合计	15	103	89	63	77

人。截至2015年底，全县拥有高级职称的医务人员共有72人，其中64人集中在县城的医院里，其余8人则分布在县城之外的5个乡镇卫生院里，至于石登和中排这两个乡则是连一个高级职称的医务人员都没有。全县共有本科学历（第一学历）医务人员74人，其中的66人都集中在县城的医院里，其余的8人分布在县城之外的3个乡镇卫生院里，而河西、兔峨、中排和啦井这4个乡镇均是连一个高级职称的医务人员都没有。（见表1-36）

截至2013年底，罗城县共有乡村医生176人，其中30岁以下的有25人，31—40岁的有39人，41—50岁的有56人，51—60岁的有38人，60

表1-36　2015年兰坪县医疗卫生系统事业编制人员职称学历结构（单位：人）

单位	职称结构						学历结构（原始学历）		
	正高	副高	中级	初级	初级以下	参公管理	本科	专科	中专及以下
县人民医院	4	39	60	77	35		40	9	166
县中医医院	0	5	19	43	19		20	40	26
县妇幼保健院	0	7	18	17	11		2	3	48
县疾控中心	0	6	20	23	0		0	6	43
县城社区卫生服务中心	0	0	2	6	4		1	1	10
金顶卫生院	0	2	9	13	2		0	0	26
通甸卫生院	0	1	10	24	2		3	4	30
河西卫生院	0	1	6	12	0		0	9	10
营盘卫生院	0	3	8	6	25		3	12	27
石登卫生院	0	0	3	5	17		2	8	15
兔峨卫生院	0	2	3	8	10		0	6	17
中排卫生院	0	0	7	7	13		0	7	20

续表

单位	职称结构						学历结构（原始学历）		
	正高	副高	中级	初级	初级以下	参公管理	本科	专科	中专及以下
啦井卫生院	0	1	3	4	7		0	0	15
卫生监督所	0	0	0	0	0	11	2	1	8
卫生计生局	0	1	4	11	0		1	0	15
总计	4	68	172	256	145	11	74	106	476

岁以上的有18人，具有执业助理医师（执业医师）10人。中专以下学历78人，中专学历88人，大专学历10人。全县125个行政村，无乡村医生的行政村有14个，按照每千人配备1名乡村医生的标准，罗城县应有乡村医生330人，但目前尚缺154人。乡村医生不但人数严重不足，而且年龄老化、素质偏低，约有一半的乡村医生不能独立地开展基本医疗和公共卫生服务工作。[①]

即便是从全县的角度来进行衡量，我国人口较少民族聚居地区的城乡医疗资源也同样是很单薄的。例如，根据《全国医疗卫生服务体系规划纲要（2015—2020）》的要求，卫生资源配备标准为每千人要配备注册护士3.14人，按照这个标准计算的话，兰坪县现在应该有护士660人，而实际上只有229人，缺口达431人，每千人要配备执业医师或助理执业医师2.5人，按照这个标准兰坪县应该有执业医师或助理执业医师550人，实际上只有331人，缺口达219人。县级医院应该设置床位数1008张，实际上只有492张，缺口达516张，基层医疗机构应该设置床位数252张，现有213张，缺口达39张。这严重制约了兰坪县的医疗卫生服务水平，也同样直接影响到当地城乡医疗救助的水平。事实上，课题组发现，当地人

---

① 刘苏荣：《论扶持人口较少民族政策在实施中面临的问题——基于对我国4个人口较少民族自治县的调查》，《西南民族大学学报》（人文社会科学版）2015年第1期。

一旦得了稍微严重一点的疾病，基本上都是跑到邻近的大理州的医院去看病，一些经济条件稍好一点的当地群众甚至连做个体检都要跑到大理州的医院里去。这种不正常现象所带来的直接后果就是医疗费用和个人自付费用的大幅度上升，当地医疗救助的作用无形中被大幅度地降低了。

第三节 人口较少民族聚居地区教育救助现状调查

一般来说，教育救助是为保障适龄人口的受教育权，从资金、物质和师资力量等方面对贫困地区和贫困学生提供的帮助。[①] 从20世纪90年代开始，我国在普及义务教育的同时，积极探索和建立教育救助制度的主要做法是：对于义务教育阶段家庭困难学生，采取"两免一补"政策，或通过设立助学金、建立助学基金等形式给予资助；对于高中教育阶段家庭困难学生，学校采取"缓、减、免"交学费的办法，各地政府还拨专款资助困难学生；对于高等教育阶段家庭经济困难的学生，建立起以"奖、贷、助、减、免"形式为主的高等教育阶段教育救助制度。[②] 2011年，财政部和教育部联合下发了《关于建立学前教育资助制度的意见》，把学前教育阶段也纳入了教育救助制度的覆盖范围，以帮助家庭经济困难儿童、孤儿和残疾儿童能接受普惠性学前教育。习近平总书记专门强调过教育救助的重要性，他说："授人以鱼，不如授人以渔。扶贫必扶智，让贫困地区的孩子们接受良好教育，是扶贫开发的重要任务，也是阻断贫困代际传递的重要途径。"[③] 根据《社会救助暂行办法》的相关规定，教育救助对象主要包括义务教育阶段在校就读的最低生活保障家庭成员、特困供养人员两类群体，同时还将不能入学接受义务教育的残疾儿童，以及在高中教育（含高等职业教育）、普通高等教育阶段就学的最低生活保障家庭成员和特困供养人员也纳入教育救助的范围，给予适当的救助。按照《社会救助暂行办法》的规定，教育救助主要采取减免相关费用、发放助学金、给予生活补助和安排勤工助学等方式，以保障教育救助对象的基本学习和

---

① 任洁琼、陈阳：《教育救助》，《社会福利》2002年第11期。
② 林闽钢：《社会救助通论》，科学出版社2017年版，第103页。
③ 习近平：《携手消除贫困，促进共同发展》，《人民日报》2015年10月17日第2版。

生活需求。

课题组主要对环江、贡山和兰坪这三个人口较少民族自治县的教育救助现状进行了调查。鉴于《社会救助暂行办法》所规定的"教育救助"覆盖范围太小，所以课题组所调查的是涵盖面更广的三个人口较少民族自治县的贫困生（不仅仅是城乡低保对象和特困供养人员）资助工作现状，以及当地各种社会力量（企业、社会团体及个人）的捐资助学情况。

一 环江县学生资助工作情况

（一）学前教育资助工作情况

环江县属于国家扶贫开发重点县，根据相关规定，该县享受家庭经济困难幼儿学前教育入园补助金的人数比例为在园幼儿总人数的15%左右，补助标准为每人每年1000元，分两个学期发放，一等贫困生每个学期600元；二等贫困生每个学期400元。根据相关规定，只有公办幼儿园和普惠性合格民办幼儿园方能享受资助政策。2013年秋季学期，全县共有公办幼儿园1所，普惠性合格民办幼儿园36所，在园幼儿共6444人。2013年共有1188名幼儿受到资助，支出资金共计48万元。

2014年，中央、自治区和环江县财政下达学前教育入园补助金预算数共计155.52万元，2014年春季学期环江县普惠性幼儿园共有在园幼儿6764人，资助标准为：特别困难600元/生/学期，一般困难400元/生/学期，本学期共下达受助幼儿指标1056人，下达资金59.6万元；下达补发2013年13所幼儿园共计136人的资助指标，下达资金6.8万元。2014年秋季学期共有普惠性在园幼儿10270人，共计下达幼儿资助指标1572人，下达资金78.6万元。

2015年中央、自治区和环江县财政下达学前教育入园补助金预算，共计119.25万元，另外县级配套资金68.16万元，2015年春季学期全县普惠性幼儿园下达受助幼儿指标1495人，共计下达资金74.9万元，都是以银行代发的方式全部发放到位。2015年秋季学期共有1719名幼儿享受补助，支出资金85.96万元。

（二）普通高中国家助学金执行情况

2013年春季学期，全县共有1530人享受到普通高中国家助学金，共计114.75万元，秋季学期共有1561人享受到普通高中国家助学金，共计

117.075万元。2014年春季学期，上级下达普通高中国家助学金223.19万元，环江县发放普通高中国家助学金共计117.10万元，享受资助的学生1562人。2014年秋季学期，上级下达普通高中国家助学金35.71万元，环江县发放普通高中国家助学金共计127.05万元，享受资助的学生1694人（其中享受一等困难补助学生847人；享受二等困难补助学生847人）。2015年春季学期，上级下达普通高中国家助学金资金210.33万元，环江县发放普通高中国家助学金共计127.05万元，受益学生1694人。2015年秋季学期，上级下达普通高中国家助学金资金166.97万元，环江县发放普通高中国家助学金共计196.4万元，受益学生1964人。

（三）经济困难大学新生入学资助情况

经济困难大学新生入学资助对象是在环江县两所普通高中就读，而且在校学习期间建有贫困生档案并参加2013年高考被全日制普通高等学校（含高职高专）录取的大学新生。资助分为特别困难和一般困难两个等级，特别困难等级资助标准为2500元/生，一般困难等级资助标准为500元/生（区内院校）、1000元/生（区外院校）。2013年获得资助的大学贫困生共计660人，发放资助金49.5万元，其中自治区财政资金13.9万元，中央彩票公益金3.9万元，县级财政资金6万元，社会捐资助学资金17万元，以及上年结转资金8.7万元。另外，社会各界人士资助有：香港房角石基金会资助8人（3500元/生），28000元；习酒大型公益助学活动1人，共计5000元，国酒茅台4人（5000元/生），20000元；民族局9人（3000元/生），27000元。

2014年获得资助的大学贫困新生共计702人，资助标准为区内500元/生/年，区外1000元/生/年，共需资金45.4万元，资金都以银行卡代发的方式发放到学生手中。以上所需资金构成分为四部分，一是自治区财政资金13.4万元；二是县财政预算内资金8万元；三是县团委组织的"一日捐"资金19.9万元；四是自治区民族教育发展基金会的中央彩票公益金4.1万元。

2015年，环江县共有411人申请大学路费及短期生活费补助，共需资金26.6万元。补助分两批发放，大学路费所需资金构成分为四部分，一是自治区财政资金13.6万元；二是县财政预算内资金10.0万元；三是县团委组织的"一日捐"资金0.5万元；四是自治区民族教育发展基金公的中央彩票公益金2.5万元。

（四）其他资助

广西农村贫困家庭子女职业学历教育补助金：2013年度共有150位中等职业技术学校的新生享受到该项补助，每生每年2000元，总金额30万元，分两个学期发放；2013年度，环江县的高中共有49位学生获得了县总工会的慰问金，每生每年500元，共计2.45万元；15位学生获得了恩流施爱慈善协会资助，每生每年750元，共计1.125万元；12位同学获得陶全友等人资助金，每生每年500元，共计0.6万元；2013年共为2496名大学生办理了生源地助学贷款，最终发放成功2459人，发放资金1461.74万元。

2014年广州市政府资助普通高中在校生生活费共计名额40人，资金8万元，资助标准2000元/生/年。2015年广州市政府资助普通高中在校生生活资金共计名额40人，资金8万元，资助标准2000元/生/年。2014年中央彩票公益金滋惠计划普通高中助学金资助共计名额59人，资金11.9万元，资助标准2000元/生/年。2014年，香港房角石基金会资助了23名学生，每人1000元。亚基思基金会资助50名学生，每人1200元。爱心人士资助6名学生，每人300元。何成锦爱心资助10名学生，每人200元。2014年，环江县学生资助中心共计为2748名大学生办理了生源地贷款，最终确认成功贷款2724名，发放资金1622.69万元。2015年，共有3020位学生办理了助学贷款，贷款合同有效2989份，贷款金额1970.7548万元。

2013年，环江县民政局共计资助142名考上大学的最低生活保障家庭子女，共计资助62300元，最高的600元，最低的400元，其中城镇低保9人（基本都是在县城里），农村低保133人。2014年，共计资助168名考上大学的最低生活保障家庭子女，共计发放救助金73500元，最高的600元，最低的400元，其中城镇低保5人（其中4人在县城里），农村低保163人。2015年，共计资助285名考上大学的最低生活保障家庭子女，共计发放救助金127100元，最高的600元，最低的400元，其中城镇低保13人（洛阳镇10人，县城3人），农村低保272人。

(二) 贡山县教育救助工作情况

1. 社会力量捐资助学情况

(1) 2009 年红塔集团捐赠 2257500 元用于贡山一中运动场建设、教师培训费和丙中洛中心学校学生宿舍建设。其中县一中运动场建设费 911800 元，教师培训费 491960 元，丙中洛中心学校学生宿舍建设费 853740 元。州政府侨务办资助巴坡村建设教学楼 23.5 万元。

(2) 2010 年红塔集团捐赠 1296060 元用于教师培训费、县一中校园建设、县一中教师周转房工程和捧当红塔小学征地费。其中教师培训费 214100 元，县一中校园建设 574760 元，县一中教师周转房工程 315200 元，捧当乡红塔小学征地费 192000 元。

(3) 2011 年姚基金会捐赠 70 万元，用于建设独龙江中心学校。

(4) 2012 年姚基金会向贡山县独龙江乡捐赠希望助学金 8 万元，红塔集团捐赠 120 万元用于建设丙中洛中学综合科技楼。

(5) 2013 年红塔集团捐赠 160 万元用于学生奖学金和丙中洛中学综合科技楼建设，其中奖学金 40 万元，丙中洛中学综合科技楼 120 万元。

(6) 2014 年红塔集团捐赠 25 万元作为学生奖学金，云南能投集团捐赠 100 万元用于县一中理化生实验室建设。

2. 国家学生资助政策实施情况

(1) 家庭经济困难寄宿生生活补助情况

2014 年中央及省级补助贫困寄宿生生活费 455.25 万元，补助人数 3642 人（小学 1397 人，初中 2245 人），县级配套寄宿制学生生活补助 188.8 万元。独龙江乡家庭经济困难寄宿生生活补助每生为 600 元/年，其余乡镇家庭经济困难寄宿生生活补助为每生 500 元/年。2015 年，中央及省级补助贫困寄宿生生活费分别为 414.25 万元，贡山县级配套 178 万元。

(2) 普通高中国家助学金资助落实情况

贡山县 2010 年秋季学期—2012 年春季学期已发放贫困高中学生国家助学金 56.2 万元。2013 年秋季学期享受普通高中国家助学金学生 152 人，其中一等 46 人，每人 1000 元；二等 106 人，每人 500 元，合计 9.9 万。2014 年共计发放贫困高中学生国家助学金 15.5 万元；2015 年春季学期共计发放贫困高中学生国家助学金7.2万元。

(3) 滋惠计划项目

按照中央专项彩票公益金滋惠计划下达给怒江州的资金分配表，根据贡山县普通高中在校生情况，2013年资助了5名品学兼优的普通高中家庭经济困难学生，每人每学年2000元；2014年资助了15名品学兼优的普通高中家庭经济困难学生，每人每学年2000元。

(4) 高校学生资助情况。

2012年共资助了家庭经济困难大学生6人，资助金额3000元/人；2013年资助了2人，资助金额/人1500元；2014年资助了3人，资助金额/人2000元。红塔集团红塔爱心助学工程助学金：2012年有29名大学生受到资助，资助金额25.65万元；2013年有20名大学生受到资助，资助金额17.7万元；2014年有17名大学生受到资助，资助金额18.8万元。

(5) 社会资助情况（奖学金）。

2011年，收受各类捐资助学款共计2329628元；2012年，收受各类捐资助学款共计2446742.9元；2013年，收受各类捐资助学款共计355万元；2014年，计收受各类捐资、捐物助学款项96万元。四年间共有11250人次的学生得到了资助。

(6) 生源地信用助学贷款工作。

2012年，全县生源地信用助学贷款共审核贷款学生72人，贷款资金达42.92万元；2013年，共审核贷款学生98人，资金合计57.78万元；2014年，共审核贷款学生90人，资金合计53.75万元。

(三) 兰坪县学生资助情况

一是农村家庭经济困难和城镇低保家庭学前幼儿资助。2011—2014年，全县共资助1500人次，资金合计58万元。

二是义务教育阶段家庭贫困寄宿学生生活费资助。补助标准为：初中生每人每年1250元，小学生每人每年1000元。县财政对全县中小学每生每年补助100元。2009—2014年，全县共发放义务教育阶段寄宿生生活补助费9716人次，资金合计9732万元。

三是普通高中家庭经济困难学生资助。2010—2014年共计资助6120人次，资金740万元。其中县内企业资助普通高中困难学生19人次共计

3.3万元。

四是生源地信用助学贷款。2010—2014年全县共有1629名贫困家庭在校大学生办理了助学贷款手续，共发放助学贷款2028万元。

五是普通高校学生资助。对县内优秀贫困大学生、优秀高考学生和考入普通高校贫困学生给予资助，共资助139名学生，资金合计371.5万元。

六是社会团体及企业资助。2012—2014年，天津大通兰坪照昀教育基金会每年捐资100万元，共计捐资300万元，用于资助在校困难大学生和改善民族中学办学条件，县内其他企业共资助在校贫困大学生55人次26万元。

2015年，兰坪县共计发放高中国家助学金一等奖286人，二等奖855人，支出资金142.7万元。为951名大学生签订了生源地贷款合同，贷款金额616.86万元。家庭经济困难大学生新生入学资助省内12人，每人500元共计6000元；省外4人共计4000元。兰坪县关心下一代工作委员会资助小学生和初中生140人，救助金额5万元。高中学校减免学费362450元，共计345人次。高中民族生生活补助费发放60万元，补助学生450人，其中：兰坪县第一中学补助了300人，每个学生每年补助1000元；兰坪县民族中学补助了150人，每个学生每年补助2000元。学前教育学校减免学费123人次，减免金额2.1万元。资助在校高中阶段残疾学生和残疾人子女122人，金额合计6.34万元。照昀公司资助困难大学生30人，合计7.7万元。县教育局资助高中生1人3000元，高职本科生1人1000元，本科生1人2000元。

二 教育救助存在的问题

（一）管理分散

为了帮助贫困学生尤其是农村贫困学生获得上学的机会，社会各界采用多种途径和形式对农村义务教育学校实施资金和设施等方面的资助，以缓解农村义务教育阶段学校办学经费的短缺，同时实施多种专门针对贫困学生个人的资助项目，帮助他们完成学业，如希望工程、春蕾计划和安康计划扶残助学等，实施教育救助的组织有各级政府相关部门和各类非政府组织。

目前，我国只有少数县由专人专门负责主管贫困生救助工作，绝大部分县市中都没有相应的负责人，大都是普教科、计财科、工会、办公室等部门各管一点，为了一个简单的数据跑好几个部门也难以落实是常有的事。管理工作缺少系统性、连贯性，救助缺乏稳定性。① 课题组 2014 年在人口较少民族聚居的 6 个县（市）调研时，就发现只有环江县和罗城县在当地教育局建立了专门的学生资助工作中心，而贡山县、兰坪县、陇川县和芒市均没有建立专门的学生资助工作中心，在兰坪县和贡山县，主要是教育局普教科和计财科在牵头做学生资助工作，而在陇川县和芒市，则主要是当地的教育局工会在牵头做这项工作。

在我国，对贫困学生的资助不仅来自于当地的教育局，其实还来源于民政局、团委、妇联、残联和总工会等相关部门，以及国内外的各种社会组织。但是，课题组在调研时发现一个问题：相关的政府部门或社会组织在向在校贫困学生提供资助时，它们往往采取的是各自与相关学校联系、沟通和交接所救助的钱物的方式，而各个教育救助资源提供方彼此之间却几乎没有什么协调和沟通。也就是说，提供教育救助资源的相关政府部门或社会组织在掌握贫困生所获得的具体资助信息方面，与贫困生所在学校相比，实际上存在严重的信息不对称现象，也缺乏有效的监督机制，从而导致了一些不公平现象。② 比如，有的学生被多次重复资助，而有的学生却从来没有被资助过。

（二）农村地区的教育救助力度比较薄弱

在我国实施了义务教育"两免一补"和"农村义务教育经费保障新机制"政策以后，从理论上来说，农村学生可以不向学校缴纳上学费用即可正常就学，但是从现实情况来看，农村学生要完成与学业相关的各种活动，仍需支出学杂费和课本费之外的多种费用。

在我国农村，现阶段农民家庭存在大量的家务劳动和田间劳动，绝大多数的农村家庭需要儿童承担一定的家庭劳动，而且越是低收入家庭，孩子可能承担的劳动往往就越多，所付出的劳动时间也就越长。例如，在多子女家

---

① 纪国和、王传明：《关于我国贫困生教育救助问题的思考》，《教育科学研究》2008 年第 6 期。

② 刘苏荣：《人口较少民族聚居地区教育救助的完善策略》，《贵州民族研究》2017 年第 10 期。

庭，很多父母都非常需要家里年龄较大的孩子照料其弟弟或妹妹，而在一些家长有残疾的家庭里，孩子从很小的时候就开始承担起各种家庭劳动的责任。越需要孩子参与劳动的家庭，其所面临的儿童就学机会成本就越高，也就越容易做出让儿童辍学的决定。因为孩子要去学校上学，而不能够承担这些家庭劳动（下地耕种、收割、放牧、采集、碾场、捡柴草、饲养家畜和照顾弟妹等），就意味着家庭收入的减少。由此，可能会产生以下三种结果：第一，父母因为家庭劳动负担过重而漠视孩子上学问题，不重视孩子的教育；第二，由于家庭劳动负担过重，父母减少对孩子的教育支出；第三，孩子在上学之余需要承担大量的劳动，从而影响其正常的学习活动。①

从2006年以后，我国农村义务教育阶段所有学生开始普遍接受"两免一补"，该项政策已经不再是一项专门针对农村贫困学生的就学资助政策，而是一项普惠制的教育政策，但是目前我国缺少专门而系统的农村贫困学生就学资助政策。政策和制度的缺失，一方面使得在享受"两免一补"政策之后还需进一步解决就学困难的学生得不到相应的资助；另一方面使得当前各种针对农村家庭贫困学生的就学资助工作处于管理不规范和资助无力度的状态。② 因此，建立一种专门针对我国农村家庭贫困学生的教育救助机制是很有必要的，它是"两免一补"这种普惠制的教育救助机制的有效补充，因为不是普惠制的，所以其针对性更强。

课题组在调研时发现，子女教育已经成为人口较少民族家庭的主要经济负担。在课题组调查的16个村委会中，子女教育是家庭主要经济支出的比例最高的有3个村委会，分别是独龙族聚居的献九当村委会、怒族聚居的丙中洛村委会和仫佬族聚居的集环村委会，均达到了50.0%。③（见表1-37）总的来看，在245户被调查家庭中，有81户家庭的主要经济支出是用在了子女教育方面，其比例达到了33.1%，考虑到当地较高的贫困发生率和农村低保覆盖率，加大人口较少民族聚居地区农村教育救助的力度已经是刻不容缓。

---

① 金东海等：《义务教育阶段贫困生就学资助制度研究》，人民教育出版社2011年版，第120页。
② 同上书，第151页。
③ 刘苏荣：《论人口较少民族对农村社会救助的现实需求——基于对8个人口较少民族245户家庭的入户调查》，《湖北民族学院学报》（哲学社会科学版）2016年第3期。

表 1-37　　　　2013 年家庭主要经济支出情况调查表　　　（单位：户）

民族	村委会	被调查的户数	主要经济支出是教育的户数
怒族	丙中洛	10	5
	甲生	10	2
独龙族	孔当	10	4
	献九当	10	5
阿昌族	隆光	24	8
	朗光	15	9
景颇族	营盘	13	6
	广瓦	29	7
普米族	大羊	11	4
	箐花	11	3
德昂族	出冬瓜	12	3
	勐丹	10	2
仫佬族	棉花	20	4
	集环	20	10
毛南族	中南	20	6
	堂八	20	3

入户调查结果显示，在 245 户被调查家庭中，听说过贫困生资助政策的家庭共有 129 户，占 52.7%。可以说，这一比例是相当低的，这说明当地政府有关部门在政策宣传方面做得不够到位。（见下页表 1-38）

（三）城乡教育资源不均衡成为教育救助面临的最大难题

从根本上来说，要建立城乡一体化的教育救助体系，首先必须实现教育事业本身的城乡一体化。城乡教育一体化是在公平正义的核心价值取向下，打破城乡二元结构的桎梏，建立城乡教育共同体，在保持与发挥城乡教育区域特色与优势的基础上，促进城乡教育互动联结、以城带乡、相互促进和相互影响，重新分配和调整城乡教育资源与要素，以缩小城乡区域教育差距的过程；是一种构建新型教育结构与关系的动态过程；是实现城乡教育在人事调配、经费配置、硬件资源配置、人才培养与评价等各个方面协调发展的一项长期系统工程。① 但是，我国现有的中小学教育实际上存在着严重的城乡二元分割局面，课题组所调研的4个人口较少民族自治县就存在着城乡教育资源配置严重不均衡的现象。

表 1-38　　人口较少民族家庭对贫困生资助政策的知晓率

民族	被调查家庭（户）	听说过贫困生资助政策的家庭（户）	对困生资助政策的知晓率（%）
怒族	20	15	75.0
独龙族	20	11	55.0
阿昌族	39	26	66.7
景颇族	42	24	57.1
普米族	22	14	63.6
德昂族	22	15	68.2
仫佬族	40	15	37.5
毛南族	40	9	22.5

以贡山县为例，截止到2015年，全县教育系统共有本科学历教师206人，其中125人都在县城所在地茨开镇的学校或者幼儿园工作，占本科学历教师总数的60.68%，丙中洛镇有43人，占20.88%，其余的38人分布在捧当、普拉底和独龙江这3个乡，其中独龙江乡仅有3人。拥有高级职称的教师27人，其19人都在县城里的贡山一中工作，占高级职称教师总数的70.37%，其余8人分布在丙中洛、普拉底和独龙江这3个乡镇的学校里，捧当乡则是连一个高级职称的教师都没有。贡山县只是在县城所在地茨开镇有一所真正意义上的幼儿园，开展完整的三年制幼儿教育，其余乡镇都只有一年制学前班教育。②

罗城县教育事业的发展也同样滞后：第一，罗城地处边远大石山区，学校点多面广线长，布局分散，严重制约教育发展，每年山区学生考上大

---

①　李玲等：《构建城乡一体化的教育体制研究》，经济科学出版社2015年版，第28页。
②　刘苏荣：《人口较少民族聚居地区农村反贫困策略研究——基于对我国4个人口较少民族自治县的调查》，《湖北民族学院学报》（哲学社会科学版）2017年第1期。

学的仅占全县上大学人数的10%左右；第二，全县12所初中及13所中心小学教学仪器设备均未达到国家规定的二类配备标准，教学设备和图书比较紧缺；第三，教师住房紧缺，一些地处边远乡村的学校，六七个青年教师挤在一间宿舍，有的没有住房，只好"走教"或借住亲戚家，还有的暂时住进学生宿舍里，这种情况在边远山区村级完小和教学点十分普遍；① 第四，农村学校难以招聘到新教师，比如，2013年罗城县教育系统计划招录教师178人，出现39个岗位无人报考的现象，而且基本上是农村中小学教师岗位。②

截至2015年底，兰坪县共有在编教职工2613人，其中专任教师2556人。由于受客观因素制约，目前全县中小学还使用临聘教师170人，大部分农村学校没有音体美专任教师；二是后勤人员配备不到位。为确保将国家"两免一补"及"营养改善计划"等惠民政策落到实处，各中小学寄宿制学校需按比例配备校园安保、校医、生活指导教师、临炊人员等后勤保障人员，但由于各级各类学校后勤保障人员配备不足，全县农村学校教师除担任教育教学工作外，还承担着学校相关后勤管理工作，工作负担较重，压力较大。大部分农村寄宿制学校校长及教师主要精力不是放在教育管理及教学科研，而是主要放在保障学生安全上，严重影响了农村寄宿制学校教育教学质量的提高。中小学师资培训方面：一是农村中小学教师队伍由于受岗位制约，外出学习机会少；二是培训质量不高。从目前中小学教师培训形式看，长期培训少，短期培训多，理论培训多，实践性培训少，培训形式与农村教育教学脱节。

环江县是边远山区县，当地农村学校的生活与工作环境较差，无法吸引大学毕业生到该县农村学校工作，而且农村"特岗教师"招聘困难很大，每年都无法完成自治区下达的农村"特岗教师"招聘指标，实际招聘数与下达指标数每年均相差20—30人左右。已招聘到的农村"特岗教师"也相当不稳定，随意辞职现象非常严重，这对该县农村教师队伍的补充带来很大的负面影响，与此相对应的是当地城镇学校的教师数量却长

---

① 刘苏荣：《人口较少民族聚居地区教育救助的完善策略》，《贵州民族研究》2017年第10期。

② 刘苏荣：《论扶持人口较少民族政策在实施中面临的问题——基于对我国4个人口较少民族自治县的调查》，《西南民族大学学报》（人文社会科学版）2015年第1期。

期超编，人满为患。

总的来说，我国城乡教师主要存在以下差别：（1）城乡办学经费和教学设备存在较大差距。农村规模偏小的学校数量较多，按学生人数拨付的生均教育经费使得全校经费总量不足，加之教育投入的城乡差异导致学校经费和设施设备存在城乡差异。（2）城乡教师素质差距较大。农村教师结构失衡，素质有待提升。农村专任教师数量并不少，但音、体、美等学科教师结构性缺编严重，且教师队伍年龄结构老化，学历层次与城市学校有一定差距，教师的教学方法和教学理念有待更新。（3）城乡教学水平和管理水平存在较大差距。农村学校教师工作生活条件艰苦，待遇差，缺乏竞争压力，教师职业倦怠较严重，教学质量低。[①]

传统观点认为，家庭贫困是导致辍学的第一位原因。但是，东北师范大学农村教育研究所对农村初中生辍学问题进行的调查结果显示，认为辍学原因是教育质量低下、家庭经济窘迫、教育"出口"不畅和新读书无用论的分别占到 56.3%、19.6%、9.8%、9.4%，其他原因占 4.9%。[②] 课题组在调研时发现，人口较少民族聚居的 6 个县（市）的地方教育行政管理部门实际上仍然单纯地把贫困看作是导致农村家庭孩子辍学的主要原因，而对于最核心的问题——当地农村学校教育质量的低下并没有给予足够的重视。目前，我国农村教师队伍存在学历、职称、学科专业和年龄结构不合理，整体素质偏低，队伍不稳定，优秀教师流失严重等问题。弥补农村与城市学校之间存在的师资队伍差距，有效提升农村学校的教育质量，是实现我国城乡教育一体化过程中迫切需要解决的核心问题。

（四）师资队伍的整体素质较低，严重制约了教育救助的实际效果

在贡山县调查时，课题组发现当地一直以来都未能引进到免费师范生，更无法引进优秀的教师人才，近几年新引进的教师基本都属于二本及以下院校的毕业生，部分新引进教师还是非师范专业的毕业生；与此同时，贡山县每年都有大量经验成熟的教师想尽一切办法外调出去，贡山县

---

① 赵茜：《城乡一体化的教育质量保障制度研究》，《教育科学研究》2011 年第 6 期。
② 邬志辉：《农村义务教育质量至关重要》，《教育研究》2008 年第 3 期。

在一定意义上成为了外地学校的教师培训基地。① 而且，贡山县的教师队伍结构很不合理，严重缺乏高学历、高职称的人才，整体素质比较低，教师年龄结构呈典型的"金字塔"状（35周岁以下教师占全县教师的68.2%；36—45周岁教师占23.8%；46周岁以上教师占8.0%）。严重缺乏中年骨干教师和具有高学历高职称的优秀教师。（见表1-39）

表1-39　　　　2014年贡山县专任教师队伍情况统计表　　　（单位：人）

学校或乡镇	学段	教师人数	教师学历			教师职称			
			本科	专科	中专	高级	中级	初级	未定
贡山一中	高中	56	56	0	0	9	8	25	14
	初中	45	37	7	1	10	24	11	0
丙中洛中学	初中	42	23	19	0	5	12	21	4
普拉底乡	初中	25	18	7	0	2	6	16	1
独龙江乡	初中	6	5	1	0	1	5	0	0
普拉底乡	小学	29	5	22	2	0	21	8	0
独龙江乡	小学	27	2	23	2	0	6	17	4
茨开中心学校	小学	76	29	39	8	0	45	31	0
捧当中心学校	小学	41	7	30	4	0	21	19	1
丙中洛中心学校	小学	45	20	20	5	0	22	22	1
普拉底乡	幼儿	1	0	1	0	0	0	0	1
独龙江乡	幼儿	3	0	3	0	0	0	1	2
捧当中心学校	幼儿	1	0	1	0	0	0	1	0
丙中洛中心学校	幼儿	2	1	1	0	0	0	1	1
城区幼儿园	幼儿	25	3	18	4	0	12	9	4

资料来源：本表所有数据均为课题组调研所获。

从上表可以很明显地看出，贡山县具有本科学历的教师仅占全县专任教师总数的48.59%，如果只计算义务教育阶段的话，这一比例就只有43.45%，其中有相当一部分教师是通过成人教育拿到本科文凭的。全县

---

① 刘苏荣：《人口较少民族聚居地区教育扶持的基本策略——基于对我国几个人口较少民族自治县的调查》，《人民论坛》2016年第5期。

拥有高级职称的教师只有27人，仅占专任教师总数的6.37%；而初级职称及以下的教师有215人之多，占了专任教师总数的50.71%，这无疑是一个令人惊讶的数据。此外，贡山县教育事业"中间难、两头弱"的问题非常突出，具体来说就是中间的义务教育学段管理难度大，教师队伍质量提升缓慢，发展空间受限；两头的高中教育及幼儿教育教师队伍发展滞后，缺乏高素质的骨干教师。受地理条件的限制，贡山县教育教学信息很闭塞，与外界的交流非常有限（从贡山县城到怒江州府所在地——泸水县六库镇有七八个小时的车程），教学资源也比较匮乏，导致教师的教育教学观念滞后，教学技能偏低，教育科研能力很薄弱，教学质量的提升比较缓慢。

由于长期严重超编，自2003年以来环江县教师队伍一直未能补充新生力量，导致当地教师队伍老龄化的现象较为严重，很多教师的知识结构长期得不到更新，紧缺学科教师得不到及时补充。据统计，目前环江县教师队伍的平均年龄为45岁，50岁以上的教师占全县教师总数的20%，这些教师中大多数是原来的民办教师转正的，普遍存在学历低和能力弱的问题，而30岁以下的青年教师仅占全县教师总数的9%。随着教师队伍的自然减员，目前全县中小学教师仅超编30人，大部分学校的教师队伍已经面临人员不足的局面，不少农村学校的教师一人需要担任多门学科的教学工作，一些学校的某些学科（如信息技术、音乐、美术和小学英语等）干脆就不开设，这给学校教学工作的正常开展造成较大困难，对学生的全面发展也带来很大的负面影响。近年来，因退休、死亡、调出、改行和其他原因，环江县教师队伍每年平均自然减员150人左右。

（五）教育基础设施建设严重滞后

以贡山县为例，当地的教育基础设施和相关教学设备设施投入严重不足，主要表现为以下几个方面：第一，生均运动场面积严重不足。按照现行云南省义务教育阶段学校办学的基本标准，生均运动场面积小学阶段应为6.3平方米，初中阶段应为7.5平方米，而贡山县目前的生均运动场面积仅为5.05平方米，严重制约了体育课的教学工作，还需新建16978.77平方米的运动场地方能达标。第二，教学设备急需添置或更新换代。根据教育均衡发展相关比例指标，贡山县还需新配备学生电脑250台，购置白板30套，新建16间报告厅，更新500台学生电脑和60套多媒体教学设备。第三,乡村学校教师的住宿生活条件比较差,当地乡村教师大多居住在上个世纪建造的比较简陋甚至已经达到 D 级危房标准的砖瓦结构房中,住房的安全性和面积均远低于相关行业标准,不利于教师安心地进行教学工作。即便如此,贡山县仍然为现有的教育基础设施建设背负上了沉重的债务,表 1-40 是截止到 2015 年 9 月,贡山县的教育工程欠债情况统计表。

第四节 人口较少民族聚居地区就业援助现状调查

所谓就业援助,是指国家为了保障弱势群体的就业平等权,以实现充分就业、促进经济发展为目标,采取各种措施创造就业条件,扩大其就业机会的活动。自 2008 年开始生效的《就业促进法》明确规定:要采取税费减免、贷款贴息、社会保险补贴和岗位补贴等办法,通过公益性岗位安置等途径,对就业困难人员实行优先扶持和重点帮助。2010 年,人力资源与社会保障部颁布的《加强就业援助工作的指导意见》规定:就业困难人员是指因身体状况、技能水平、家庭因素、失去土地等原因难以实现就业,以及连续失业一定时间仍未能实现就业的人员。

从宏观角度来看,就业援助是为了实现充分就业,促进经济发展;从微观的角度来看,就业援助是为了保障公民劳动权的实现,通过就业援助,帮助其实现就业,增加个人及家庭收入,以保障劳动者及其家庭成员的基本生活需求。[①] 城乡一体化进程中最困难的问题是就业问题,尤其是进城农民的就业援助问题。2014 年 7 月,国务院公布了《国务院关于进一步推进户籍制度改革的意见》,提出要完善就业失业登记管理制度,面向农业转移人口全面提供政府补贴职业技能培训服务,加大创业扶持力度,促进农村转移劳动力的就业。

本着享受专项社会救助的权利与最低生活保障对象身份相脱钩的原则,课题组认为就业救助的对象不应仅限于城乡最低生活保障家庭的成员,而是应当扩大到所有就业困难人员。基于此,课题组认为"就业援助"应该整体性地纳入"社会救助"的范畴,故没有采用《社会救助暂行办法》里较为狭义的"就业救助"这个概念(仅限于城乡最低生活保

[①] 杨德敏:《就业援助法律机制研究》,中国法制出版社 2012 年版,第 8 页。

表1-40　　贡山县教育工程欠债情况统计表

序号	项目名称	建筑面积（平方米）	到位资金（元）	工程结算价（元）	欠债资金（元）
1	独龙江乡九年一贯制学校二号学生宿舍楼	1268	1120000	1400793.4	280793.4
2	独龙江乡马库边境小学教学楼	810	1440000	2648811.22	1208811.22
3	独龙江乡马库边境小学学生宿舍楼	616	1440000	1578699.69	138699.69
4	独龙江乡马库边境小学学生餐厅	300	580000	875187.11	295187.11
5	独龙江乡马库边境小学学生球场及附属工程	0	1164222.24	1164222.24	
6	普拉底乡九年一贯制学校学生食堂	736	1240000	1396277.72	156277.72
7	捧当乡幼儿园	810	1180000	1592856.26	412856.26
8	贡山县第一中学学生公寓	1701	3070000	4151611.16	1081611.16
9	捧当乡教师周转房	834	1200000	2037081.15	837081.15
10	贡山县第一中学四号学生宿舍楼	1268	1500000	1814778.32	314778.32
11	丙中洛镇幼儿园	1080	1600000	2554545.54	954545.54
12	贡山县第一中学三号学生宿舍楼	2060	2440000	2611628.24	171628.24
13	贡山县第一中学学生餐厅	2125	2200000	2461618.26	261618.26
14	普拉底乡教师周转房	834	1200000	2171618.96	971618.96
15	普拉底乡幼儿园	810	1120000	2702513.52	1582513.52
16	丙中洛运动场	7590	7150000	7754896.56	604896.56
17	贡山县城区幼儿园	11980	2500000	3231426.2	731426.2

障对象），而是把较为广义的"就业援助"作为本课题的研究内容，并重点调研了芒市、贡山县和罗城县的就业援助现状。

一 就业援助现状

（一）芒市劳动就业服务中心工作现状

（1）推进创业，促进就业工作

2014年，全市发放"贷免扶补"创业贷款1057人7926万元，其中：就业经办机构100户744万元；全市失业人员小额担保贷款106人911.5万元，其中就业经办机构81人686万元，劳动密集型小企业贷款4户780万元。

（2）加强失地农民、农村劳动者及农转城人员就业工作

在勐焕街道的12个社区、遮放农场管委会及中山乡开通求职通道，定期进行岗位信息发布，为求职者提供岗位信息、求职登记和推荐介绍等服务。2014年共计发布岗位信息12期共3407个岗位，求职登记4253人，经应聘双向选择实现就业4085人。

（3）组织实施公共就业和人才服务专项活动

为了帮助残疾人实现就业，2014年1月14日州市两级人力资源和社会保障局和残疾人联合会共同在德宏州委党校举办"就业帮扶、真情相助"残疾人就业专场招聘会及"就业援助月"活动，有100多人到现场应聘，其中残疾95人，提供就业岗位100多个，达成就业意愿48人。二是由勐焕街道公共就业服务机构为辖区内符合政策条件的援助对象举办就业服务活动，期间共提供岗位信息800多个，登记认定就业困难对象24人，通过公益性岗位安置实现就业18人（其中零就业家庭8人）。州市人社局和残联于2015年1月中旬至2月下旬开展了以"就业帮扶、真情相助"为主题的就业援助月活动，共有52个用人单位参加，提供岗位249个，参加招聘的残疾人185人，现场达成就业意向的有112人。

（4）积极开发公益性岗位

2014年，德宏州人社局下达芒市公益性岗位指标275个，主要做好单位申报公益性岗位审查、申请公益性岗位就业困难人员和零就业家庭人员的认定，并对公岗人员期满或退休的岗位进行及时补充安置，共拨付公益性岗位补贴312.69万元。2015年，州人社局又下达芒市公益性岗位指

标 275 个，已全部安置完毕，并对公益性岗位人员期满或退休的岗位及时清退和补充安置，共拨付公益性岗位补贴 156.85 万元。

（5）组织实施农村劳动力转移就业特备行动计划

搭建进城务工平台，促进劳动者就地就近转移就业。2014 年，通过职业介绍服务，促进当地农村剩余劳动力就地就近转移就业 4085 人，2015 年转移就业 4025 人。在 2015 年里还组织了一系列就业培训，培训对象为有转移意愿的农村劳动者、少地失地农民、农转城劳动力、城乡未继续升学的应届初高中毕业生和城镇登记失业人员，共培训了 14 期 24 个班，共计 1201 人，其中失地农民 234 人，农转城人员 76 人，城乡未继续升学的应届初中毕业生 154 人，其他人员 737 人，培训专业有中式烹调、装饰装修、计算机、电工、电焊工、种植和养殖。

（6）残疾人就业援助

芒市现有各类残疾人 2.39 万人，占全市总人口的 6.46%，其中城镇残疾 6762 人，占残疾人总数的 29%，农村残疾人 17138 人，占残疾人总数的 71%。在各类残疾人中，视力残疾 3425 人，占总数的 14%；听力残疾 3284 人，占总数的 13%；智力残疾 3326 人，占总数的 13%；肢体残疾 6685 人，占总数的 28%；精神残疾 1897 人，占总数的 8%；言语残疾 2652 人，占总数的 12%；多重残疾 2631 人，占总数的 12%。贫困残疾人共有 12797 人，占残疾人总数的 53%。目前芒市共有 4926 名残疾人参加新型农村社会养老保险，占农村残疾人总数的 29%，其中 1964 名重度残疾人由政府全额助缴。

在 2011—2015 年间，芒市在残疾人就业方面主要做了以下几个方面的工作：一是残疾人就业培训工作。共计投入培训经费 167 万元，举办实用技术和法律知识培训班累计达 123 场次，受训残疾人员 3450 余人次；二是开展分散按比例就业工作，做好地税代收残疾人就业保障金工作，共计征收残疾人保障金 836.8 万元。截至 2015 年底，在芒市行政事业单位就业的残疾人有 136 人，在企业就业的有 346 人；三是努力做好残疾人集中安置工作。在民政和税务部门的支持下，共创办福利企业 6 家，集中安置残疾人 78 人；四是鼓励和扶持残疾人自谋职业。投入扶持资金 82 万元，扶持 2 名盲人开办了按摩店，扶持了 148 名残疾人开展种养殖业及百货销售等多种经营；五是向上级部门争取项目资金 30 万元，扶持建设 2

个残疾人扶贫基地和残疾人职业技能培训基地；六是开展残疾人失业登记工作。共完成165名残疾人的失业登记，并对签订一年以上劳务合同的残疾人进行登记，共计完成56名残疾人的就业登记工作，同时还完成了193名残疾人的求职登记工作。

（二）贡山县劳动就业服务现状

2014年，贡山县共计完成城镇新增就业237人，完成全年任务的103%；失业人员再就业19人，完成目标任务15人的127%；就业困难人员再就业18人，完成目标任务15人的120%；城镇登记失业率3.78%；新增农村劳动力转移就业505人，完成目标任务500人的101%；职业培训总人数完成825人，完成目标任务500人的165%；完成贷免互补7户，共放贷35万元；开发公益性岗位32个，完成目标任务32个的100%，2014年1—10月，全县就业专项资金共支出482445.00元，全部用于公益性岗位补贴的支出。

2015年，贡山县城镇新增就业240人，完成目标任务200人的120%；就业困难人员再就业16人，完成目标任务15人的106.67%；全县实名制登记应届大中专毕业生31人，通过各种途径实现就业22人，就业率为70.96%。城镇登记失业率3.48%；开发公益性岗位88个（年初任务33个，年中追加55个公益性岗位，其中独龙江定向分配33个）；完成"贷免扶补"放贷20户，发放贷款138万元，其中7户为任务目标，13户为省人社厅扶持独龙族创业名额；完成微型企业"两个十万"目标任务2户，发放财政补助6万元，申请贷款20万元。2015年完成技能培训1109人，共开展5期培训，开设13个班，共计培训991人，完成任务目标数750人的126%。组织43人到云南技师学院（剑川县分校）学习木雕工艺，组织农村男女青年75人学习中式烹饪技术，其中19人到昆明高级技工学校学习，56人到泸水县培训点学习；在独龙江乡举办刺绣技能培训班，组织42名独龙族妇女学习刺绣技术。截至2015年底，全县通过各种途径转移劳动力1005人。

2015年，贡山县就业服务中心重点做了以下几个方面的工作：一是加强就业援助工作，切实提高就业困难人员的就业率。以高校毕业生和城镇就业困难人员为重点服务对象，达成就业意向13人，发放宣传材料50册。二是积极开展扶贫帮困，力促贫困劳动力劳务创收。把家庭贫困且有转移就业需求的农村劳动力作为帮扶重点；对有创业能力和创业意愿，符合条件的给予创业贷款扶持创业。三是加强劳动技能培训，提高劳动者整体素质。委托怒江州职业技术学校开办了技能培训班5期，培训各类人员1109人。

截至2015年底，贡山县的残疾人共有975人，其中肢体残疾651人，占残疾人口总数的66.6%；听力残疾34人，占3.47%；精神残疾15人，占1.53%；智力残疾33人，占3.36%；言语残疾24人，占2.45%；多重残疾97人，占9.89%。在残疾人就业援助方面，2015年贡山县举办了2期水果树嫁接和1期母猪结扎手术技术培训班，87名残疾人参加了培训，并派送6名残疾人到州府六库镇参加摩托车修理培训班。在怒江州残联的扶持下，在2015年建立了1户残疾人养殖独龙牛基地，投入资金5万元；在省残联和州残联的扶持下，在独龙江乡迪政当村建立牦牛养殖合作社，并通过乡政府和该村两委的协调，规划出了一个牦牛养殖基地，投入资金30万元。

（三）罗城县就业服务工作现状

2011—2014年，罗城县累计完成城镇新增就业6762人，下岗失业人员实现再就业1501人，就业困难人员实现就业705人，农村劳动力转移就业27304人次，城镇登记失业率在4.5%以内，为1733名失业人员办理了《就业失业登记证》。通过公益性岗位安置和灵活就业社会保险补贴等形式为455名下岗失业人员和就业困难人员提供相关就业援助措施；通过定点培训机构开展职业技能培训56期，培训工种涉及汽车驾驶员、维修电工、焊工、计算机操作员、客房服务员和餐厅服务员等；培训农村进城务工劳动者和城镇登记失业人员共2800余人；开展创业培训8期，培训创业人员255人。

2015年罗城县就业服务情况：（1）城镇新增就业1577人，完成河池市下达任务数1570人的100.4%。（2）城镇下岗失业人员再就业285人，完成河池市下达任务数280人的101.8%。（3）就业困难人员再就业128人，完成下达任务数125人的102.4%。（4）城镇登记失业率为3.2%，较下达控制数4.5%低了1.3个百分点。（5）农村劳动力转移就业新增人数为4741人，完成下达任务数4720人的100.4%。（6）开展城乡劳动者就业技能培训班六十期，已培训城乡劳动者2203人，完成河池市下达给罗城县的培训经费任务数 140 万元的 160.5%。

在 2011—2015 年间，罗城县积极开展残疾人实用技术和职业技能培训，每年组织 220 名农村残疾人进行农业种养技术培训。2015 年，对 5 名有就业需求和能力的残疾人进行了技能培训，有 15 名残疾人参加就业招聘会，劳务输出 5 人，盲人按摩技能培训 3 人。2015 年全县新增城镇残疾人就业 5 人，扶持残疾人就业创业 8 人。

二 城乡就业援助存在的问题

（一）就业援助工作的城乡二元分割

长期以来，我国的职业介绍机构和技能培训机构主要集中在城镇，并建立了较为完善的就业服务网络，可以为城镇劳动力和企业提供丰富的供求信息；而在农村地区，公共就业服务机构尚未广泛推行，已经设立的一些就业服务机构面临着经费匮乏、工作流动性大、工作人员素质不高和设备简陋等困境，难以为农村劳动力提供有效的就业服务。① 我国自就业援助工作启动以来，工作着力点一直都是主要放在城镇，相关的帮扶政策极少向农村延伸。② 简而言之，常态化和长效性的就业援助机制并没有在我国农村真正地建立起来，与城镇相比，我国农村就业援助工作的力度是非常之小的，明显不够到位甚至处于缺位的状态。

随着新型城镇化进程的推进和就业压力的不断加大，特别是随着我国社会保障制度覆盖面的不断扩大，公共就业服务方面的工作量也随之急剧加大。以罗城县为例，该县的就业服务中心现有人员编制仅为 5 人，要完成常规的公共就业服务工作显得力不从心。目前，罗城县的 11 个乡镇中仅有 2 个落实了劳动保障事务所人员编制，其余 9 个乡镇均未落实相关人员编制，造成基层就业服务平台的缺失，而一旦缺乏专职就业服务工作人员，岗位招聘和信息发布就无法覆盖到位，会严重影响到就业服务工作的正常开展。

长期以来，城镇一直是我国经济与社会发展的重点，而农村往往成为

---

① 王飞鹏：《中国公共就业服务均等化问题研究》，首都经济贸易大学出版社 2013 年版，第 118 页。

② 王丽华：《贫困人口分布、构成变化视阈下农村扶贫政策探析——以湘西八个贫困县及其下辖乡、村为例》，《公共管理学报》2011 年第 2 期。

了城镇发展的配合者和贡献者,因而农村的就业援助工作往往容易被轻视甚至忽视。随着城市化进程的加快,许多失去土地的农民以及进城务工的农民,一方面因为低技能和低素质而无法有效融入城市并适应城镇就业岗位的需求,进而成为急需就业援助的就业困难群体;另一方面我国出台的大量就业政策把重点放在了城镇地区,而农村地区往往被排除在就业援助的范围之外,此外城市就业援助机构与社区就业援助制度较为成熟并明显优越于农村,这进一步扩大了城乡就业援助制度的"二元结构"。[①] 尽管根据我国的相关法律规定,就业援助对象应当包括进城务工人员,但因为具体配套政策的缺失,导致这部分群体中的大部分人员被排除在就业援助制度之外。新一代农民工在积累一定劳动资本后,逐步由进城务工转为返乡创业,但我国县域农民工创业扶持平台并没有实质性地建立起来,创业帮扶工作仅仅停留在职业技能培训阶段,已经不能有效地满足农民工的就业服务需求,所以必须建立"培训加基地"或者"培训加资金扶持"的农民工创业扶持机制。

目前,我国的城镇就业援助工作基本上是由当地政府的人力资源和社会保障部门来牵头实施,其他相关部门进行配合,程序比较规范,工作效率也相对较高。但是,在农村就业援助工作方面,情况就要复杂得多。目前,我国农村贫困劳动力培训与转移工作的特点是条块分割、多头管理和各自为政,有的是由当地政府的财政部门牵头,有的是由人力资源与社会保障部门牵头,有的是由扶贫办牵头,少数民族地区还可能会由民族宗教工作部门来牵头。为了完成培训任务,大多采取指令性培训或放任性培训的方式,具体承担工作的有教育管理部门、劳动就业服务部门、农业科技部门、民族工作部门、残联和妇联等。而且,不管是什么政府部门,只要愿意组织培训都可以自行开展,其结果就是导致日常管理协调、培训过程监督和培训质量评估的难度都很大,而承担培训任务的相关部门也不需要对就业培训的实际效果负责,只需完成上级主管部门下达的培训人数任务即可,因此培训过程难免流于形式。所以,表面上各地相关政府部门广泛组织贫困地区农民进行就业培训,实现培训人数的不断突破,但实际上很

[①] 杨德敏:《就业援助法律机制研究》,中国法制出版社2012年版,第62页。

多贫困农民根本学不到多少脱贫致富的职业技能。①

(二) 劳动力市场的城乡二元分割

由于我国传统城乡二元户籍管理制度的安排，劳动力从制度上被分割为城镇劳动力和农村劳动力，而且现行的就业政策和制度的设计依然是向城镇劳动力倾斜的，或者说很大程度上是为了解决城镇户口居民的就业问题，农村劳动力进城就业的权利仍然得不到有效的保障。不少地方对农村劳动力进城就业设置了种种限入条件，对农民进城就业规定了职业工种、总量、季节、性别和比例等限制性条款，保留大量的行业和工种作为城镇户口居民就业的"特区"，而能够真正向进城农民开放的只是小城镇就业市场和那些城里人不愿意干的"苦、脏、险"的工种，农村劳动力在正规的就业市场上明显得不到公平的对待。② 此外，一些地方政府甚至规定农民工进城就业必须备齐包括《无犯罪记录证明》《无违法生育证明》以及卫生健康等各种证明材料，人为地造成劳动力市场的准入歧视，严重制约了农村富余劳动力自由、稳定、有效地向城镇转移就业，在很大程度上剥夺了大多数农民的平等发展权利，违背了社会公平正义的基本原则。

当前，我国城乡劳动者的就业竞争仍然有失公平，城镇劳动力市场实际上被分割为一级（主要）劳动力市场和二级（次要）劳动力市场。城镇的本地劳动力通常在工资相对较高、环境好、福利多、工作稳定性强的一级劳动力市场就业，如行政事业单位、大中型国有企业、现代服务业等较高层次的正规部门；而农村劳动力和外地劳动力由于受到不公正的制度性歧视，一般只能在工资较低、环境差、福利少、工作稳定性差的二级劳动力市场就业，如加工制造业、建筑业、交通运输业、批发零售业、餐饮业等低层次的劳动密集型行业，从而造成城乡劳动力就业岗位的二元分割。而且，城乡二元分割的劳动力市场主要通过户籍歧视而不是素质差异将大多数具有农民身份的劳动力排斥在城镇一级劳动力市场之外，剥夺了农民工与城镇劳动力平等竞争就业的权利与机会，限制了城乡劳动力的自由流动。③ 大量农村劳动力的涌入使得从属劳动力市场变得十分拥挤，

---

① 王丽华：《农村反贫困与就业援助专项制度建设研究》，民族出版社2012年版，第233—234页。

② 同上书，第148页。

③ 张文、徐小琴：《城乡一体化与劳动就业》，社会科学文献出版社2013年版，第76页。

劳动者间的竞争更加激烈，从而压低了农村劳动力的工资，最终导致我国近年来从东部城市蔓延到中西部城市的区域性和结构性的"民工荒"现象。

截至目前，我国在城乡劳动力的就业和社会保障方面还没有建立起统一规范、竞争有效的长效管理机制，农村劳动力进入城镇就业仍然存在不少不合理的歧视现象，经常遭遇同工不同酬、子女就学难以及没有基本社会保险等不公平不公正的待遇。总之，正是劳动力市场的城乡二元分割状态导致了我国就业援助工作的城乡二元分割状态，而且进一步拉大了城乡居民的收入差距。

（三）县域经济基础薄弱，当地企业拉动就业的作用非常有限

人口较少民族聚居地区县域经济基础比较薄弱，规模以上企业非常少，大多数是中小甚至微小企业，就业岗位少，工资水平较低，企业拉动就业的作用很不明显，城镇新成长劳动力和农村进城务工劳动力在当地就业比例较低；农村劳动力转移就业受到总体经济下行压力等因素影响，增长幅度在相当一段时间内都很难有较大的提升。课题组所调查的4个人口较少民族自治县均为国家扶贫开发重点县，因此其县域经济的总体发展水平是相当低的。2013年，环江县人均地区生产总值1.3万元，仅为全国平均水平的31.34%、广西全区平均水平的42.55%；罗城县人均地区生产总值1.21万元，仅为全国平均水平的29.02%、广西全区平均水平的39.40%；贡山县人均地区生产总值1.63万元，仅为全国平均水平的39.19%、云南省平均水平的64.88%；兰坪县人均地区生产总值1.61万元，仅为全国平均水平的38.78%、云南省平均水平的64.20%。2013年，4个人口较少民族自治县的第一产业所占比例均明显高于全国平均水平，其中环江县和罗城县的第一产业所占比例是全国平均水平的4倍左右；除了兰坪县以外，其余3个县的第二产业所占比例均明显低于全国和其所在省份的平均水平；4个县的第三产业所占比例均明显低于全国平均水平，也低于其所在省份的平均水平。[①] 4个县的第一产业所占比例明显偏高，大量的农村劳动力被束缚在了土地上。（见表1-41）

---

① 刘苏荣：《人口较少民族聚居地区县域经济的困境及对策——基于对环江、罗城、兰坪、贡山民族自治县的调查》，《改革与战略》2016年第3期。

表 1-41　　　　　　　　　　2013 年经济数据

地区	第一产业所占比例（%）	第二产业所占比例（%）	第三产业所占比例（%）	人均地区生产总值（元）
全国	10.0	43.9	46.1	41528
广西	16.3	47.7	36.0	30588
云南	16.2	42.0	41.8	25083
环江县	44.0	23.2	32.8	13016
罗城县	38.5	27.2	34.3	12052
兰坪县	16.1	51.6	32.3	16104
贡山县	24.5	37.0	38.5	16275

资料来源：4 个自治县的相关数据是课题组调研获得的；其他数据是在相关政府部门网站查询获得的。

以贡山县为例，2014 年全县完成工业总产值 16307 万元，比上年下降 1.9%。其中规上工业企业 2 家，完成工业产值 9515 万元，比上年下降 11%。固定资产投资重点项目贡山县城至独龙江边防公路、德贡公路、东月谷河一级电站、二级电站和丹珠河三级电站建设项目的推进，拉动了全县的固定资产投资。2014 年，全县规模以上固定资产投资项目个数有 32 个，比上年增加 5 个，完成固定资产投资 117721 万元，比上年增长 30.18%。2015 年，贡山县共计完成工业总产值 11227 万元，比上年下降 31.1%，与此同时，固定资产投资也呈现下降的趋势。2015 年，全县规模以上固定资产投资项目个数有 30 个，比上年减少 2 个，完成固定资产投资额 70963 万元，比上年下降 39.7%。固定资产投资下降幅度如此之大，主要原因在于当地小水电开发的高峰期已过，在建亿元以上项目投资已面临收尾，因此投资支撑力度不足。2011—2015 年间，整个贡山县新增城镇就业 1115 人，下岗失业人员再就业 90 人，三次产业比重由 2010 年的 21∶40∶39，调整为 2015 年的 23∶18∶59。总的来看，贡山县的第三产业主要是一些城镇里的个体小商铺和小饭馆，吸纳劳动力的能力非常有限，而且行业收入普遍偏低。

（四）职业教育薄弱

课题组在调查时发现，人口较少民族聚居地区的职业教育是相当薄弱的，在贡山县，当地没有一家职业技术学校，而在其他5个县（市），当地职业技术教育的发展也是比较滞后的，难以培养出合格的新生劳动力。

以兰坪县为例，当地仅有一所集职业教育、成人教育、普通教育和职业培训为一体的中等职业技术学校。学校始建于1993年，其前身是兰坪职业高级中学，1998年2月迁入新校址，学校占地面积62亩，校舍建筑面积13333平方米。目前配备有计算机、酒店管理、汽车驾驶模拟、铆焊和电子电工等相关实训实习基地及设施设备。全日制班级开设了汽车运用与维修、电子电工、旅游酒店管理、中餐烹饪和中草药种植5个专业，成人短期培训班开设了计算机应用基础、烹饪和保健按摩等专业。学校现有教职工37人，其中专任教师33人，具有高级职业资格证书的有8人，通过云南省"双师型"教师认定的有3人。目前，共有在册学生和学员207人（其中全日制学生92人，成人中专班27人，中央电大和云南开放大学学历提高班88人）。

兰坪县当前职业技术教育存在的主要问题有：一是办学规模无法适应经济社会发展需求。目前，县职技校在校学生92人，办学规模远远不能满足全县经济社会发展对技能人才的需求。2014年，全县普通高中在校生为3166人，职技校全日制在校生92人，普职比仅为1∶0.03，按照国家、省级关于普通高中与职业高中办学规模大体相当的要求，与上级要求还存在很大差距。二是办学条件无法满足办学需要。由于兰坪县财政困难，对职业教育投入不足，导致职技校建筑面积不足、办学条件简陋，缺少基本的实训实习场所和设施设备，办学条件严重滞后。三是专业设置难以适应市场和社会需求。兰坪县职业教育发展体系不够健全，职技校缺少实训实习基地和"双师型"教师，办学活力不足，目前设置的部分专业与市场需求脱节，难以适应市场和社会需求。四是地方配套政策不适应学生就业需求。由于兰坪县劳动力市场发育尚不充分，目前尚未落实就业准入制度和职业资格证书制度，全县大部分企业没有建立技能人才从培养、使用到管理的规定和制度，企业职工无法达到全员持证上岗的要求。

在陇川县，当地职业高级中学的教师编制是2005年核定的，至今没有任何的增加。该校共有教师编制26名，实有教职工57人（超编31名），其中专任教师55人，工人2人。在55名专任教师中，专业教师27人，文化课教师28人。在以职业技术教育为主的学校里，文化课教师竟然比专业教师还多,这种现象显然不正常,它集中反映出当地职业技术教育水平的落后。

(五)残疾人的就业援助力度不够

严格来说,就业援助对于残疾人来说是最为重要的一项社会救助,因为只有通过就业,他们才能真正地摆脱贫困和实现自我价值,同时也可减轻家庭和社会的负担,增强自我发展能力,实现回归社会并分享社会进步发展的成果。残疾人文化水平低,大部分只上过小学或者未上过学,处于文盲、半文盲状态,严重制约着残疾人参与主流社会的活动和实现就业。目前,我国城镇残疾人实现就业主要有三种渠道:一是在福利企业集中就业;二是在党政机关和企事业单位中按比例分散安排就业;三是自主创业。农村残疾人则是根据自身的特点,参加种植业、养殖业和家庭手工业等生产劳动以实现就业,同时在乡镇企业中实行按比例分散就业。

残疾人在我国社会中是典型的弱势群体,在劳动就业方面存在着特殊的困难和障碍,比如,社会上排斥残疾人的客观存在,用人单位缺乏履行扶助残疾人就业义务的自觉性;由于残疾的影响,残疾人适合的工作类型受到其残疾类型和残疾程度的制约;残疾人文化水平较低,劳动技能较为单一,适应的行业及工作范围较狭窄。[①] 第二次全国残疾人抽样调查结果显示,从事农、林、牧、渔、水利业等低端生产活动的残疾人占总就业人员的比例达77.5%,在国家机关、党群组织、企事业单位就业的比例很低,其中专业技术人员所占比例不到1.8%。而且,当前的残疾人职业教育培训还存在诸多不足,如培训内容单一,多集中于家电维修、保健按摩;民间私营培训机构管理不规范,培训效果不佳,无证培训等,影响了残疾人职业技能的提高。残疾人职业介绍服务不完善,在职业信息获取方面信息不对称、沟通不畅,政策落实与执行不到位。一些政府机关在按比例安置残疾人就业上不配合,也影响了残疾人就业政策的落实。[②]

受城乡二元经济社会结构的影响,我国农村残疾人服务机构的发展基本处于空白状态。我国目前的就业市场对农村残疾人呈现出非常严重的排

---

① 许琳:《残疾人就业难与残疾人就业促进政策的完善》,《西北大学学报》(哲学社会科学版)2010年第1期。

② 李静:《从生活救助到就业支持——优势视角下残疾人福利的实现路径》,《南京大学学报》(哲学·人文科学·社会科学)2012年第6期。

斥状态。与城镇残疾人相比，农村残疾人的文化程度相对更低，对外界事物的理解力和接受度也就会更低一些，所以也就更容易受到就业市场的排斥。基于此，农村残疾人大多只能从事传统农业和手工业，而这些行业的经济效益往往比较差，其收入水平有时候甚至无法支撑农村残疾人日常生活的开销，更不用说承担额外消费的支出了。随着新型城镇化的推进，农民赖以生存的土地资源逐渐减少，使得很多本来从事传统农业生产的农村残疾人失去了收入来源。由于缺少进入正规部门的资格条件，绝大部分农村残疾人只能进入非正规部门就业。从就业质量来看，农村残疾人不仅与健康人相比存在很大的差距，即便是与城镇残疾人相比也存在一定的差距，要他们通过就业来实现自食其力还面临较多的现实困难。[①] 但是，当前我国的残疾人就业援助具有很明显的城市化倾向，即有限的残疾人就业援助资源事实上主要是为城镇残疾人服务的，而占残疾人口大多数的农村残疾人却很难享受到相关的就业援助服务，这无疑是很不公平的。

根据中国残联发布的《2013年度中国残疾人状况及小康进程监测报告》，残疾人找工作的途径：通过网络的占9.1%（城镇为16.0%，农村为4.2%）；通过公共就业服务机构的占14.1%（城镇为23.7%，农村为7.4%）；通过残疾人就业服务机构的占45.6%（城镇为61.1%，农村为34.9%）；通过招聘会的占16.3%（城镇为30.5%，农村为6.3%）；熟人介绍的占71.9%（城镇为66.4%，农村为75.7%）；自主创业或灵活就业的占19.4%（城镇为17.6%，农村为20.6%）；其他的占31.9%（城镇为21.4%，农村为39.2%）。从这些统计数据可以很明显地看出，我国农村残疾人获得的就业援助资源远远小于城镇残疾人。

截至2015年底，贡山县的残疾人共有975人，其中肢体残疾651人，占残疾人口总数的66.6%；听力残疾34人，占3.47%；精神残疾15人，占1.53%；智力残疾33人，占3.36%；言语残疾24人，占2.45%；多重残疾97人，占9.89%。课题组在贡山县调研时发现，该县乡镇一级的残联缺乏基本的办公场所和设备，难以实现对残疾人信息的及时更新和录入，更别提其他日常工作的开展了。目前贡山县残联还没有真正地落实残

[①] 周沛、陈静：《反社会排斥视角下的我国农村残疾人就业问题研究》，载宋宝安《中国残疾人社会保障与服务体系研究》，中国社会科学出版社2013年版，第37页。

疾人就业保障金的征收工作，导致各项扶残工作的开展存在较大的困难，因业务资金严重短缺，残疾人的扶残助残工作滞后。有很多部门和单位对残疾人的关爱和帮助不够重视，在一定程度上歧视残疾人，拒绝接纳残疾人就业，导致贡山县残疾人的就业渠道非常狭窄。在罗城县，当地政府出台的残疾人优先纳入最低生活保障政策和残疾人参与新农合、新农保政府补贴（补助）政策的实施范围仅局限于一、二级重度残疾人。乡镇残联基本上是民政助理兼任，工作任务量大时，会顾此失彼，使残联工作受到影响。

第五节 人口较少民族聚居地区住房救助现状调查

住房是人类生存和发展的最基本物质条件，在经济和社会发展过程中，总有一些群众由于个人身体原因、技能不适应等导致就业不充分，收入水平较低；或者因病因学、遭受灾害或重大变故导致经济状况变差，没有能力通过市场购买或者租赁到合适的住房，从而面临着住房困难。从维护人的住房基本权利及促进社会公平正义等角度，政府应当通过实施住房救助"补好位"，帮助这些最困难的群众获得最基本的住房保障。根据《社会救助暂行办法》的规定，并不是对所有社会救助对象都要实施住房救助，也不是对所有住房困难群众实施的住房保障都叫住房救助。只有对存在住房困难的城乡低保对象或特困供养人员（分散供养）实施的住房保障，才叫住房救助。①

自2008年以来，国家通过大规模实施保障安居工程，加快解决群众特别是城镇中低收入群体的住房困难问题。截至2015年底，全国建成城镇保障性住房（包含棚改房）共计5000万套左右，使约22%的城镇家庭受益。截至2014年9月底，通过廉租住房、公共租赁住房、棚户区改造安置住房等实物方式及发放廉租住房租赁补贴的方式，全国累计解决了近4000多万户城镇家庭的住房困难，其中约1900万户是低收入家庭。在1900万户享受住房保障的城镇低收入家庭中，有约450万户是城镇低保

---

① 胡可明、曲淑辉主编：《社会救助暂行办法释义》，中国法制出版社2014年版，第107—108页。

家庭。在农户住房保障方面，国家于2008年支持贵州省率先开展农村危房改造试点，2009年扩大了试点范围，目前这项制度已经覆盖全国31个省份。

自2014年起，各地廉租住房（面向最低收入群体）与公共租赁房（面向中低收入群体）逐步并轨运行，同时原有的廉租住房和住房租赁补贴仍然将按规定发放给符合条件的住房救助对象（低保户或特困供养人员），而且住房救助对象承担的租金水平要低于其他城镇住房保障对象。鉴于《社会救助暂行办法》对于"住房救助"的规定过于狭窄，课题组所调查的实际上是所有存在住房困难的城乡低收入群体的住房保障现状，主要包括城镇廉租房（2014年以后与公租房合并）建设和农村危房改造的具体情况，并且重点对贡山县、芒市和罗城县进行了调查。

一 人口较少民族聚居地区住房救助现状调查

（一）贡山县住房保障工作

2013年贡山县主要是续建未实施完成的2010年廉租房项目，指标为300套，总投资2400万元，截止到2013年12月，已到位资金2267.21万元，其中上级补助资金到位900万元，云南省政府债券（第二批）转贷廉租住房资金463万元，州级配套资金100万元，县级配套资金804.21万元。根据廉租房建设的有关政策要求，该项目被分配到全县的三乡一镇实施，到2013年底的时候已完成189套，并安排入住，剩余112套建设于县农科局背后，到年底时正在进行住房装修。

2014年上级主管部门分配到贡山县的城镇保障房建设指标是新建公共租赁住房60套，总投资933万元，分别在独龙江乡、普拉底乡和茨开镇实施，其中独龙江乡的32套和普拉底乡的24套正在建设当中，茨开镇4套公租房为2012年在农科局背后实施的公租房项目。到年底时项目已到位资金347万元，其中中央资金317万元，省级补助30万元，尚有资金缺口616万元。原计划2015年2月以前建成并安排入住，由于项目资金迟迟不能按时到位，实际上直到2015年10月才最终建设完成。

2015年贡山县实施了100套公租房的项目建设，并已于2015年7月前完成征地拆迁等相关前期工作，于2015年9月全面开工建设，2016年8月全面建成，同时该年度新增发放租赁补贴对象100户。

2012年贡山县的农村危房改造项目建设任务为1500户，总投资2858万元。其中独龙江乡415户，补助资金1230万元，贫困残疾人家庭50户，补助资金75万元，扶持人口较少民族209户，补助资金313.5万元，实施范围在全县三乡二镇。截止到2013年底，贡山县2012年危房改造工程项目中央和省级补助资金2858万元，已全部打到贡山县的账户，其中独龙江乡1230万元项目资金已全额拨付到位；全县开工户数1500户，已完成系统录入，开工率100%，完工1375户，完工率91.53%。

2013年，云南省住建厅对于贡山县的农村危房改造下达了290户的指标，其中扶持人口较少民族209户，贫困残疾人家庭40户，补助资金为478.5万元，到2013年底已开工138户。

2014年上级预拨给贡山县的农村危房改造户数指标为100户，其中中央补助资金为75万元，在二乡二镇实施建设，其中茨开镇60户，丙中洛镇12户，普拉底乡16户，捧打乡12户，到2014年底已完工57户，完工率达57%。贡山县的农村危房改造项目在沿江一带地区已基本建设完成，当前主要建设的是山区一带的项目，由于受贡山县地理条件的影响，当地山区道路崎岖、坡度大，建筑材料的运输成本较高，加之该县农户多数为低收入家庭，经济条件并不宽裕，农户虽然有对自家住房进行改造的意识，但其自身筹集建设资金的能力很低，而政府只给予每户补助1万元的建设资金，因此导致一部分农户无法进行危房改造。

2015年上级预拨给贡山县的农村危房改造户数指标为100户，补助资金116.5万元（其中中央补助资金为78.1万元，省级补助资金为38.4万元），计划在二乡二镇实施，其中茨开镇60户，丙中洛镇12户，普拉底乡16户，捧打乡12户，截至2015年底已完工57户。

（二）芒市保障房建设基本情况

2008—2014年，芒市共建成城镇保障性住房3048套，其中廉租房1811套（已分配），公共租赁房238套（已分配），经济适用住房300套，棚户区改造699套。保障性住房的分配优先照顾孤、老、病、残家庭，其余家庭在公证机关的监督下抽签、摇号和选房。对保障对象档案实行一户一档动态管理，认真开展廉租住房保障对象的年度复核，截至2015年底，共将不符合保障条件的111户清退。

2008—2014年，芒市共争取到上级租赁补贴资金3376.94万元，截止到 2013 年底共对 3444 户（2008 年 162 户，2009 年 385 户，2010 年 473 户，2011 年 389 户，2012 年 442 户，2013 年 1593 户）住房保障家庭发放租赁补贴 391.99 万元，结余资金 2443.2 万元用于购买和改造廉租房 139 套。

2012 年廉租住房建设进展情况：一是由各乡镇建设实施 303 套，其中 195 套已入住，剩余 108 套到 2013 年底时已经封顶。二是由云南城乡投资有限公司负责承建 697 套，到 2013 年底时已经封顶。累计完成投资 1.47 亿元。

2013 年上级下达芒市廉租房建设指标 100 套（共计 5000 平方米），计划投资 1450 万元，分别建于原风平收费站西北侧 62 套，德宏军分区以北 8 套和芒海镇 30 套。截止到 2014 年底，德宏军分区以北的 8 套廉租房已经封顶，芒海镇和原风平收费站西北侧的廉租房项目正在进行主体施工，累计完成投资 634 万元。

2009—2015 年芒市共实施农村危房改造 15032 户，发放补助资金 1.61 亿元，完成投资 20 余亿元。当地政府在开展农村危房改造和抗震安居工程中，特别是在易地搬迁和边境小镇建设中广泛宣传和引导使用该市较为有特色的民居方案，从民居方案、搬迁点规划和公共建筑设计等方面充分体现当地的民族特色风貌，打造民族特色鲜明的新农居。

2014 年芒市危房改造补助类型为：特困户拆除重建 180 户，每户补助 3.7 万元，补助资金 666 万元；中度贫困户拆除重建 360 户，每户补助 2.2 万元，补助资金 792 万元；其他贫困户拆除重建 1260 户，每户补助 1.2 万元，补助资金 1512 万元；农村 C 级局部危房住房修缮加固每户补助 0.2 万元，补助资金 140 万元。

2015 年芒市农村危房改造补助分为三类：1. 特困户（居住在危房中的分散供养五保户、低保户中的老弱病残等），补助标准为每户补助 3.7 万元；2. 中度贫困户（不属于特困户但是符合民政部门低保户标准的农户），补助标准为每户补助 2.2 万元；3. 其他贫困户（年人均收入低于 2300 元的农户），补助标准为每户补助 1.2 万元。

（三）罗城县住房保障现状

罗城县城镇住房保障工作启动于 2007 年，实行以发放租赁补贴为主，实物配租并举的住房保障形式，申请家庭的成员中必须至少有 1 人具有当地非农业户口，并且连续在本县居住3年以上。

2009年上级分配给罗城县的新建廉租住房任务为120套，总建筑面积6000平方米，因为建设用地分布在三个地方，故分为三期来实施。第一期在县城解放路西段（原矿务局供销公司西面），新建廉租房24套；第二期工程建在县城公园路北段，新建廉租房30套。截止到2013年底，54套住房均已经安排保障对象入住。第三期廉租房项目建在县城公园路32号（环卫站原办公住宿区），新建廉租房74套，到2013年底工程已经完工。

2011年廉租房项目建在县城公园路（原县农业局蚕业站院内），新建廉租住房206套，到2013年底时已经完工。2012年廉租房项目建在县城公园路（原县农业局蚕业站院内），新建廉租住房118套，截止到2014年底工程已经完工，2011年、2012年廉租住房项目均正在办理配电设施业务。2013年廉租房项目建在原罗城矿务局机修厂院内，新建廉租房800套，总建筑面积39800平方米，到2014年底正在进行主体工程的施工。2014年，上级分配给罗城县廉租房建设任务为28套，总建筑面积1400平方米，计划总投资252万元，项目建在东门镇公园路蚕业站院内，到2015年底已经竣工验收。2015年，上级分配给罗城县廉租房建设任务为28套，总建筑面积1168平方米，计划总投资201.6万元，项目建在东门镇公园路蚕业站院内，截至2015年底，主体工程已经施工到第四层。

2011年1月18日，在县民族文化广场举行了罗城县第一批廉租房的抽号活动，以抽签的方式确定了2009年第一期廉租房入住家庭共计21户，已经安排入住。2013年2月1日，在县委党校办公楼四楼报告厅进行了罗城县第二批廉租房抽号活动，以抽签的方式确定第二批廉租房入住家庭共计73户，抽到号的家庭已经安排入住在2009年第一期廉租房剩余的3套和位于公园路136号的2009年第二期廉租房项目30套，以及2010年底向广西鸿兴房地产有限责任公司预购的位于朝阳路东段老干部住宿区内的40套商品房。

2007—2013年，罗城县共计发放廉租房住房补贴1012.5164万元，资金来源于中央财政专项拨款，其中2008年度发放5.968万元；2009年度发放118.0446万元；2010年度发放120.4632万元；2011年度发放285.138万元；2012年度发放170.541万元；2013年度发放312.3616万元。2014年,新增发放廉租住房租赁补贴任务为20户,经过调查和公示无异议,新增租赁补贴54户共计122人,发放租赁补贴153420元,完成新增租赁补贴任务计划的270%。2015年,新增发放廉租住房租赁补贴指标为20户,经过调查和公示无异议,新增租赁补贴80户共计165人,完成目标任务计划的400%。

自2009年开始实施农村危房改造政策以来,到2014年底,罗城县已完成危旧房改造任务9884户,总计完成建筑面积为748384.4平方米,完成总投资65011.82万元,其中政府补助投资总额为17203.9万元。[①] 2014年,上级部门下达给罗城县的农村危房改造指标为3000户,县危改办根据各乡镇的危房存量情况,制订了罗城县《2014年农村危房改造工程实施方案》,把任务及时分解到乡镇,具体情况为:东门镇500户,龙岸镇495户,黄金镇235户,小长安镇295户,四把镇375户,天河镇195户,怀群镇245户,乔善乡210户,宝坛乡175户,纳翁乡125户,兼爱乡150户。其中五保户35户,低保户806户,残疾人家庭105户,计生家庭户214户,军属家庭72户,生态移民19户,库区移民7户,孤儿8户,因灾倒房户187户。

2014年,罗城县农村危房改造补助金额为户均1.92万元,其中分散供养的五保户补助3万元,低保、贫困残疾户、贫困成年孤儿补助2.2万元,诚信计生贫困户(指独生子女贫困户、双女结扎贫困户)、农村复员军人、带病回乡退伍军人、烈士遗属、因公牺牲军人遗属、病故军人遗属等贫困优抚对象和见义勇为人员家庭每户补助2.05万元,一般贫困户补助1.8万元左右,具体由乡镇统筹安排。[②] 罗城县的农村危房改造对象确定为优先扶持居住在一级(D级)危房中的贫困残疾人家庭,以及因伤残或大病久治造成家里没有一个劳动力,完全没有能力自筹资金改造危房的特殊家庭,并且还充分体现了对五保户(分散供养)、低保户、农村计划生育家庭、诚信计生家庭以及军烈属家庭的优先照顾政策。

[①] 刘苏荣:《人口较少民族聚居地区农村危房改造现状分析——以罗城仫佬族自治县为例》,《经济研究导刊》2016年第15期。

[②] 同上。

二 城乡住房救助存在的主要问题

（一）在城乡二元住房保障体系下，农村住房救助过于滞后

由于目前我国各地城镇住房保障的对象多以城镇户籍人口为主，因此绝大多数的城镇就排除了仅享有居住证权益而无法取得户籍的城市新移民申请公租房、廉租房和政策性住房的可能。[①] 因此，事实上我国现在实行的是城乡二元分割的住房保障政策，与比较完善的城镇住房保障政策相比，我国的农村住房保障政策几乎是一片空白，国家有关部门只是在有限的文件中提到要加大农村危旧房改造的力度。而且，现行的农村住房保障政策具有明显的临时性，缺乏长效机制，也缺乏相应的配套政策的支持，农村低收入居民的住房保障缺乏稳定而持久的制度安排。因为是以自筹建房为主政府补助为辅，我国农村住房保障所面临的资金压力很大，农村居民建房要进行融资是比较困难的，它不像城镇那样在住房保障方面有政府财政的大力支持，政府在城镇的住房保障方面所投入的资金往往是农村的几十倍之多，城乡之间的差距非常之大。

在这种情况下，农村危房改造往往面临着巨大的资金缺口。以2014年农村危房改造相关数据为例，对危房改造资金情况可以做一个简单估算。2014年我国农村危房改造工程的任务是266万户，中央补助资金为230亿元，危房改造政策规定新建房屋面积标准为每户40平方米，加固改造危房面积为每户60平方米。根据中国统计年鉴的数据，2013年我国农村竣工住宅每平方米的平均造价为783.7元，进行危房重新建设所需要的资金约为834亿元，如果是危房加固则需要的资金约为622亿元（每户60平方米，按造价的一半390元/平方米计算），而中央补助资金为230亿元，因此资金缺口比较大。[②] 要弥补这一资金缺口，显然需要省级、州市级和县级财政提供一定的配套资金，鉴于比较糟糕的地方财政状况，这对于人口较少民族聚居地区来说无疑是一个非常沉重的资金压力。而在缺乏地方政府配套资金的情况下，农村危房改造政策的实施效果必然会受到

---

① 邓海峰：《城市化进程中城镇居民住房保障法律制度重构》，《法商研究》2016年第4期。

② 叶佩娣：《城乡统筹发展背景下中国农村住房保障政策研究》，《农业经济》2016年第11期。

很大的制约，而让农村贫困人口通过自身的努力来实施危房改造显然并不现实。

例如，2012—2015年上级下达给贡山县的农村危房改造指标分别为1500户、290户、100户和100户，补助资金全部来自于中央和省级财政，没有市级和县级配套资金。相比较而言，罗城县的情况就要好很多，截止到2014年底，罗城县2014年农村危房改造任务竣工3000户，竣工率100%，竣工面积244192平方米，完成投资总额22521万元。各级政府补助资金共计5760万元，其中中央补助资金2460万元，自治区配套资金2450万元，市级配套450万元，县级配套400万元。芒市的情况则介于二者之间，除了来自中央和省级财政的资金，还有县级配套资金，但没有市级配套资金。

（二）获得农村危房改造指标的农户大多是相对困难户，而非最困难的贫困户

客观地说，我国目前"以自筹为主"的农村危房改造资金筹集办法提高了农户参与农村危房改造的准入门槛，使得相对困难的农户最终成为农村困难家庭危房改造政策的最大得益者和主要得益者。[①] 对于相当多的农村低保对象和分散供养的特困人员来说，当前农村危房改造的补助政策导致其无法进行危旧房的改造，因为他们拿不出自筹资金。换句话说，我国当前的农村危房改造政策的实施效果还比较有限，因为一些住房条件最困难的农村贫困户往往无法享受到此项政策。

我国现行农村住房产权制度的核心是"一宅两制，权能残缺"，即农户拥有宅基地使用权和房屋所有权，但两项权利的权能均残缺不全。宅基地使用权只有按规定用途占有和使用两种权能，不能流转给集体经济组织之外的主体，与城镇商品房的土地使用权相比显然是不充分的。但对于农村很多贫困人口尤其是绝对贫困人口来说，宅基地的无偿供应并不能有效地解决其住房困难问题。[②]

（三）县级配套资金的支付压力过大，导致城镇保障性住房的建设举

[①] 章卫良：《从"经济刺激"到"社会救助"——关于农村危房改造政策的分析与建议》，《中共浙江省委党校学报》2012年第3期。

[②] 崔永亮：《农村住房保障制度缺失及其未来改善》，《改革》2013年第12期。

步维艰

以芒市为例,当地保障性住房建设主要存在以下几个方面的问题:一是上级补助资金未完全拨付到位。2011—2014 年,芒市保障性住房建设项目上级补助资金为 96377.33 万元(2011 年度 7426 万元,2012 年度 83766 万元,2013 年度 4643.58 万元,2014 年度 541.75 万元),市财政拨付到保障性住房建设专用账户 88941.54 万元,仍欠拨 7435.8 万元(2011 年度欠 1781 万元,2012 年度欠 903.8 万元,2013 年度欠 4209.25 万元,2014 年度欠 541.75 万元);二是地方配套资金难以筹措。2010—2013 年,芒市所有的年度保障房项目共计需要县级配套资金 36320 万元(2010 年度 320 万元,2011 年度 2321 万元,2012 年度 33167 万元,2013 年度 512 万元),但是截至 2014 年底,仅到位了配套资金 19860 万元(2010 年度 320 万元,2011 年度 640 万元,2012 年度 18900 万元,2013 年度 0 元),未到位配套资金 16460 万元(2010 年度 0 元,2011 年度 1681 万元,2012 年度 14267 万元,2013 年度 512 万元);三是外部基础设施配套资金难以筹措。比如,芒市 2012 年度保障房项目中 5 个地块的水、电、路配套基础设施建设总投资约 2 亿元,经前期协调和努力,截至 2014 年底,已用项目申报的方式解决了一部分资金,用 BT 方式解决了 1.03 亿元,暂缓实施工程投资 3880 万元,急需实施并由政府投资的约为 4824.36 万元,但其实这笔资金是难以落实到位的。

在课题组所调查的 6 个县(市)中,芒市的城乡居民收入是最高的,由于是德宏州的首府,其地方财政状况也是最好的。但是,在城镇保障性住房建设过程中,芒市在县级配套资金的筹措方面尚且显得困难重重,其他 5 个县(市)就更是举步维艰了。

(四)城镇保障性住房的建设速度明显滞后于当地城镇化的速度

1998 年以来我国城镇商品房建设规模的持续高速增长,解决了不少群众的住房问题。但是由于商品房价格的上涨也较快,不少地方的价格已经超过普通群众的承受能力,出现了群众住房难等问题。许多群众既买不起房又租不起房,保障性住房的供需矛盾仍然十分突出。不仅如此,城镇保障性住房建设在建设、分配和管理中还存在不少的问题:一是建设把关不严,质量有待提高,有的甚至不能入住;二是政府部门难以掌握居民的实际收入情况,公示制度流于形式,难以真正做到公平、公正,容易出现骗租、骗购和权力寻租等问题；三是伴随着保障房大量投入使用，保障对象原有住房的处理，保障对象费用分担，不合条件者的退出等问题日益突出。① 随着城镇化进程加快而大量涌入城镇中生活、就业的农民，他们面临着白手起家的环境，其生计方式的转型，使得他们并没有在城镇里快速定居下来的基础。同时，他们在城镇里的工作往往处于产业分工的低端，工资收入水平很低。基础薄弱加上低端就业，使得大量的进城农民成为城镇中新的低收入群体，处于绝对的弱势地位，这也就意味着他们实际上已经拥有了获取城镇住房保障制度庇佑的前提。

从我国城镇住房保障制度的实践来看，无论是国家出台的政策还是地方政策，都明显带有城镇户籍资格条件的限制。从城镇化的角度来看，我们一般将在一个城市居住达半年以上的外来务工人员视为城镇的常住人口，这也是我国近几年来城镇化率迅速提高的原因之一。然而，在承认进城农民对城市发展做出贡献的同时，他们与城镇居民享有共同社会保障的权益却因为缺乏城镇户籍而被排除在外。② 实际上，进城农民在城镇里获取住房的最主要形式是租赁，其次是单位提供集体宿舍。而通过租赁方式获得的住房，主要集中在城中村或者城郊接合部，居住环境比较差。

与此同时，我国很多地方政府比较重视商品房市场的发展而忽视保障性住房的建设，其主要原因是发展房地产市场可在短期内拉动地方经济，创造政绩，不仅可以带来规模宏大的土地收入，还可以创造大量的财政税收；而保障性住房会给地方政府带来较大的财政负担，同时见效慢，所以导致一些地方政府对于保障性住房的建设不够重视，只是被动地开展工作，很不情愿地应对上级政府主管部门每年下达的保障性住房建设指标。如果不是自 2010 年以来，我国政府通过层层签订保障房建设目标责任书的形式来下达保障性住房建设指标，估计即便是现有数量很有限的城镇保障性住房都很难按期建设完成。

例如，罗城县 2009 年度第三期新建廉租房 74 套，以及 2011 年度和 2012 年度项目——新建在县城东门镇公园路蚕业站院内的廉租住房 322

---

① 中国发展研究基金会：《中国城镇化进程中的住房保障问题研究》，中国发展出版社 2013 年版，第 48 页。

② 农业部软科学委员会办公室：《城乡发展一体化与农村公共服务》，中国财政经济出版社 2013 年版，第 286—287 页。

套，都是直到 2014 年底才最终完工，并于 2015 年 12 月才完成了抽签分配。罗城县城镇保障性住房的建设进度如此的缓慢，完全与罗城县城镇化的速度不相匹配，这不完全是资金缺乏的问题，部门领导不够重视恐怕也是一个很重要的原因。

第六节 人口较少民族聚居地区法律援助现状调查

法律援助又称法律救助、法律扶助，是国家对需要采取法律救济手段捍卫自己的法定权利不受非法侵害，但又因为经济困难无力支付法律服务费用的当事人提供免费、减费法律服务以保障其合法权益得以实现的一项法律制度。[①]从法律援助的产生和发展历史来看，法律援助被赋予了保障人权的性质，最终确立了现代意义上的法律援助制度。我国的法律援助制度自 1994 年开始试点以后，1996 年正式在全国范围内实施，目前已经基本形成了比较规范的管理体系。我国法律援助制度实施的主要法律依据是《刑事诉讼法》和《律师法》，前者规定了对几类特殊的刑事被告人由"有法律援助义务的律师"承担指定辩护的辩护人；后者规定了执业律师应当承担法律援助的义务，援助范围包括刑事案件和一定范围的民事和行政案件。[②]自 2003 年 9 月开始实施的《法律援助条例》则是对法律援助工作做了全面的规范，此后我国的法律援助工作逐步走向成熟。

对社会弱势群体实施法律援助，不仅是出于人道主义的目的，也是维护社会公平正义的必然要求，因此法律援助实际上是现代社会救助制度中的一个不可或缺的重要组成部分。但是，2014 年 2 月颁布的《社会救助暂行办法》并没有把法律援助纳入其中，这无疑是一件令人遗憾的事情。虽然如此，课题组仍然坚持把法律援助作为本课题研究的内容之一，并对贡山、兰坪、陇川和环江这 4 个县的法律援助工作现状进行了实地调研。

[①] 林莉红、孔繁华：《社会救助法研究》，法律出版社 2008 年版，第 246—248 页。
[②] 高贞：《法律援助理论与实践》，法律出版社 2014 年版，第 7 页。

一 法律援助工作现状

（一）兰坪县法律援助工作情况

2013年，兰坪县共办理法律援助案件75件，其中刑事案件38件（含未成年人案件9件，妇女案件2件），民事案件37件（含妇女案件7件），民事非诉讼案件5件（含妇女案件2件），共接待群众来访475人次，其中老年人35人次，残疾人13人次，解答来电法律咨询31人次，代写文书73份。

2014年，兰坪县共办理法律援助案件144件，其中刑事案件82件，包含法院指定20件（含未成年人案件11件，可能被判无期或死刑案件9件）；检察院指定24件（含未成年人案件8件，可能被判无期或死刑案件16件）；公安机关指定12件（含未成年人案件5件，可能被判无期或死刑案件7件），因受援人另聘律师终止援助2件。刑事法律援助案件涉及未成年人25件，涉及妇女4件。民事案件62件，其中非诉讼13件，因受援人申请后未起诉终止援助1件。民事法律援助案件涉及未成年人2件，涉及妇女26件。共接待群众来访咨询（含8个乡镇）576人次，其中老年人40人次，残疾人15人次，解答来电咨询27人次，代写文书64份，为女性代书22份，为农民工代书14份，为其他人员代书28份。

2015年，兰坪县共办理法律援助案件99件，其中刑事案件53件，困难申请16件；法院指定11件（含未成年6件，可能被判处无期徒刑以上刑期的3件，老年人1件，强制医疗1件）；检察院指定13件（含未成年6件、可能判处无期以上刑期的7件）；公安指定13件（含未成年8件，可能被判处无期以上刑期的5件）。刑事法律援助案件涉及未成年人20件，老年人4件。民事案件46件，其中非诉讼12件。民事法律援助案件涉及未成年人3件，涉及女性9件（含老年人7件）。共接待群众来访咨询（含8乡镇）579人次，其中男376人次，女203人次，老年人40人次，残疾人11人次，解答来电咨询32人次，代书71份，为女性代书30份，为农民工代书14份，其他27份。受援人共计103人，其中老年人9人，未成年人23人，女性9人。

在所有办理的法律援助案件中，诉讼案件的大部分是由云南锌都律师事务所、云南上云律师事务所、云南满易律师事务所和云南田均律师事务所具体办理的，少部分是由兰坪县法律援助中心办理，非诉讼案件则是由乡镇法律援助工作站及兰坪县公证处具体办理。

（二）陇川县法律援助工作情况

2013年，陇川县法律援助中心共承办法律援助案件192起，其中刑事案件30件，民事案件162起，接待来访570人次，来电解答法律咨询203人次，代写文书67件，上报各种信息及简报28期。

2014年，在"1+1"志愿者律师、大学生志愿者、陇川县道路交通事故调解委员会及各乡镇法律援助站的共同努力下，共承办法律援助各类案件290件，其中刑事案件67件（含德宏州中级法院指定的30件，县法院指定的10件，县检察院指定的6件，陇川县公安局指定的13件，当事人申请法律援助中心决定法律援助的8件）；民事法律援助223件（含项目案件23件，涉及移民并被移民局确认当事人为移民身份的19件，交通事故调解委105件）。接待群众来访213人次，来电解答法律咨询62人次，代写法律文书35件。

2015年，陇川全县共办理法律援助案件235件，其中刑事83件，民事152件（含交调委101件，项目案件31件）。在83件刑事案件中（含德宏州中院指派的26件），公安侦查阶段的40件，检察院起诉阶段的11件，法院审判阶段的32件。在152件民事案件中，诉讼案件31件，非诉讼案件121件，代写法律文书20件，提供各类法律咨询236人次。

（三）环江毛南族自治县法律援助工作情况

2013年，环江县法律援助中心共受理办结各类案件152件，其中诉讼案件30件，非诉讼案件122件（包括公证法律援助案件和劳动仲裁案件等）。在诉讼案件中，刑事辩护10件，民事代理20件，涉及妇女案件49件，未成年人案件3件，残疾人案件12件，老年人案件28件。

2014年，环江县共计受理办结各类法律援助案件137件，其中诉讼案件56件，公证案件36件，非诉讼案件45件。在诉讼法律援助案件中，刑事辩护8件，民事代理48件。涉及妇女案件55件，未成年人案件5件，老年人案件27件。根据县司法局2014年的工作安排部署，环江县法律援助中心将法律援助宣传工作延伸到村级，为此在2013年全县81个行政村成立法律援助联络员（全县共有145个行政村、社区）的基础之上，2014年全县其余的行政村也有了法律援助联络员，编制并印发法律援助宣传材料，法律援助网络进一步得到了延伸。

2015 年，环江县共计受理办结各类法律援助案件 223 件，其中诉讼案件 166 件，非诉讼案件 57 件。在诉讼案件中，刑事辩护 11 件，民事代理 155 件，涉及妇女案件 75 件，未成年人案件 9 件，老年人案件 44 件。

（四）贡山县法律援助工作情况

2013 年，贡山县法律援助中心共计接待群众来访 385 人次，解答法律咨询 360 人次，办理代书 87 份。办理诉讼案件 23 件，其中刑事案件 21 件，民事案件 2 件；民事非诉讼案件 72 件（其中达成口头协议 32 件，办理公证援助案件 9 件）。在 21 件刑事案件中，公安机关侦查阶段 9 件，当事人直接申请 1 件，法院指定 9 件，社区矫正人员减刑 2 件。

2014 年，贡山县法律援助中心共接待群众来访 275 人次，解答法律咨询 296 人次，办理代书 114 份。办理法律援助案件 113 件，其中刑事案件 27 件，民事案件 5 件；民事非诉讼案件 81 件（不含口头协议）。在 27 件刑事案件中，公安机关侦查阶段 13 件，审查起诉阶段 2 件，法院审判阶段 12 件。

2015 年，贡山县法律援助中心共办理诉讼案件 32 件，其中刑事案件 26 件，民事案件 6 件，共接待群众来访 420 余人次，来电咨询 232 人次，办理代书 218 份，民事非诉讼案件 127 件（其中调解案件 50 件，口头协议 59 件，公证援助案件 18 件）。

二　法律援助工作存在的问题

（一）城乡群众尤其是农民的法律意识淡薄，法律援助的知晓率较低

总体上来说，人口较少民族聚居地区的广大群众尤其是农民的法律意识还比较淡薄，受农村传统观念的影响，一些农民甚至会觉得打官司是件丢脸的事情。因此，他们在面对自身的合法权益受到侵害的时候，总是束手无策，缺乏寻求法律援助的意识。课题组调查发现，在兰坪县的许多怒族和普米族聚居的村寨，当地地处偏远，经济文化比较落后，群众文化水平较低，许多群众没有上过学，无法接受到普法教育，缺乏依法维权的意识。有些群众虽然知道法律援助政策，但存在着一些误解，认为法律援助是万能的，只要他们有诉求，法律援助中心就必有所应。还有一些群众申请的事项属于法律援助的范围，但是由于当事人法律意识淡薄，没有保存

相关的证据材料，这样无形中增加了法律援助工作的难度。

在陇川县，当地群众的法律意识相对单薄，对法律援助的知晓率比较低。此外，陇川县地广人稀，交通不便，每个行政村由十几个或者二十几个村民小组组成，村民居住比较分散。群众主要还是通过电视等媒体接触到一些法律援助信息，尽管当地每个行政村都有法律援助联络点和联络人，但其宣传工作大部分是流于形式，实际上并没有发挥多大的作用，导致当地群众的法律援助的知晓率较低。

课题组对245户人口较少民族家庭进行入户调查的结果显示，听说过法律援助政策的家庭仅有59户，知晓率仅为24.1%，远远低于对医疗救助政策（75.5%）和贫困生资助政策（52.7%）的知晓率。（见表1-42）

表1-42　　　　　人口较少民族家庭对政策的知晓率

民　族	被调查家庭（户）	听说过法律援助政策的家庭（户）	对法律援助政策的知晓率（%）
怒族	20	8	40.0
独龙族	20	2	10.0
阿昌族	39	15	38.5
景颇族	42	9	21.4
普米族	22	7	31.8
德昂族	22	11	50.0
仫佬族	40	3	7.5
毛南族	40	4	10.0
合计		59	

（二）经费保障不济，办案补贴构成不合理

我国的法律援助制度自1994年建立以来，发展速度相对缓慢，其主要原因就是法律援助的经费得不到充分的保障。目前我国法律援助经费的绝大部分来自中央和地方的财政资金拨付。例如，2011年我国法律援助经费的总额为127728.03万元，其中财政拨款为126196.57万元，占总经费的98.8%；社会捐助为903.67万元，行业奉献为134.08万元，另有其他经费 493.71 万元。① 现有的《法律援助条例》并未对财政拨款做出硬性规定，而仅依靠地方财政的经费不能满足法律援助工作的实际需要。随着法律援助政策的有效实施和政策知晓率的不断提高，以及《刑事诉讼法》的规定和法律援助"应援尽援"惠民工程的开展，我国法律援助案件的数量逐年递增，而财政经费投入不足，又加上社会募集援助基金渠道尚未形成，致使法律援助经费与法律援助需求的矛盾日益突出，制约了法律援助工作的正常开展。

我国在法律援助制度建立初期，由法律援助机构指派社会律师或本机构工作人员承办案件的工作模式，在一定程度上是符合我国的基本国情的。但是，其弊端也是很明显的，那就是办案质量不能得到有效的保证，因为受制于有限的经费，很多地区的办案补贴标准太低，尽管大多数律师基于职业道德而对法律援助案件勤勉尽责，但是"行政指派"的工作方式无疑会导致律师及法律援助机构工作人员的积极性不高和办案进程的拖延，甚至会出现不调查取证、不会见被告人等违规现象。② 在市场经济的大背景之下，没有充足的经费是很难确保法律援助的办案质量的，所以需要建立起有效的法律援助经费保障机制。

《法律援助条例》明确规定法律援助是政府的责任，律师的法律援助义务是指律师必须接受法律援助机构的指派去办理案件。也就是说，虽然律师没有对案件的选择权，但是并不意味着律师必须为法律援助案件无条件地付出。③ 按照 2005 年财政部、司法部联合下发的《中央补助地方法律援助办案专款管理暂行办法》的相关规定，办案补贴包括差旅费、交通通讯费、文印费和调查取证费等。因此，办案补贴实际上是指办理法律援助案件所发生的各种成本费用，并不包括律师在办理法律援助案件时的劳务报酬，而此规定会导致有的律师在办理法律援助案件时，特别是在异地办案时甚至可能需要自己贴钱。对于这种"既出力又出钱"的工作任务，一般的执业律师实际上是很难长期坚持的，因为这种制度安排本身就

---

① 司法部法律援助中心：《2011 中国法律援助年鉴》，中国民主法制出版社 2011 年版，第 227 页。
② 俞德鹏等：《救助专项立法研究》，中国社会科学出版社 2014 年版，第 309 页。
③ 刘雨梅：《我国当前刑事法律援助状况的若干思考》，载顾永忠主编《中国刑事法律援助面临的机遇、挑战与对策》，中国政法大学出版社 2015 年版，第 203 页。

是不合理的。鉴于此,碍于工作任务,有的办案律师就采取让受援人自己收集证据,对当事人的基本情况尽量减少核实,对案件事实也尽量不去实地调查,其目的就是为了减少办案成本。如此一来,办案质量难免大打折扣,给当事人一种"法律援助不如花钱请代理人""法律援助是应付了事"的错觉。①

以陇川县为例,因为地广人稀和交通不便,在当地承办一件法律援助案件,有交通工具的话可能需要 3 天,没有交通工具的话可能需要 5—6 天才能完成,异地办理的话时间会拖得更长,而办案补贴不过区区五六百元。在当地,交通工具是制约法律援助工作的一个重要因素,而陇川县司法局车辆编制较少,无法满足正常工作的需求。而且,陇川县基层司法所的日常工作包括了普法宣传、社区矫正、人民调解、安置帮教和法律援助工作等,任务非常繁重,需要经常深入村寨,因为没有交通工具的保障,制约了工作正常有效地开展。因此,大量的法律援助办案补贴被消耗在了差旅费和交通通讯费之上,而律师本人在付出了大量的时间与精力的情况下,却没有得到多少劳动报酬,甚至可能倒贴钱,这无疑会严重打击他们的工作积极性,进而影响到当地法律援助工作的实际效果。

(三)工作人员人手不足,业务也不够专业

我国法律援助一个显著特点是:越贫困地区法律援助需求越大,需要法律援助的人员多集中在农村、偏远地区,但法律援助的人力、财力等资源多分布在大中城市。② 在我国,由于地域的差别和经济发展的不平衡,法律援助服务存在东部多西部少和城镇多农村少的特点。受制于专业律师的匮乏以及地方财政的窘迫,在西部地区尤其是西部地区的农村,法律援助工作面临人手严重不足的现实困难。课题组调查发现,截至 2015 年底,在贡山县从事法律援助工作的专业律师仅有 1 名,兰坪县稍好一些,但也仅有 3 名。

以贡山县法律援助中心为例,该中心的工作人员业务能力不强,尤其体现在法律知识的掌握和案件办理的技巧上,除了 1 名专职副主任以外,

---

① 杨明成:《浅谈刑事法律援助工作存在的问题及对策》,载顾永忠主编《中国刑事法律援助面临的机遇、挑战与对策》,中国政法大学出版社 2015 年版,第 110 页。

② 刘士国、宛锦春:《农村法律援助机制的创新研究》,《社会科学家》2013 年第 8 期。

目前该中心所有的工作人员均没有法学方面的高等教育经历和专业技术资格证书,他们基本上是依靠多年的工作经验来办理案件,从而极大地限制了工作开展的力度和案件办理的质量。目前兰坪县法律援助中心仅有3名工作人员,其中1人已到挂钩村委会当村党支部第一书记,这样实际上就只有2名专职工作人员负责全县的法律援助工作,大多数案件虽然移交给当地的执业律师承办,但是全县执业律师仅有10人,而长期从事法律援助工作的执业律师仅有3人,人手明显不足。

(四) 农村法律援助范围过窄

我国城乡居民在法律援助事项范围上存在较大差异,城镇居民集中体现在给予社会保险待遇或者最低社会保障待遇、请求劳动报酬、请求国家赔偿和见义勇为行为产生的民事权益中;而农村居民除此之外,在宅基地纠纷、土地承包经营纠纷、婚姻家庭纠纷、财产继承纠纷和治安纠纷中也需要大量的法律援助。① 然而,根据现行的《法律援助条例》,当农村居民涉及上述这些纠纷时,往往无法得到相应的法律援助,这凸显出农村法律援助范围过窄的现实困境,因此相关政策亟须得到完善。

---

① 梁高峰、王改周、魏娟等:《西安市城乡法律援助发展状况实证研究调研报告》,《中国法律援助》2009年第3期。

第二章　人口较少民族聚居地区建设城乡一体化社会救助体系所需要采取的普遍性策略

本章主要研究人口较少民族聚居地区城乡一体化社会救助体系建设所需要采取的普遍性策略，之所以叫作普遍性策略，是因为这些策略所要应对的问题不仅存在于人口较少民族聚居地区，也存在于我国其他地区。简而言之，全国所有的地方要建立城乡一体化社会救助体系的话，都必须采取这些普遍性策略。具体来说，这些普遍性策略主要包括：（1）完善社会救助的立法和行政管理制度；（2）实现最低生活保障制度的城乡统筹；（3）实现专项社会救助在城乡间的均衡发展；（4）建立城乡一体化的社会救助网络信息平台。

第一节　完善社会救助的立法和行政管理制度

迄今为止，我国尚没有一部由国家立法机关制定的《社会救助法》，社会救助政策主要不是依靠法律，而是以政府部门的权能为基础，依靠行政手段的强有力干预来实施的，这使得城乡社会救助工作呈现出了较大的主观随意性。[①] 而且，现有的社会救助行政法规或政策有很多是采取城乡二元分治的理念来制定的，从而导致了我国社会救助制度呈现出城乡二元分割的局面：农村最低生活保障制度无论是救助标准或补助水平均明显低于城镇最低生活保障制度，而且在日常管理工作的规范性方面农村低保也明显赶不上城镇低保，此外专项社会救助项目在城镇地区发展的广度和深

---

① 杨思斌：《中国社会救助法制建设的现状分析与对策研究》，《探索》2008年第4期。

度均远远超过农村地区。

伴随着我国新型城镇化进程的不断推进,人口流动的频率在不断加快。基于此,要建设真正意义上的城乡一体化社会救助体系,首先就必须改革现有的城乡二元分割的社会救助法律法规和管理规章制度,具体包括:建立城乡统筹的社会救助法律法规,彻底打破社会救助制度中的城乡户籍界限,统一城乡社会救助对象的认定和救助金的计发办法,统一城乡社会救助的行政管理制度。

一 完善社会救助立法

鉴于事实上我国城乡居民享受的是差别化的社会救助待遇,首先必须将公民的社会救助权制度化和法律化,逐步改革和完善现有的一些社会救助法律法规,以实现对城乡居民尤其是农民社会救助权的有效保护,逐步消除现有的一些城乡有别的社会救助政策,真正实现城乡社会救助的公平供给。承载着公平正义理念的社会救助立法,应打破救助对象的群体分割现象,以城乡一体化理念构建社会救助立法。在救助对象上,不再以农民、民工、市民等身份进行划分,而是打破区域限制,对城乡地区实行全覆盖。①

2014年2月颁布的《社会救助暂行办法》是我国目前最为全面的社会救助法规,但是它并未明确提及城乡居民的平等救助权问题,而是以授权条款的形式下放到了地方政府,这未免有些令人遗憾。《社会救助暂行办法》有着11个授权条款,其中明示授权条款的内容为最低生活保障、特困人员供养、医疗救助、教育救助、住房救助和临时救助的救助标准。授权条款的内容是对原有规定(实际上是地方性法规和部门规章)的迁就与妥协,这种粗线条式的笼统规定严重影响了其法律的权威性。② 从法律的位阶来看,《社会救助暂行办法》处在我国法律位阶体系(宪法、基本法、普通法、行政法规、地方性法规以及行政规章)的第四位阶,即行政法规,其本身就位于相对靠后的位置。按照"上位法优于下位法"

---

① 李运华、叶璐:《我国社会救助立法评析》,《理论月刊》2016年第2期。
② 谢勇才、王茂福:《〈社会救助暂行办法〉实施的局限性及其完善》,《中州学刊》2016年第3期。

的原则，这就决定了它的法律效力层次不高，其权威性和约束力受到了一定的削弱，导致执行机构或人员在实施过程中的一些主观随意性。再加上《社会救助暂行办法》里一些粗线条式的条文，更是大大制约了其法律效力。

《社会救助暂行办法》虽然在立法表述上对城乡社会救助进行了整合，但在实现现有的城乡社会救助制度整合的具体环节上仍缺乏详细的规划，因此与真正意义上的城乡一体化社会救助体系仍然存在着不小的差距。①《社会救助暂行办法》虽然在形式上消除了社会救助城乡二元分割的格局，但实际上并没有对城乡社会救助机制和救助资源的整合等方面提出比较具有可行性的具体实施方案或细则。鉴于此，目前必须尽快出台一部法律位阶较高的《社会救助法》，以较高的法律权威和较强的可操作性来打破我国社会救助制度的城乡二元分割局面，真正建立起城乡一体化的社会救助体系。

社会救助是我国社会保障制度的基本组成部分之一，根据立法理论，应该由全国人大常委会制定法律来规范社会救助制度的主要事项。② 更为重要的是，只有由全国人大常委会制定的《社会救助法》才能从根本上减少社会救助工作中存在的一些主观随意性，彻底改变社会救助的城乡二元分割局面。因此，加快社会救助立法的步伐，是实现社会公平正义的必然选择，更是建设城乡一体化社会救助体系的当务之急。

二 建立城乡一体化的社会救助行政管理制度

要切实破除城乡二元分治的社会救助理念，以城乡一体化发展的理念来建立社会救助行政管理制度。《社会救助暂行办法》统一规定了城乡最低生活保障的救助对象、保障标准和申办流程；规定了城镇"三无"人员与农村五保对象同步实行供养，实现了制度同轨，统一为特困人员供养制度；医疗救助城乡一体发展，统一规范了救助对象及申办程序；取消了城市生活无着流浪乞讨人员救助的"城市"二字，推进流浪乞讨制度向

---

① 赵大华：《社会救助权保障下的社会救助立法之完善——兼评〈社会救助暂行办法〉》，《法学》2016年第3期。

② 杨思斌：《中国社会救助法制建设的现状分析与对策研究》，《探索》2008年第4期。

农村发展。① 实际上，现行的《社会救助暂行办法》在一定程度上已经破除了以往的城乡二元分治理念，里面的很多条款都不再严格地冠以"城镇"或"农村"的字眼，这本身就反映出城乡二元分治的理念正在逐渐淡化。

林闽钢教授认为，实现城乡社会救助行政管理制度的一体化路径主要包括以下几点：第一，制度补缺。目前农村的很多专项社会救助项目滞后于城镇，比如医疗、住房、就业援助等，迫切需要加快这些专项社会救助项目在农村的推广和普及。第二，一个制度。把城乡分设的相同社会救助项目进行合并，统一缴费模式、统一计发办法、统一基金管理，成为"一个统一的制度"。第三，两个标准。一体化是"统筹"而不是"统一"，因而在一段时期内，城乡社会救助水平会存在一定的差别。第四，协调发展。既有城乡社会救助项目之间的整合，又有不同部门之间社会救助资源的整合。②

当然，要实现社会救助的城乡一体化，仅仅只是淡化或破除城乡二元分治的传统理念是不够的，还要突破城乡二元分割的行政管理模式，建立城乡一体化的社会救助行政管理制度。这表现为一方面要取消城乡身份差别，将救助对象统一根据收入标准来划分贫困类型，实施分类救助；另一方面，将所有体现政府社会救助职能的保障工作，全部实行归口管理。在这种模式之下，需要以民政部门为核心，发挥其统筹兼顾的作用，使其成为社会救助工作的统一管理机构。③ 总之，要建设真正意义上的城乡一体化社会救助体系，就必须在破除城乡二元分治理念的基础之上，改革现有的城乡二元化的社会救助行政管理制度，具体包括：彻底打破城乡户籍的界限，统一城乡社会救助对象的认定和社会救助金的计发办法，统一城乡社会救助工作的日常管理制度。

具体来说，应该在县级以上政府成立社会救助工作领导小组，统揽各项社会救助政策；乡镇和街道应该建立社会救助管理机构，形成社会救助工作平台，整合各种社会救助行为；城镇居委会和农村村委会具体落实各

---

① 朱勋克：《社会救助法新论》，中国社会出版社2015年版，第81页。
② 林闽钢：《中国社会救助体系的整合》，《学海》2010年第4期。
③ 何平：《公民社会救助权研究》，北京大学出版社2015年版，第209页。

项救助措施。而相关具体社会救助事务，例如申领人的资格调查与审定、救助款物发放、跟踪核查等基层的救助工作都由民政部门归口管理。[①] 就经济社会发展水平比较落后且城乡差距较大的人口较少民族聚居地区来说，建议首先在县域层面实现社会救助行政管理制度的城乡一体化，做到城乡统一政策、统一管理制度和统一安排救助资金。

三　破除以户籍制度为代表的体制性障碍

我国现行的户籍制度决定着城乡居民不同的社会保障权益，而现行社会保障制度的城乡二元分治又进一步固化了户籍制度的城乡分割。[②] 所以，要尽快破除以户籍制度为代表的体制性障碍，以便为建成城乡一体化的社会救助体系提供切实的保障。只有取消了城乡二元户籍制度并逐步剥离附加在户籍制度背后的利益关系，才能缩小城乡差距，真正在城镇和乡村范围内统一调配社会救助资源，实现社会救助的城乡一体化。所以，当前需要进行较为彻底的户籍制度改革，让城乡居民的户籍身份与其所享受的社会救助待遇完全脱钩。

改革开放至今，我国的城乡差距不但没有缩小，反而进一步扩大，其主要原因之一在于我国还没有形成与市场经济相配套的人口管理制度，户籍制度基本上没有进行过像样的改革。[③] 城乡二元户籍制度将教育、医疗、就业、住房和社会保障等公民权利与户口性质挂钩，人为地拉大了城乡差距。我国当前正在大力推进的新型城镇化必然会伴随着人口的大量流动，而现有的城乡二元户籍制度却人为地割裂城乡，固化着我国城乡二元化的经济社会结构。基于此，很有必要剥离附着在户籍之上的各种社会保障待遇。从户籍法的功能特征出发，我国的《户籍法》应当充分反映户籍制度的基本功能，其内容应以反映人口基本信息为核心，不得附载其他行政管理职能和社会功能。

2014年7月出台的《关于进一步推进户籍制度改革的意见》强调了城镇基本公共服务对常住人口的全覆盖，这就在剥离城镇户口所承载的多

[①] 何平：《公民社会救助权研究》，北京大学出版社2015年版，第209页。
[②] 郑功成：《中国社会保障制度变革挑战》，《人民论坛》2014年第1期。
[③] 张谦元、柴晓宇等：《城乡二元户籍制度改革研究》，中国社会科学出版社2012年版，第35页。

50人以下派2人，到农村学校支教一学年；农村各中小学相应选派教师到城区或区内名校跟班培训一个月。2005—2013年，环江县共计有500名城乡教师参加了"双向交流"。

农村学校招聘教师难的根本原因在于农村教师的工作、生活条件远不如城镇，且工资待遇较低。针对这一问题，可以考虑建立农村教师补偿制度，给予在农村服务一定年限的教师进行补偿，具体内容包括：一是工资补偿，即农村地区教师享受高于城镇教师的工资，并且可按偏远程度制定不同的工资补偿标准；二是住房保障，应该为农村教师提供标准住房或定额的住房补贴，或提供县城里的保障性住房；三是子女受教育优惠政策，使农村教师子女能够无条件入读县城里的优质中小学；四是培训机会的倾斜，增加农村教师参与高层次培训或外出进修的机会；五是表彰奖励，对有一定服务年限的农村教师授予荣誉或表彰奖励。① 与此同时，农村学校还应为农村教师在职称评聘和职务晋升等方面实施一定的倾斜照顾政策，使农村教师既获得较好的物质待遇，也获得较好的专业发展机会，让他们自身拥有充分的职业认同感，从而建立起一支稳定和高水平的农村教师队伍。例如，从2014年起，贡山县开始实施乡镇补贴制度，全县除贡山一中、县教育局和城区幼儿园外，其余学校的教职工均享受每月500元的乡（镇）生活补贴，这大大激发了当地乡村教师的工作热情。②

在补充新教师这个问题上，最好的选择无疑是引进免费师范生。从我国免费师范生的就业状况来看，通过实行免费师范生政策吸引优秀人才从事教育工作的战略目标已经基本实现，但是免费师范生政策的另外一个重要目标——吸引优秀人才到农村任教却远未实现。李玲等人认为解决此问题有两种思路：一是适当降低免费师范生的培养单位层级。我国师范教育经过长期的发展，其师资培养层次已经基本形成，即部属院校、省属师范院校和其他师范院校，不同层级学校培养的人才面向不同的区域，而毕业后能在农村学校扎根的绝大多数是省属师范院校和其他师范院校培养的师

---

① 李玲等：《构建城乡一体化的教育体制研究》，经济科学出版社2015年版，第54页。
② 刘苏荣：《人口较少民族聚居地区教育救助的完善策略》，《贵州民族研究》2017年第10期。

范生。因此，可以考虑适当降低免费师范生的培养层级，在每个省份各选取一到两所师范院校作为面向农村服务的免费师范生培养单位，对其进行宏观上的政策指导，以实现吸引优秀人才到农村任教的战略目标。二是把师范生享受免费学习待遇的权利由"进口控制"转向"出口控制"，即师范生不是在入学时就享受免费，而是对毕业后愿意到农村任教一定年限的学生补偿其在就读师范院校期间的学费和生活费。①

例如，在 2006 年以前，贡山县独龙江乡的学校教师数量严重不足，教师学历水平普遍较低，全乡没有一个大专以上学历的教师，70% 左右的教师是中专毕业生（中等师范学校毕业生），而 30% 左右的教师则聘请初高中毕业生作为代课教师，加之教师外出学习培训的机会较少，因而专业技能提升速度慢，教学水平较低。近年来，在各种优惠政策的倾斜照顾下，独龙江的教师数量不断增加，教师学历层次也得到了极大的提升，独龙江乡教师 2006 年实现了大专生零的突破，2007 年实现了本科生零的突破。2015 年，独龙江乡本科学历教师比例占 73%，专科学历教师占 24.4%，而中专及以下的教师仅占 2.2%，独龙江乡教师队伍的学历层次实现了大跨越。

总之，要以师资队伍建设为核心，积极推进我国城乡教育资源的均衡配置。要积极研究政策，积极引进急需紧缺学科教师，不断优化教师学科结构。要切实改善教师尤其是农村教师的福利待遇，要落实好农村教师职称评定政策，解决好教师的工作问题、生活问题和发展问题，让农村教师下得去、留得住、教得好。各地政府要把教师在农村薄弱学校的任职经历作为重要的履职考核依据，并在补贴、评职称和评优等方面给予适当的政策倾斜，合理引导优秀教师向农村学校流动，以逐步实现城乡教育资源的均衡配置。

二 医疗救助的城乡均衡发展策略

（一）推广普及"一站式"即时结算机制

"一站式"即时结算机制是医疗救助工作中的一个创举，具体做法是：医疗救助对象凭借相关证件或证明材料，到开展即时结算的定点医疗

---

① 李玲等：《构建城乡一体化的教育体制研究》，经济科学出版社 2015 年版，第 55 页。

机构就医，出院时只需承担扣除医疗保险支付和医疗救助补助部分之后的自付费用。这一做法实现了医疗救助和基本医疗保险等相关制度在费用结算上的无缝对接，极大地方便了困难群众就医：一是缩短了救助时限。救助对象所需医疗救助资金直接由医疗机构与民政部门结算，无须等到审核通过后再到民政部门领取，简化了医疗救助的流程。二是提高了医疗服务的可及性。医疗救助对象住院时可以免交或少交住院押金，无须在就医前垫付全部住院费用，使无力垫付医疗费用的贫困患者能够得到及时的医疗服务。[①] 截至2014年底，全国已经有80%的县（市、区）初步建立了这一医疗救助机制。客观地说，"一站式"即时结算机制对于农村患者来说是一个极大的福音，它避免了农村患者为了报销一笔医疗救助资金而在城镇和乡村间来回奔波的麻烦，既节省了时间，又节约了一笔车船费和食宿费（城镇患者则基本不会存在这一方面的问题）。

建立健全医疗救助"一站式"即时结算机制的重点是加强信息化建设，通过医疗救助系统与城乡基本医疗保险信息系统的对接，就能及时掌握医疗救助对象医疗费用和各项医疗保险支付等情况，从而实现医疗信息互联互通、资源共享、结算同步的"一站式"信息交换和资金结算，有利于实现医疗救助的城乡均衡发展。在贡山县，课题组了解到当地"一站式"医疗救助申请和结算的具体流程：1. 在县民政局提供给县人民医院的救助对象花名册当中，首先要认定患者属于哪一类救助对象。2. 入院救助对象在出院时到所属乡（镇）民政办领取入院证明书，并填写相关内容，再由所属乡（镇）民政办审批盖章，然后交回县人民医院即可。3. 患者出院时，县人民医院先按新农合补偿，再按民政医疗救助比例报销，然后患者按个人承担部分多退少补即可。4. 县人民医院凭患者的救助申请表、住院发票（复印件）、出院证明、结算清单等（城镇居民还需下岗失业证或城镇低保证），到县民政局按月或季度结算所救助部分，县民政局按照医院医疗收据及一站式救助统计表支付给县人民医院相应的医疗救助款。

（二）建立城乡一体化的医疗救助体系

首先，要将城镇和农村融为一体，实行城乡一体化的医疗救助，消除

[①] 胡可明、曲淑辉主编：《社会救助暂行办法释义》，中国法制出版社2014年版，第83页。

城乡差别，取消起付线，扩大救助范围，增加救助病种，提高救助标准，为城乡困难群众提供更好的医疗保障。提高救助标准和救助比例，把有限的资金向救助对象中的"三无人员"、五保户、重病和重残等人员倾斜，切实解决困难群众的看病难问题。①总之，医疗救助的最终目的就是要让城乡困难群众能较为公平地享受到医疗救助待遇，而不应因为常住地、职业或户籍的不同而进行区别对待，同时对于城乡特殊困难群体还要实施适当的倾斜政策，以充分发挥医疗救助在我国城乡医疗保障制度中的"兜底"作用。自2014年开始，我国已经实现了城乡医疗救助资金的统筹和管理一体化，这是我国医疗救助城乡一体化的一个标志性事件，它能有效提高医疗救助资金的抗风险能力，切实改变原有的医疗救助资金重城镇轻农村的局面，缓解农村地区的"因病致贫"现象。

其次，要逐步将其他经济困难家庭人员也纳入医疗救助的范围。当然，课题组在6个县（市）调查时发现，它们都把一些城乡低保边缘群体纳入了医疗救助的范围，但是，由于受到有限的医疗救助资金的制约，当地民政部门并没有让所有的低保边缘群体都享受到医疗救助，而是只能照顾到其中的一部分。所以，为了实现医疗救助的全覆盖，各级财政必须加大对于医疗救助的投入，最大限度地减少"因病致贫"现象。

（三）加大财政投入，建立医疗救助资金的长效保障机制

要逐步加大各级财政对于医疗救助的投入比重，县级以上政府可以从大病统筹资金结余和发行福利彩票筹集的公益金中进行划拨，以建立医疗救助资金的长效保障机制。比如，市级财政和县级财政根据本地常住总人口在每年的预算中安排专项的医疗救助资金，市、县两级民政部门每年从提留的福利彩票公益金中安排一定的资金用于医疗救助。

与此同时，还要争取对医疗救助对象的一些常见病，如白内障、胆结石、股骨头坏死和精神病等疾病实行减免费用治疗，以求进一步减轻患者家属的经济负担。比如，在2011—2015年，芒市残疾人联合会共向上级相关部门争取减免资金132万元，为本地的1051名白内障患者实施了复明术，使患者们重见光明；同时开展重症精神病患者筛查，共筛查出700

---

① 崔炜、周悦：《医疗救助城乡一体化——国外经验与中国发展策略》，载林闽钢、刘喜堂主编《当代中国社会救助制度：完善与创新》，人民出版社2012年版，第91—92页。

名精神病患者，并对其中的 236 名贫困精神病人进行了康复治疗救助。

（四）实现城乡基本医疗保险制度的统筹。

实现城镇和农村医疗救助的均衡发展，必须要具备一定的制度环境，而实现基本医疗保险制度的城乡统筹是实现城乡医疗救助的公平性的重要前提。我国城镇职工医疗保险主要面向在城镇有工作单位或灵活就业的人员，城镇居民医疗保险主要覆盖城镇非就业人群，新型农村合作医疗主要覆盖农村居民，而且我国城镇职工医疗保险的保障水平要明显高于城镇居民医疗保险和新型农村合作医疗。目前我国城镇职工医疗保险、城镇居民医疗保险由人力资源和社会保障部门主管，新型农村合作医疗由卫计委主管，城乡医疗救助是由民政部门主管。① 三个主管部门分别建立起了各自的管理体系和运行机制，这样就导致既加大了管理和运作的行政成本，同时患者的医疗信息也没有在三大医疗保障主管部门之间做到很好的共享和对接，实际上这也就成为建设城乡一体化医疗救助体系所要面临的一大障碍。

一般来说，整合城乡居民基本医疗保险主要需要做到以下两点：一是整合后的城乡居民基本医疗保险制度统一划归人社部门管理；二是建立城乡居民医保信息系统，将居民医保的有关资料统一纳入医保信息系统。② 2016 年 1 月 3 日，《国务院关于整合城乡居民基本医疗保险制度的意见》（以下简称《意见》）正式发布。《意见》明确提出：推进城镇居民医保和新农合制度整合，逐步在全国范围内建立起统一的城乡居民医保制度。要做到"统一覆盖范围、统一筹资政策、统一保障待遇、统一医保目录、统一定点管理、统一基金管理"。这个文件的发布，实际上就为实现真正意义上的医疗救助城乡一体化铺平了道路。

（五）实现城乡医疗卫生资源的均衡配置

城乡医疗卫生资源既包括物力资源，也包括人力资源，而均衡配置城乡医疗卫生资源对于医疗救助城乡的均衡发展是至关重要的，应该做到以下两点：第一，加大农村地区医疗物力资源配置的力度，促进优质卫生资

---

① 李长远、张举国：《城乡医疗保障整合中政府职能定位的偏差及归位》，《中共贵州省委党校学报》2015 年第 1 期。

② 杨良初、林太平：《城乡基本医疗保险制度整合：亮点与建议》，《中国财政》2016 年第 5 期。

源向农村延伸。优化农村医疗环境，构建门类齐全的农村医疗服务体系。第二，促进优质医疗人力资源在城乡间的流动。引导城镇医疗卫生人力资源向农村转移，同时建立城镇医院定点帮扶农村医疗机构的长效机制。①

例如，兰坪县被列为云南省 30 个县级公立医院综合改革试点县之一。从 2014 年开始，兰坪县人民医院和县中医医院分别与营盘镇中心卫生院、通甸镇中心卫生院和啦井镇卫生院实施分级诊疗，落实双向转诊制度，制定下发了《兰坪县人民医院双向转诊协议》，逐步建立县级医院与乡镇卫生院间社区首诊制度以及县乡两级医疗机构之间的分工协作和双向转诊的新型医疗服务管理机制。兰坪县人民医院和县中医医院与三个乡镇卫生院实施了一体化协调管理，逐步推行了医务人员互相流动、设备统一调配使用、人员统一培训、业务统一管理、分工协作有序和绩效统一考核的管理机制，为解决基层群众看病难、看病贵问题进行了有益的探索。

在陇川县，当地确定景罕镇、城子镇和陇把镇卫生院为县乡一体化管理的试点，城子镇和陇把镇中心卫生院由县人民医院帮扶，景罕镇卫生院由德宏州人民医院帮扶，州县两级人民医院的领导班子成员分别担任 3 个卫生院的帮扶院长，并下派了帮扶团队，签订相关的帮扶协议。德宏州人民医院派驻 5 名医师对口支援陇川县人民医院，陇川县人民医院、县疾控中心和县妇幼保健院派驻 12 名医护人员对口援建乡镇卫生院。

三 就业援助的城乡均衡发展策略

习近平总书记在党的十九大报告中明确指出："农业农村农民问题是关系国计民生的根本性问题，必须始终把解决好"三农"问题作为全党工作重中之重"。基于此，我国当前正在大力推行的新型城镇化战略必须要能妥善解决进城农民的就业问题，如果失去土地的农民没有得到一份比种田更好的工作，或者掌握比种田更好的生计，这个城镇化就肯定是失败的。就业是民生之本，转变为市民的农民只有拥有了稳定的工作，才能有好的生活质量，才能住得下、留得住，城镇化才算成为真正的"人"的城镇化。否则的话，城镇化只是表面光鲜，农民也只是换了一副市民的

---

① 杨林、李思赟：《城乡医疗资源非均衡配置的影响因素与改进》，《经济学动态》2016 年第 9 期。

"马甲",最后城镇化也"化"不起来,变为"空城"。① 也就是说,如果我国就业援助制度存在的发展不平衡不充分问题得不到妥善解决的话,必然会影响到新型城镇化战略的有效实施,进而不利于党中央关于"三农"问题的战略部署。

基于以上分析,当前必须深刻领会习近平总书记关于我国的社会主要矛盾已经发生转变的重要论断的精神,严格贯彻党的路线、方针和政策,在遵循社会公平正义基本原则的前提下对我国现有的就业援助制度进行深入改革,妥善地解决就业援助存在的发展不平衡不充分问题,建立起惠及所有城乡弱势群体的就业援助制度,以增进人民福祉,满足人民日益增长的美好生活需要,为解决好"三农"问题发挥其应有的作用。

我国现有的许多社会救助理念,是重"收入贫困",轻"能力贫困",缺乏用积极救助的方式来解决贫困居民的生存问题。② 而对具有劳动能力的社会弱势群体提供就业援助,增强其自我发展能力,是积极型的社会救助方式。我国现行的城乡最低生活保障制度是消极的治标型措施,属于"输血"式社会救助,而就业救助制度是积极的治本型措施,属于"造血"式社会救助。社会救助制度的最根本出路在于通过帮助有劳动能力的弱势群体实现就业来彻底摆脱困境,所以就业救助将会是我国城乡社会救助工作的主要发展方向。为了实现城乡就业救助的均衡发展,建议采取以下几个方面的措施。

(一)把"就业救助"的概念范围扩大为"就业援助"

按照《社会救助暂行办法》的相关规定,就业救助对象是指最低生活保障家庭中有劳动能力并且处于失业状态的成员。帮扶就业救助对象通过不同渠道尽快实现就业,是就业救助工作的核心,具体的救助形式有贷款贴息、社会保险补贴、岗位补贴、培训补贴、费用减免以及公益性岗位安置等。从此定义来看,就业救助属于我国就业援助工作的组成部分之一。但是,根据这个规定,实际上会导致就业救助的范围过于狭窄,因此建议在今后的就业救助规定中,要扩大对象范围,将所有城乡就业困难人员都纳入就业救助的范围,除了低保户中的劳动者,还应包括灵活就业人

---

① 新玉言:《以人为本的城镇化问题分析》,新华出版社2015年版,第132页。
② 杨德敏:《就业援助:社会救助立法的基本取向》,《江西社会科学》2012年第12期。

员、农民工和残疾人等弱势群体,实现就业救助工作对他们的全覆盖,保护其就业权利,也就是把"就业救助"的概念扩大为"就业援助"。

我国的社会救助立法应突出"就业促进"的导向功能,通过就业援助来增强有劳动能力的城乡弱势群体的自我发展能力,培养和加强其自立自强的意识,最终摆脱生活困境,即要由现在的补缺型救助方式向发展型救助方式转变。社会救助立法以实现人的生存权和发展权为目标,因此社会救助立法要坚持"就业导向"原则,要通过立法让那些具有劳动能力却又不愿去找工作,或者不接受就业援助的社会救助对象,不仅会失去低保救助金,还会失去获得专项社会救助的资格,从而让限制性条款更有法律威慑力,以最大限度地避免"养懒汉"现象。

就业援助政策应当增加"影响其基本生活"作为限制性条件,即因各种因素导致失业或未能就业且影响其基本生活的人员,方能获得就业援助,因为现实生活中存在一些没有实现就业,但其基本生活并不受到影响的社会群体。在此基础上,考虑到社会救助制度的统一性,建议将就业援助全部纳入社会救助的范畴。就业援助的对象主要分为三类:(1)城乡最低生活保障家庭中有劳动能力的成员;(2)因为各种因素难以实现就业或连续失业一定时间仍未能实现就业进而影响其基本生活的人员;(3)法定劳动年龄内的家庭人员均处于失业状态进而影响其基本生活的城镇居民家庭。①

(二)改变就业援助工作的城乡二元分割局面

我国现有的城镇登记失业制度是就业援助工作城乡二元分割的一个例证,该项制度并不包括进城务工的农村劳动力,加上并非所有的城镇失业人员都愿意去登记,所以我国很多地方的城镇登记失业率数据往往是偏低的,不能真实地反映城镇总体失业状况,从而也就难以为就业援助工作提供有效的决策参考。为此,首先应当借鉴江苏、山东青岛和四川成都等地的经验,尽快在全国范围内推广建立城乡统一的就业失业登记制度,将农村劳动力统一纳入就业失业登记范围,统一发放《就业失业登记证》,定期发布城乡统一的社会登记失业率。在条件成熟时,要采用调查失业率指

---

① 朱勋克:《社会救助法新论》,中国社会出版社2015年版,第133页。

标取代登记失业率指标。①

鉴于目前城乡二元分割的就业援助机制所带来的弊端，向农村居民提供较为完善的就业援助服务有着很大的必要性，特别是在我国人口较少民族聚居地区，因为当地的贫困人口基本上都是属于地缘性贫困人口。向地缘性贫困人口提供就业援助，帮助其从农业资源匮乏的区域走出来，拓展其生存空间和生计来源，无疑有着重大的现实意义。在党中央确立了精准扶贫战略的大背景下，特别是随着《中共中央国务院关于打赢脱贫攻坚战的决定》的出台，改变我国就业援助的城乡二元结构，帮助包含人口较少民族聚居地区在内的所有贫困地区的城乡劳动力实现充分就业，以切实解决当地的绝对贫困问题，已经是迫在眉睫。

我国的农村进城务工人员具有双重身份，从职业上讲，他们在城镇从事劳务活动，以非农业收入作为主要生活来源；从户籍上来看，他们仍然是农民。由于自身专业技能和文化素质的限制，进城务工人员在就业市场的竞争力较低，而且他们的就业信息比较闭塞，就业渠道也很单一。因此，就业援助服务机构应该把进城务工人员纳入服务范围，帮助他们实现充分而有效的就业。

与此同时，随着我国新型城镇化的不断推进，城郊地区因征收土地而失地的农民逐渐增多，如何妥善解决他们的就业已经成为一个重大的现实问题。一般来说，失地农民是就业市场中的弱势群体，由于丧失了长期赖以生存的土地，他们的就业是一种被动的、强制性的职业转换，况且从事农作物耕作与在城镇就业之间存在较大的差别，因而对于他们来说这是一种跨度较大的社会角色转换。由于受旧有职业习惯的影响，失地农民对此缺乏充分的思想和心理准备，造成内心的迷茫甚至恐慌，加之本身的文化水平较低，失地农民的就业存在诸多困难。② 失地农民的就业是一种职业转换性就业，因此现有的就业援助机构要切实把失地农民纳入就业援助的范围（当然前提是他若不实现就业其基本生活就会受到影响），而且不能只是简单地组织失地农民培训一下就完事了，而是应该提供更多、更细致

---

① 厉以宁、艾丰、石军：《新型城镇化与城乡发展一体化》，中国工人出版社2014年版，第160页。

② 杨德敏：《就业援助法律机制研究》，中国法制出版社2012年版，第180页。

的就业援助服务，比如要对失地农民提供一些有针对性的职业规划建议，尽可能为他们多开发一些公益性岗位，同时积极鼓励和支持他们自主创业，并提供贴息信贷等一些优惠政策。

此外，还必须建立统一的城乡就业援助管理机制，以人力资源和社会保障部门为牵头部门，统一规划和管理城乡就业援助工作，扶贫、财政、民政、教育、农业科技、残联和妇联等相关部门进行协作，在城乡就业援助工作中要实施必要的分工，明确相关部门各自的职责范围，让他们积极配合人力资源和社会保障部门共同推进城乡就业援助工作，这样就可以整合各类资源，为城乡就业困难群体提供较为完善的就业援助服务。

（三）在新型城镇化背景下建立城乡一体化的公共就业服务体系

新型城镇化是实现社会公平正义的重要途径，在新型城镇化的背景下，各级政府要高度重视进城务工人员和失地农民的权益保障问题。因此，要以农村地区为重点，以公共服务平台建设为突破口，统筹城乡就业创业管理工作，建立城乡一体化的公共就业服务体系。

首先，要对劳务市场、人才市场等各类劳动力市场进行整合，将城乡分割、行业分割、部门分割的劳动力市场统一起来，构建城乡统一、公平开放、规范有序的公共就业服务体系。其次，要打破城乡界限，在求职登记、职业介绍、就业指导、就业训练、创业支持等公共就业创业服务方面，对城乡劳动者同等对待，实行统一的标准。要加大资金投入力度，加强对农业转移人口的职业培训，并将其纳入国民教育培训体系。最后，要将失地农民、农村失业和就业困难人员统一纳入就业扶持和就业援助范围，各种社会保险补贴、失业保险金、创业补贴等就业援助政策和就业困难人员认定，要实现城乡全覆盖和无缝对接。[①] 总之，要切实扭转中国公共就业创业服务政策存在的城市偏向，实现城乡就业困难群体在就业机会上的平等。

在新型城镇化的背景下，还要逐步在全国范围内建立和完善县、乡、

[①] 厉以宁、艾丰、石军：《新型城镇化与城乡发展一体化》，中国工人出版社2014年版，第160—161页。

村三级劳务供求信息发布平台。要充分发挥人力资源市场的就业信息收集和发布功能，建立以县人力资源市场为中心，乡镇社会保障服务中心和村（社区）工作站为主推力的三级劳务供求信息发布平台，规范发布流程，及时掌握各类企业的用工需求并发布相关信息。同时要充分运用微信公众发布平台、网络和手机短信等现代媒介及时提供就业信息服务。要有的放矢地做好职业技能培训工作，提高各类就业人员的职业技能水平和就业创业能力，深入开展多层次的订单、定向和定岗培训，采取师父带徒弟、集中培训等形式开展针对性的就业技能培训，要确保真正取得实效，切忌走过场。

课题组调查发现，罗城县在这个方面就做得比较好，很值得借鉴。2015年，罗城县开展了就业服务专项工作，集中进行了农村劳动力资源的调查，调查的范围是具有罗城县农村户籍，女性年龄16—50周岁、男性年龄16—60周岁，有就业能力和意愿的农村劳动力。罗城县就业服务中心要求各乡镇劳动保障事务所组织村（社区）级劳动保障协理员对辖区内的农村劳动力进行调查，实行村级填报、乡镇劳动保障事务所整理汇总，并根据调查表建立纸质和电子档案，按时上报县就业服务中心备案，并在乡镇公共就业服务信息网络平台建成后将电子数据导入平台系统，形成劳动力资源数据库并实行动态更新。罗城县基层公共就业服务平台信息网络在2015年实现了所有乡镇全覆盖的目标，具体来说，就是做到了以下两点：1.确定了各个乡镇就业信息网络平台的管理人员，并按要求参加了由县就业服务中心组织的就业信息网络平台操作与应用培训班；2.配备了独立宽带支持的数据处理终端办公设备，包括电脑设备、打印设备和数据保存设备等，相关费用由县就业服务中心统一负责落实。

（四）建立城乡一体化的劳动力市场

我国的城乡劳动力市场一体化至少应该包括三个方面的内容：（1）建立城乡平等的劳动力市场制度，为城乡劳动力创造平等就业的制度环境；（2）清除劳动力城乡流动的制度障碍，实现农村劳动力在城乡间的自由流动；(3) 消除户籍歧视，实现城乡劳动力资源的统一配置。① 当然，最核心的是切实消除劳动力市场里的户籍歧视，为广大农民提供平等的就业环境。

我国要建立起城乡一体化的劳动力市场，关键在于建立完善的城乡统一的劳动就业制度，形成城乡劳动力自由流动和平等竞争的就业服务体系，具体的措施包括以下几点：(1) 建立城乡统一的就业和失业统计制度；(2) 实行城乡统一的用工管理和劳动合同制度；(3) 实施城乡统一的就业准入和劳动报酬制度。② 当然，关键在于在用工和劳动合同管理方面要实现城乡统一的规范化管理，消除进城务工人员在这些方面所受到的不公正对待。总之，各用人单位要面向城乡劳动者统一招聘，禁止各种形式的对农民工的就业歧视，赋予和保障农民工同等的就业权益，依法保障农民工同工同酬和同等的福利待遇，建立和完善城乡平等的一体化劳动力市场。

与此同时，要实现城乡劳动力市场一体化，还必须改革完善劳动力市场管理体制，建立健全相关规章制度，构建城乡统一的劳动力市场监控体系，在规范化管理下实行市场化运作，主要通过市场来统一配置城乡劳动力资源，营造良好的劳动力市场运行秩序和环境。政府部门应该通过制定城乡统一的劳动力市场运行规则，完善劳动监察与劳动仲裁制度，维护城乡劳动力市场的秩序，有效保障城乡劳动者的合法权益。

（五）大力发展县域经济以拉动非农就业并实现就业结构的优化

人口较少民族聚居地区县域经济的发展在很大程度上要依赖于当地的中小企业，但中小企业由于难以从商业银行贷款融资，其自身的发展受到了严重的制约，往往难以吸纳大量的劳动力。因此，在人口较少民族聚居地区要大力推行针对当地中小企业的具有一定地域特色的小额信贷，适当放宽一些相关的融资贷款条件。③ 只有中小企业发展起来了，人口较少民族聚居地区县域经济才可能蓬勃发展，并由此提供大量的就业岗位尤其是

---

① 张福明：《制度变迁视角下的城乡劳动力市场一体化研究》，中国社会科学出版社2012年版，第33页。

② 张文、徐小琴：《城乡一体化与劳动就业》，社会科学文献出版社2013年版，第163页。

③ 刘苏荣：《人口较少民族聚居地区县域经济的困境及对策——基于对环江、罗城、兰坪、贡山民族自治县的调查》，《改革与战略》2016年第3期。

非农就业岗位，实现就业结构的优化，城乡劳动力市场一体化的目标也才可能最终得以实现。

就业结构的优化是城乡劳动力市场一体化的一项重要前提条件，没有优化的就业结构，就谈不上城乡一体化的劳动力市场。因此，要实现劳动力市场的城乡一体化，首先就要构建良好的就业结构优化环境，为劳动力在产业间、部门间、地域间和城乡间的合理配置提供良好的制度环境。

要实现就业结构的优化，需要做到以下几点：首先，要加大对第三产业的投资力度，促进新型农业的发展，加快产业结构升级和经济结构转型，从而带动就业结构的优化。目前，我国的就业结构远远滞后于产业结构，第一产业的就业人数过多，而第三产业的就业人数过少，尽管已经从改革开放之初的"一、二、三"就业格局转变为了"一、三、二"的就业格局，但是第一产业就业人数过多的局面依然没有得到根本的转变。此外，还要更新三次产业中使用的技术，延长各个产业链条，推动集约化经营和产业化生产，提高三次产业的就业吸纳能力，尤其是新型农业和第三产业的吸纳能力。其次，消除城乡间劳动力流动的制度性障碍，提高中小城市的就业吸纳能力。当前就业结构优化的最重要问题之一是就业的城乡结构优化，除了消除城乡间劳动力流动的制度性障碍之外，最重要的措施就是中小城市的就业吸纳能力。要对农村劳动力的非农化转移提供政策性引导，使得农村劳动力由向大城市和东部沿海发达地区转移逐渐转变为向中小城市和就地就近地区转移。① 而这样做的好处在于，既缓解了大城市人口过度膨胀而城市承载力不足的畸重现象，又能带动中小城市的发展，同时还实现了劳动力资源在城乡间的合理配置。

（六）大力发展职业教育

国家面向城乡就业困难群体开展各种就业援助服务，其实只是一种补救措施，而对于新生劳动力提供接受职业教育的机会，则是进行人力资源积累，造就新型劳动者并改变贫困代际传递模式的主要途径。对于人口较少民族聚居地区来说，在发展职业教育时需要进行以下两个方面的改进。

首先，改变职业教育发展滞后的局面，当地财政要加大对于职业教育

---

① 张文、徐小琴：《城乡一体化与劳动就业》，社会科学文献出版社2013年版，第37—38页。

的投入，同时可以考虑实行免费职业教育，对于当地未继续升学的初高中毕业生，分别给予 2 年或 1 年的职业技术教育，期间实行学杂费全免，并发给一定数额的生活费补贴，确保当地的每一个新增劳动者在就业之前都可以接受到免费的职业教育。

其次，职业教育要与本地的经济发展需求有效对接，必须根据地方产业转型对实用型人才的需求灵活设置和调整涉农学科专业，为当地特色农业及其产业化的发展提供人才保障。总而言之，要因地制宜地大力发展职业教育，确保学生学到真正有用的实用技术，为将来的就业奠定坚实的基础。

（七）改进残疾人特别是农村残疾人的就业援助工作

由于残疾人本身的身体缺陷和就业市场的特性，为了确保残疾人享受平等的就业权，就需要制定严格的法律来禁止各种就业歧视行为。我国目前已经制定了一系列的反就业歧视法律，比如《中华人民共和国就业促进法》（2007）、《中华人民共和国残疾人保障法》（2008）等，但是相关的法律条文多以粗线条的原则性内容为多，在一定程度上缺乏可操作性。比如，《中华人民共和国就业促进法》第 29 条规定："用人单位招用人员，不得歧视残疾人。"但是并没有详细规定什么样的行为可以被认定为歧视残疾人，因此需要修订相关法律，将粗线条的反就业歧视内容进一步具体化，制定相关的实施细则，使之具有较强的可操作性，以切实保护残疾人的就业权利。

具体来说，关于我国残疾人的就业援助政策可以做如下几个方面的具体规定：第一，禁止对残疾人的工作种类或岗位进行限定、分隔或分类以使残疾人的就业机会受到影响。第二，禁止在有关的合同（如劳动合同）或安排其他与就业有关的活动当中（如就业培训）有任何歧视残疾人的行为。第三，禁止任何单位或组织在日常管理过程中利用有关标准或管理措施来对残疾人产生歧视影响。第四，禁止雇主基于歧视而拒绝给予合格的残疾劳动者以平等的岗位或待遇。第五，禁止雇主拒绝接受任何合格残疾劳动者的行为，除非雇主能够证明其拒绝行为有合理的理由。第六，禁止雇主利用职业资格标准、职业测试或其他标准（如医学体检标准等）来对残疾人进行鉴定或筛选，除非该职业资格标准、职业测试或其他标准是与工作需要相关联而且是一种持续性的需要，而非带有其他偏见目的。

第七，禁止没有合理的理由而解雇残疾人。①

立法机关应该明确是由哪个具体的行政管理部门来查处在就业方面有歧视残疾人行为的单位或个人，并完善法律追责机制，就如何对有歧视残疾人行为的单位或个人进行相应的民事、行政或刑事处罚做出明确而具体的规定，使之具有较强的可操作性和法律威慑力。与此同时，需要切实贯彻落实残疾人就业的分类安置政策，对于残疾程度较轻且具有一定的市场竞争能力（如高学历、有专业技术等）的残疾人，实施市场竞争就业策略；对于重度残疾人，不强调就业，而是建立相应的保障体系，解决其生存问题。② 公共就业服务机构要为残疾人提供有针对性的服务，对于积极接纳残疾人就业的单位适当给予税收和补贴等方面的优惠政策。

与城镇残疾人相比，我国的农村残疾人处于更加弱势的地位，所以要努力实施好《农村残疾人扶贫开发纲要（2011—2020年）》，把农村残疾人作为就业援助的重点乃至优先对象，落实对从事种植业和养殖业的残疾人的各种农业补贴，改善农村残疾人金融服务，建立残疾人扶贫贷款风险担保机制。加大对残疾人专业大户和家庭农场的扶持力度，大力发展残疾人扶贫基地，组织农村残疾人发展生产，开展农村残疾人使用技能培训工作。③ 此外，也可鼓励农村残疾人自主创业，改变较为单一的务农就业方式，政府部门要给予一定的贴息贷款，为其创业提供启动资金，并辅以一些税收减免和财政补贴等方面的优惠政策。

与此同时，要积极构建服务于农村残疾人就业工作的社会支持网络，首先就是要建立健全基层残联组织。目前，农村是残联建设和工作的薄弱地带，很少开展针对农村残疾人的就业专项活动，所以必须要健全农村的基层残联组织，积极开展面向广大农村残疾人的专项就业服务活动。总之，要从教育、培训、职业规划和就业信息等多个方面入手，为农村残疾人提供与城镇残疾人一样的就业援助服务，当然也可鼓励和帮助农村残疾人转移到城镇就业，改变其就业形式过于狭窄的局面，提升其就业的

---

① 张霞、刘勇、张小军：《我国弱势劳动者群体的就业积极行动制度研究》，西南交通大学出版社2015年版，第97页。
② 杨立雄、兰花：《中国残疾人社会保障制度》，人民出版社2011年版，第112页。
③ 郭春宁：《人权视角下的中国残疾人社会保障》，中国劳动社会保障出版社2014年版，第179页。

质量。

四 住房救助城乡均衡发展的策略

（一）完善农村住房保障制度

我国的农村住房保障制度建设起步较晚，目前的政策措施实质上是对贫困农村居民住房需求的最低层次满足，即农村危房改造政策。对比农村经济的快速发展和农村居民生活水平的显著提高，现有的农村住房保障的标准无疑是偏低的。农村居民的住房需求不应该仅仅是有居所，还应该逐步提升居所建造的合理性、基础设施的完善性和居住环境的良好性。农村住房保障制度是对农村居民综合性住房需求的满足，不应仅仅停留在最低层次的需求上。[①] 当然，我国当前的农村住房保障制度之所以发展水平比较低，与现有的农村宅基地制度无疑有着莫大的关系。

相对于城镇住房制度，我国农村住房制度具有三个明显的特征：第一，农村住房没有独立完整的产权。宅基地使用权是我国特有的一种用益物权形式。宅基地属于集体所有，农民根据其集体经济组织成员身份无偿取得、无偿占有、无偿使用；农村宅基地只能在集体经济组织内部转让，不能出租、抵押和上市交易；村民卖出或租出其住房以后，再申请宅基地的，不予批准。以上规定限制了宅基地的流转，因而依附于其上的农村住房同样只有使用权和有限的转让权，而无收益权。第二，与城镇住房制度相比，农村住房以自建、自有、自用、自管为主。城市住房从规划、设计、施工、验收、交易、产权、物业管理等不同的阶段均有一整套完善的制度。农村建房基本金融支持，靠农户自筹自建；农村住房没有完整的产权，不能上市交易，也没有专门的物业公司进行管理。第三，农村住房普遍承担着社会保障的功能。宅基地是农村实物化分房的一种形式，农民由于普遍不具有稳定的经济来源，无偿分得宅基地并以合适的成本建造房屋，保证了他们有家可归。[②]

2015年的〔中央一号〕文件首次提出要探索农村居民住房保障新机

---

① 丁建定：《中国社会保障制度体系完善研究》，人民出版社2013年版，第265页。
② 农业部软科学委员会办公室：《城乡发展一体化与农村公共服务》，中国财政经济出版社2013年版，第273—274页。

制，从而为农村住房保障体系的建立指明了方向。解决农村中低收入群体住房问题，政府可以考虑将属于集体经济组织或其成员的农民集中居住区多余房屋进行收购，作为农村保障住房使用。① 此外，可以考虑突破现有土地二元所有的限制，将保障性住房特别是公租房建设在农村集体建设用地上，以求为存在住房困难的农村底层民众提供基本的住房保障。

在我国农民实现市民化的过程中，必须打破现行住房保障制度拒绝接纳或兑现农民不动产权利的桎梏，使承载农民住房保障功能的宅基地及房屋等不动产转化为进城农民获得住房保障的物质基础。② 也就是说，可以通过建立农村宅基地及住房流转制度，来提高进城农民的财产性收入，从而帮助其在城镇获得更好的住房保障，甚至个别农民会因此获得在城镇购房的足够资金，从而有效地减轻当地政府在城镇住房保障方面所面临的压力。

（二）对存在住房困难的农村社会救助对象实施特殊照顾政策

按照相关规定，农村低保对象和特困供养人员（分散供养）属于我国优先实施农村危房改造的对象，但由于实施农村危房改造需要村民自己去自筹大部分的建房资金，国家才会拨给相应的危房改造补助，如果村民因为太贫困而拿不出自筹资金，自然就不可能享受到农村危房改造政策。因此，仅仅把农村低保对象和特困供养人员（分散供养）列入优先实施农村危房改造的对象范围是不够的，还必须对他们实施一定的特殊照顾政策。

很多农村贫困家庭，特别是特困供养人员，他们所居住的房屋破旧，面积狭小，质量低劣。对于房屋修缮后仍可居住的，由政府提供直接的现金补贴或者建材补贴；属于危旧房无法修缮的，由政府负责拆建，统一进行安置。③ 对于确实存在住房困难但同时自身又无力自筹建房资金的农村低保对象和特困供养人员（分散供养），则可以采取城镇保障房的形式，即由住建部门出资在农村集体建设用地上建设一批公共租赁房，建成后统

---

① 洪运：《构建城乡统筹农村住房保障制度的基本思路——以成都市为例》，《中国房地产》2010 年第 8 期。

② 邓海峰：《城市化进程中城镇居民住房保障法律制度重构》，《法商研究》2016 年第 4 期。

③ 吴志宇：《我国农村多元化住房保障体系构建探析》，《现代经济探讨》2012 年第 5 期。

一安排农村住房救助对象入住,对其少收或者免收房租。这样就可以避免出现一些农村低保对象和特困供养人员(分散供养)虽然符合农村危房改造条件的,但由于自己拿不出自筹建房资金而无法享受到农村危房改造政策的现象,从而真正发挥社会救助的"兜底"作用。

(三)加大城镇保障性住房的建设力度

大量的国外经验和教训证明,城镇住房保障是城镇化健康发展的重要保证,所以加大城镇保障性住房的建设力度是确保我国的新型城镇化战略得以实现的先决条件之一。政府对解决城镇低收入群体住房难问题负有义不容辞的责任,因此应将住房保障工作纳入政府目标管理和民主评议体系,建立问责制,把保障性住房建设作为一项重要的政治任务。[①] 此外,要强化政府的内部监督,应加强对低收入群体住房保障工作的日常监督。

随着新型城镇化的加速推进,我国城镇保障性住房的需求会越来越大,因此加大城镇保障性住房的建设力度势在必行,而且应该重点解决进城农民和新就业人员的住房困难问题。但是,要加大城镇保障性住房的建设力度,就面临着一个最大的现实障碍——资金投入问题。不可否认,地产资本的逐利性使得地方政府在保障性住房建设动机上缺乏激励。[②] 由于地方政府的财政利益驱动,城镇建设土地更多地被用于商业地产开发,以求获取高额的土地出让金。在"土地财政"背景下,地方政府往往对于城镇保障性住房用地的供应没有多少内在的积极性,导致住房保障在财政投入方面捉襟见肘。由于保障性住房建设项目利润低、投资回报周期长,导致商业银行贷款积极性不高,国有企业和私营企业参与建设运营的动力不足,地方政府可以通过土地出让优惠、投资补助、贷款贴息和税收减免、专项奖励等方式,支持社会组织和企业参与保障性住房的建设和管理。

优质土地是城镇保障性住房的基石,优质、低价的土地会吸引企业和社会力量积极参与保障性住房的建设,这就为"政府主导、市场运作"的体制确立基础和条件。目前,我国的城镇保障性住房建设主要面临资金不足和入住率不高的问题,很多时候就是因为保障性住房所在的地块没有

[①] 成志刚、曹平:《我国城镇低收入群体住房保障政策实施的现状、问题及对策》,《湘潭大学学报》(哲学社会科学版)2011年第6期。

[②] 林晨蕾、郑庆昌:《公共服务均等化视角下新生代农民工住房保障模式选择——公共租赁房优势与发展路径》,《改革与发展》2015年第3期。

吸引力，只是政府在自弹自唱。如果有了优质地块这个香饽饽，资金不足和没人住的问题都会迎刃而解。当然，前提条件是必须确保这些优质的土地资源专门用于城镇保障性住房的建设，坚决不允许用于商品住宅建设等其他用途，同时在保障性住房建设的全过程要做到严格管理，以保证建设的规范性和质量。

(四) 使进城农民享受到应有的住房保障

目前我国的大部分进城农民事实上已经完全脱离了农业，每年的大部分时间他们都在城镇里工作和生活，却没有在城镇获得住房保障，就只能把有限的收入用于"回乡建房"，不仅翻建速度快，而且还盲目追求房子大、层数多和外观漂亮，造成了资金和土地资源的严重浪费。在国家大力推行新型城镇化战略的背景之下，使进城农民享受到应有的住房保障已经是大势所趋。

当前，城乡二元分割的住房保障制度使得进城农民既不能享受城镇住房保障制度的惠及，同时他们在农村的宅基地也未发挥多少实际的作用，在大量农村人口进城务工和生活的大背景下，我国的农村宅基地实际上已经出现了大量的闲置和浪费现象。这就出现了一个奇怪的现象：城镇的住房保障排斥进城农民，而进城农民因为长时间居住在城镇，实际上也并没有享受到农村宅基地福利的保障。要改变这种状况，就要找出针对农民工群体的，将他们在农村的宅基地住房保障制度和在城镇的住房保障制度进行衔接的思路。农村宅基地制度和城镇住房保障制度本质上都是一种福利制度，因此这两种制度衔接的核心思想是"福利置换。"具体来讲，就是将有进城定居意愿的农民在农村的宅基地福利置换他们在城镇的住房福利保障。如果实现了这种福利置换，就能够使农村的土地资源不再进一步被占用，不再有更多的闲置。农民在城镇里也能够有住房保障，不必继续支付较高的居住成本，同时其居住水平也会得到提高。[①] 当然，如果进城农民是农村低保对象和特困供养户的话，必须享受与城镇低保对象同样的住房救助待遇，即在公租房分配时列为优先考虑的对象，予以尽快安置，同时给予房租减免。

---

① 农业部软科学委员会办公室：《城乡发展一体化与农村公共服务》，中国财政经济出版社2013年版，第288页。

五 法律援助城乡均衡发展的策略

法律援助充分体现了法律面前人人平等的原则,是维护社会公平正义的重要手段,因此很有必要实现城乡均衡发展。基于我国农村地区法律援助服务比较滞后的现实,实现法律援助城乡均衡发展的主战场无疑是在农村,要大力加强农村地区的法律援助工作力度。

(一)切实加强宣传工作的针对性,特别是要加强在农村的宣传力度

目前很多地方政府开展法律援助宣传的形式和方法,仅仅体现到点而没有涉及到面,单一地依靠发放宣传材料和解答咨询等传统宣传手段,使人民群众被动学法、守法和用法,已经不能满足现阶段我国经济社会飞速发展下人民群众对法律援助服务的现实需求。因此,需要创新工作方法,切实加强法律援助宣传工作的针对性,特别是要加强在农村地区的宣传力度。

具体来说,应该从以下几个方面入手:第一,应当将宣传的重点内容放在与农民生活息息相关的内容上,比如拆迁补偿、邻里纠纷、家庭暴力和宅基地纠纷等,在此过程中应当注重语言的通俗化,使农民们更容易理解所讲述的内容。[①] 第二,要改变传统的发放宣传材料和解答咨询等较为单一的宣传手段,因为这些传统的宣传手段往往只能覆盖到城镇和少部分的农村,因此可以考虑借助电视、微信、网络和手机短信等现代传媒手段进行宣传,切实提高法律援助政策在我国广大农村的知晓率,让农民群众学会用法律武器来保护自己的合法权益。第三,村委会、村民小组等农村基层组织可以组织村民集中学习涉农法律知识,同时还可以利用高校法学专业学生在寒暑假期间开展法律志愿服务活动的契机,邀请法学专业大学生深入各个村寨宣讲涉农法律,以加强宣传工作的力度。第四,基于我国很多农村都纷纷建立起了农家书屋的现实,可以考虑让拥有农家书屋的村委会购买一些法律援助方面的书籍和影像资料,定期组织村民来阅读或观看,让法律援助政策深入人心。

课题组调查发现,兰坪县在法律援助宣传工作方面是做得比较好的,其一些具体做法值得推广。兰坪县法律援助中心为了加大法律援助宣传力

---

① 薛新红:《农村法律援助面临的困境与解决办法》,《农业考古》2011年第3期。

度，扩大公众知晓率，建立健全的法律援助宣传工作的长效机制，主要做了以下几个方面的工作：第一，法律援助与司法行政工作相结合。年初把法律援助宣传工作列入法律援助工作计划，在每次县司法行政工作会议上，提出宣传报道要点，年终进行总结评比，并通报宣传工作的具体开展情况。第二，法律援助与普法规划相结合。将法律援助中心宣传工作纳入普法规划，每年的普法宣传月和宣传日都设立专门咨询台，发放《法律援助条例》《法律援助便民指南》和《"12.4"法制宣传日》等宣传资料，现场提供法律咨询，并受理法律援助案件，广泛地向社会各行各业人员宣传法律援助政策。第三，法律援助与"法治六进"活动相结合，组织法律援助工作者深入农贸市场、集市、工地、厂矿和学校等重点地区展开宣传工作，积极为当地民众提供相应的法律服务。

与此同时，兰坪县法律援助中心创新宣传载体，充分发挥公共媒体的作用，开展全方位的法律援助宣传活动。兰坪县主要利用广播、电视、网络和手机短信等公共媒体宣传法律援助制度，最大限度地扩大法律援助宣传工作的覆盖面。通过创新工作方法，为困难群众及时提供法律援助服务，让需要法律援助的群众在其合法权益受到侵害时知道怎样寻求法律的保护。通过大力的宣传工作，有效地扩大了法律援助工作在兰坪县广大城乡群众中的影响力。

(二) 多渠道筹措法律援助经费，并适当调整经费结构

为使法律援助制度达到实际的效果，就必须提供足够的财政支持，这是法律援助制度的基本性问题。在市场经济环境之下，没有足够的经济回报，为弱势群体提供的法律服务就只能趋于贫乏，提供这种服务的律师也会比较少，甚至于难免发生提供低劣服务的情况。[①] 因此，各级政府不仅要将其纳入财政预算，定期拨付一定比例的经费，还要严格规范经费的使用、管理与监督，以确保法律援助经费的稳定供给。需要建立政府法律援助经费的保障机制，以严格落实政府对法律援助的经费保障责任。法律援助经费不足固然有地方财政不足的因素，但也有地方政府重视不够的因素，应当将法律援助经费纳入同级财政预算，建立起政府对法律援助的最

[①] 马栩生：《当代中国法律援助：制度与理论的深层分析》，人民出版社2010年版，第160页。

低经费保障机制。法律援助受理大厅、工作站点基础建设、设施设备、管理服务和运行经费应纳入财政预算。

在我国，法律援助经费主要来源于同级政府的财政拨款，中央财政拨款所占的比例比较小，对于经济欠发达的中西部省份和少数民族地区来说，当地的法律援助经费往往就会显得捉襟见肘。在此种情况下，可以通过中央财政转移支付的方式给予以政策上的倾斜，以切实解决经济欠发达的中西部省份和少数民族地区法律援助经费不足的问题。在中央财政予以转移支付的前提下，建议要求地方政府给予相应比例的配套经费，而且应逐年增加法律援助经费的投入。

为了保障法律援助工作能够更好地实施下去，仅仅依靠财政拨款显然不能有效地解决问题，因此法律援助机构可以通过吸收社会公益捐款和划拨刑事案件罚没资金等多种形式筹集资金。[1] 在法律援助办案补贴中除了办案成本费用，还应当包括律师办理案件的劳务报酬。专职律师其本质上属于国家公务员、参照公务员管理的人员或事业单位编制人员，他们办理法律援助案件属于职务行为，因此他们不应该再得到办案的劳务报酬，而社会律师则不同，他们应当享受办案的劳务报酬。[2] 但对于法律援助的办案成本费用，专职律师和社会律师都应当领取。

（三）扩大农村法律援助的范围

应进一步扩大农村法律援助的受援对象和案件的范围，以求更好地保障占中国人口大多数的农民的合法权益。除了现行《法律援助条例》所规定的事项以外，还应当把侵害农民土地承包经营权、农民自主经营权和农民负担方面的事项和案件明确纳入法律援助的内容。[3] 此外，对于婚姻家庭纠纷、宅基地纠纷、财产继承纠纷和治安纠纷等农村多发案件建议也尽量纳入法律援助的范围。

例如，2014年兰坪县在国务院《法律援助条例》和《云南省法律援助条例》规定范围的基础上，结合兰坪县的实际情况以及民生需求，将

---

[1] 杨宇冠、陈子楠：《完善我国法律援助制度若干问题研究》，《理论学刊》2015年第1期。

[2] 顾永忠、杨剑炜：《我国刑事法律援助的实施现状与对策建议——基于2013年〈刑事诉讼法〉施行以来的考察与思考》，《法学杂志》2015年第4期。

[3] 李健：《完善我国农村法律援助制度的思考》，《农业经济》2012年第11期。

以下事项扩大和纳入了法律援助范围：一是因各种事故人身受到损害主张权利的；二是因使用伪劣化肥、农药、种子等直接用于农业生产的生产资料或者因遭受污染造成种植业、养殖业损失或其他损失主张权利的；三是因就业、就学、就医、土地承包、林权纠纷、相邻纠纷、社会保障和涉法涉诉等涉及民生的案件和当地党委政府认为需要提供法律援助的事项；四是因建设大中型水利水电工程引起的移民涉法涉诉事项。兰坪县所扩大的法律援助范围与农民或农民工都有着密切的联系，事实上明显扩大了农村法律援助的范围。

（四）加强法律援助工作的人员队伍建设

提升法律援助水平要求法律援助工作人员必须既要有过硬的业务本领，又要有较高的政治觉悟和强烈的社会责任感和正义感。例如，兰坪县把法律援助中心培训和司法局业务培训结合起来，建立了人员培训教育机制：一是通过司法局例会加强工作人员政治理论学习；二是坚持自学制度，除集中学习法律法规外，提倡自学，以提高工作效率；三是积极参加云南省和怒江州组织的各项业务培训，以提高工作综合素质，适应当地法律援助工作新形势的要求。

为了加强我国法律援助工作人员的队伍建设，对于未从事专门的法律援助事务的律师、公证人员以及其他基层法律工作者，要允许其在法律援助管理机构规定的范围内从事法律援助事务。对于获得律师资格但未取得执业证的实习律师，则要求其在实习期限内，必须专门从事一定量的法律援助业务。由于《律师法》规定诉讼代理、辩护业务只能由执业律师进行，因此可规定实习律师从事法律援助业务的范围为非诉讼代理、咨询和代理文书等业务。

与城镇相比，我国广大的农村更为缺乏法律援助工作人员。在我国的执业律师大量集中在大中城市，小城市和县城的执业律师为数很少的当前国情下，让律师承担全部农村法律援助工作，面临着很大的困难。[①] 基于此，要积极调动社会各界的力量，让妇联、残联和法学专业大学生等社会组织和个人加入农村工作人员队伍的行列，为农村法律援助工作提供人力资源方面的保障。

[①] 刘士国、宛锦春：《农村法律援助机制的创新研究》，《社会科学家》2013年第8期。

（五）创新法律援助的工作方式

2013年1月1日开始生效的新《刑事诉讼法》扩大了刑事法律援助的范围，规定法律援助由审判阶段延伸至侦查阶段和审查起诉阶段，同时还取消了有关机关在"经济困难"情形下实施法律援助的自由裁量权。更为重要的是，新《刑事诉讼法》第一次在国家基本法上确立了法律援助机构的法律地位，这对于加强犯罪嫌疑人、被告人在刑事诉讼中的人权保障，体现司法公正，无疑具有重要的现实意义。基于此，我国现有的法律援助制度不断面临着新情况和新问题，因此在新的形势下很有必要创新工作方式，以求更好地为不同的社会弱势群体提供更加到位的法律援助服务。

例如，在司法行政机关下面设立公设辩护人机构为刑事案件的当事人，尤其是家庭经济状况比较困难的犯罪嫌疑人和被告人提供辩护服务。公设辩护人制度实现贫困者律师辩护权的价值表现在两个方面：一是公设辩护人制度确保了贫困犯罪嫌疑人、被告人平等获得辩护服务的机会，以实现公民律师辩护权的普遍性要求；二是公设辩护人制度确保了贫困犯罪嫌疑人、被告人获得有质量的辩护服务的机会。①

根据公安部的要求，我国具备条件的大中城市都将在看守所内设立法律援助中心工作站。而在课题组调研的过程中，发现其实人口较少民族聚居地区的个别县（市）也已经在看守所内设立了法律援助中心工作站。例如，兰坪县于2015年建立了兰坪县看守所法律援助工作站，以方便犯罪嫌疑人及其家属申请法律援助服务。同样是在2015年，陇川县在景罕镇等生态移民集中乡镇司法所设立了移民法律援助工作站，在约岛坝等生态移民集中村寨设立了移民法律援助工作室，以求为搬迁移民提供比较到位的法律援助服务。

一般来说，农村法律援助案件的法律关系相对比较简单，基于此，可以考虑依托乡镇司法所设立法律援助分支机构，开展简易便民的法律咨询、代书、调解和代理活动。② 也就是说，在我国广大的农村地区，对于

---

① 谢佑平、吴羽：《刑事法律援助与公设辩护人制度的建构——以〈新刑事诉讼法〉第34、267条为中心》，《清华法学》2012年第3期。

② 梁高峰：《积极推动和发展农村法律援助的路径选择》，《西北工业大学学报》（社会科学版）2009年第4期。

能够通过非诉讼方式解决的法律援助案件，无须一定要通过传统的诉讼方式，这样可以节约大量的人力和物力，以集中力量做好农村地区诉讼案件的法律援助工作。例如，陇川县法律援助中心创新工作方法，将法律援助融入人民调解工作中，县法律援助中心与交调委、医调委及行业调解组织建立了协作机制。陇川县现有的诉讼案件中，刑事案件主要以涉毒、盗窃为主，民事案件以婚姻纠纷、交通事故责任纠纷及土地纠纷为主，而人民调解方式则在当地处理各种纠纷尤其是农村纠纷事件中发挥了重要作用。

例如，2013年8月，陇川县法律援助中心工作人员到陇把镇的一个傣族寨子调解了一起交通事故赔偿纠纷。刀某与杨某都是一个寨子里的乡亲，刀某酒后无证驾驶杨某的无牌照摩托车载杨某时发生交通事故，致使杨某死亡，刀某负事故的全部责任，因涉嫌交通肇事罪被逮捕。案件进入审查起诉阶段以后，由当事人申请，陇川县法律援助中心介入了刀某与杨某两家之间的民事赔偿调解。在陇川县法律援助中心工作人员、村委会干部和寨子里德高望重的老人的共同努力下，最终达成了民事调解协议：刀某赔偿杨某家现金2万元，并将自己家的一亩水田永久转让给杨某家耕种；农忙时，刀某要以劳务的方式帮助杨某家；杨某的家属请求司法机关对刀某从轻处罚。杨某死亡时留下年迈的父母以及年幼的女儿，按照相关标准应当赔偿40余万元的民事纠纷，实际上只赔偿了4万余元，而当地类似的案例还比较多。该案件之所以能以调解的方式迅速达成民事赔偿协议，主要是因为以下两点原因：第一，以调解的方式解决民事纠纷是边疆少数民族地区的传统，当地群众比较认可这一做法。每当出现纠纷的时候，由政府部门工作人员、村委会干部或者村子里德高望重的老人出面进行调解，往往能够很快地解决纠纷。第二，无奈之举。因为有赔偿义务的一方即刀某的家庭经济状况比较差，严重缺乏赔偿能力，杨某的家属如果要求按照相关标准来进行赔偿的话，以刀某的家庭经济状况是根本不可能做到的。

（六）对于特殊弱势群体实施适当的倾斜政策

为了充分体现社会救助工作"关注弱者"的原则，对于特殊弱势群体实施适当的倾斜政策无疑是很有必要的，法律援助自然也不会例外，而且当前国内已经有越来越多的专门服务于特殊弱势群体的法律援助专业人员和服务机构逐渐发展起来，以适应特殊弱势群体的法律援助需求。

例如，陇川县法律援助中心为进一步扩大法律援助业务范围，坚持简化审批手续，对残疾人、老年人、农民工、妇女和未成年人等特殊弱势群体申请办理法律援助，免予经济困难审查并优先受理，而且指派专人负责即时办理。此外，在争取中央专项彩票公益金项目支持的前提之下，陇川县法律援助中心还针对农民工维权、交通事故、医疗事故和主张社会保险待遇等案件，在家庭经济状况审查时，进一步降低了申请的门槛，简化了相关手续。

基于此，建议放宽人口较少民族地区法律援助服务的资格条件，扩大当地法律援助的范围，特别是在农村地区。可以考虑把患重大疾病、因病致贫和因病返贫的群体，以及人身和财产权利受侵犯案件全部纳入法律援助服务的范围。此外，由于受传统思想的影响，在人口较少民聚居地区的重男轻女现象比较严重，因此建议将人口较少民聚居地区妇女申请法律援助的条件放宽，不用核查其家庭经济状况，对于家庭暴力案件，则要对受害人无条件地及时提供法律援助服务。

第四节　建立城乡一体化的社会救助网络信息平台

随着我国城乡之间人员流动的日益频繁，建立城乡一体化的社会救助网络信息平台就日益显得很有必要了，因为它有利于社会救助工作日常管理的科学化，特别是大大便利了对城乡社会救助对象的动态管理。鉴于我国当前社会救助网络信息系统存在的一些现实问题，很有必要进行完善，在互联网时代，不建立城乡一体化的社会救助网络信息平台，城乡一体化的社会救助体系也就无从谈起。

一　当前社会救助网络信息系统面临的主要问题

信息化是我国当前社会救助工作的发展需要突破的"瓶颈"，当前我国城乡社会救助体系的建设主要面临两个方面的信息化"瓶颈"：第一，目前社会救助信息的联网和平台建设滞后。多年来，全国很多市、县自行开发了相对独立的救助信息系统，有的初步实现了省内的统一管理。但是，在总体上，信息化水平还比较低，在全国联网和建立综合信息平台方面还存在明显的不足。第二，部门横向互联的救助信息共享机制还没有形成。由于各部门信息化系统之间各自为政，信息不能共享，系统牵涉跨部门业务流程很难实现，救助信息管理呈现出"纵强横弱"的问题。①

要建设城乡一体化的社会救助网络信息系统，准确获取城乡社会救助对象的个人相关信息无疑是最关键的环节之一。但是，目前我国的公民个人信息主要掌握在人民银行、公安、法院、税务、人力资源与社会保障、海关和工商等多个政府部门以及商业银行、公用事业、邮政、电信、移动通信、证券和保险等非政府机构的手里，整体上处于分散且相互屏蔽的状态。而非政府机构因为受相关法律的限制或出于商业利益上的考虑，拒绝提供相关个人信息给居民家经济状况核查机构和民政部门。造成政府部门信息共享难的原因主要有以下两点：一是部门利益。不少政府部门将信息资源的产权部门化，人为地设置信息互联互通的壁垒。二是管理和技术问题。各个政府部门的内部资源没有通过网络连接起来，不同部门的网络系统互不支持和数据不兼容等问题时有发生，各自为政，不联不通。② 因此，在当前情况下，仅仅依靠民政部门是不可能建成城乡一体化的社会救助网络信息平台的，而是需要得到多个相关部门和非政府机构的协助，破除城乡居民信息资源归属上的部门壁垒，切实改变不同政府部门的网络系统各自为政的现状。

二 建立城乡一体化社会救助网络信息平台的基本策略

（一）建立城乡一体化的社会救助信息数据库

只有借助信息化的手段，建立完整的社会救助信息数据库，实现社会救助信息资源共享，才能提高社会救助工作的效率，保障社会救助工作的统一性、公平性和规范性。③ 目前，城乡一体化的社会救助信息数据库尚未在我国全面建立起来，林闽钢教授建议逐步建立城乡各类困难群众基本

---

① 林闽钢：《新型社会救助体系的目标定位和发展路径》，载邓大松、刘喜堂、杨红燕主编《当代中国社会救助制度：比较与借鉴》，人民出版社2014年版，第3页。

② 杨立雄：《低收入家庭经济状况核查制度研究》，载邓大松、刘喜堂、杨红燕主编《当代中国社会救助制度：比较与借鉴》，人民出版社2014年版，第205—206页。

③ 杨思斌：《城镇化背景下基层社会救助的发展与完善》，《河南科技学院学报》2016年第3期。

信息数据库，形成省、市、县、乡镇、村五级纵向贯通，部门横向互联的社会救助信息共享机制。① 在所有的城乡社会救助信息数据库里，城乡低保信息数据库也无疑是其中最重要的一个组成部分，它承担着城乡社会救助各个业务系统的基础数据库的作用，是整个民政信息系统中用户量最大、涉及资金最多、服务对象最多、与困难群众基本生活最息息相关的数据库。因此，城乡低保信息数据库应该被放在我国城乡一体化社会救助信息数据库建设的首要位置。一般来说，低保信息数据库需要包含低保对象家庭成员、贫困原因、住房情况、学校教育、婚姻状况、就业情况、收入和支出等基础信息。

要在全国范围内建成社会救助信息数据库，当前面临的最大问题是信息不对称，这在农村表现得尤其突出。因此减少信息不对称对于降低道德风险，提高我国城乡社会救助制度运行的质量和效率具有重要的意义。在目前情况下，提高社会救助信息对称度可以主要从两个方面着手：第一，完善管理制度，建立高效的社会救助信息数据的管理和披露系统，这个系统具有以下特性：（1）信息数据统一，以改变社会救助参与方各自为政收集和利用信息数据的状况；（2）信息数据全面，使社会救助参与各方的活动有据可依，同时也有助于加强对社会救助其他参与方的监督；（3）信息数据真实，防止社会救助参与方利用虚假信息隐瞒自己的不当行为；（4）信息数据时效性强，使社会救助参与各方能根据条件的变化适时调整自己的行为。第二，对信息不对称的重点领域、重点主体采取有针对性的重点措施。例如，医疗救助领域因为专业性较强，医疗方案的选择具有多样性，患者对医疗需求弹性小和互动关系复杂，是道德风险的高发区；社会救助基金的管理者和各种社会救助服务的提供者因其在社会救助中的特殊地位和信息优势，是发生道德风险的重点群体，需要采取有效措施将这些重点领域和群体的信息不对称程度降低下来。②

基于我国当前的基本国情，要建成城乡一体化的低保信息数据库，最大的难点在于农村，因此要把农村低保信息数据库作为工作的重点。通过

---

① 林闽钢：《新型社会救助体系的目标定位和发展路径》，载邓大松、刘喜堂、杨红燕主编《当代中国社会救助制度：比较与借鉴》，人民出版社2014年版，第8页。

② 邹海贵：《社会救助制度的伦理考量》，人民出版社2012年版，第278—279页。

对农村低保信息数据库精确、完善和有效的管理，能为农村各种专项社会救助和临时救助提供救助信息管理平台，从而准确、有效地分类分层次给予各种社会救助。

（二）建立社会救助信息化网络管理平台

在建立城乡一体化社会救助信息数据库的基础之上，还要积极推动跨部门、多层次和信息共享的社会救助信息化网络管理平台，具体包含社会救助对象基本信息网络数据库、社会救助信息反馈系统和全国互联的城乡社会救助信息交换平台。在有效应对我国人口跨城乡、跨县域和跨省域流动日益加剧的情况下，给全国各地的社会救助管理工作所带来了巨大挑战。当然，基于最低生活保障制度在当前我国城乡社会救助体系中的基础性地位，所以城乡一体化社会救助信息化网络管理平台建设最重要的部分是在城乡最低生活保障领域。随着互联网时代的到来，地方政府有关部门之间要积极实现城乡低保信息的共享，及时把握低保对象的信息动态，从而真正地把城乡低保对象的动态管理落到实处。

在现实中，我国的城乡最低生活保障信息化网络管理平台已经取得了重大进展。"低保一期系统"是国家发改委批准实施的全国电子政务重点工程项目，已于2014年9月正式投入使用。目前，该系统的应用范围已经逐步扩展至我国的农村五保供养和城乡医疗救助等其他社会救助业务。

在省级以下层面，城乡最低生活保障信息化网络管理平台同样也取得了较大的进展。课题组在广西调研时发现，自2015年7月1日起，广西壮族自治区在罗城仫佬族自治县等3个县试点低保申请无纸化网上审批改革，计划到2016年底前，广西全区基本实现低保网上无纸化审批。低保网上无纸化审批改革主要是依托低保信息管理系统，在乡镇入户调查、民主评议、公示和审核意见等流程完整以及附件上传齐全的基础上，由县级民政局直接在低保信息系统中实现无纸化审批和资金发放，不再通过纸质材料来审批。低保审批事项从受理、审批、办结到归档全部通过系统实时传送的方式，自动生成各类电子表格和电子档案，实现了网上无纸化实时审批功能。为积极稳妥推进低保网上无纸化审批改革，广西壮族自治区民政厅大力推广应用全区低保信息管理系统，截至2015年底，广西全区120个县（市、区、开发区）均具备了应用低保信息系统管理低保对象、发放低保金的条件，全区低保信息系统的数据与民政统计台账数据基本一致。

从2016年1月1日起，被列入广西第二批低保无纸化审批改革的60个县（市、区）要通过低保信息管理系统来受理、审核和审批低保对象，并通过低保信息管理系统来发放低保资金。新申请救助对象原则上要经过核对信息，平台核对后方能审批，已经在享的低保对象要分别按照动态管理的时限要求及时委托信息核对平台进行核对，有差异的要及时进行核实处理，确保做到应保尽保，应退尽退。广西推进城乡低保网上审批改革，让城乡困难群众直接到乡镇（街道）社会救助经办窗口申请低保，能有效规避中间环节，还能及时地监控到低保对象家庭经济状况的变化。经办人员可随时查询系统中低保对象的电子档案材料，包括在享对象的基本信息、审核审批、动态管理和低保金支出结余情况，以及可否享受低保的原因等，此外城乡低保网上审批改革还为实现民政部门的办公网络与住建、医疗、教育、人力资源和社会保障、司法和扶贫等部门的办公网络有效对接奠定了坚实的基础。

与此同时，城乡一体化社会救助信息化网络管理平台的建设还要强化对账查询功能，为老百姓提供了解政策和查询数据的渠道和空间，要完善电话语音查询系统，把语音电话打造成普通老百姓查询社会救助信息的便民方式，同时在我国很多地区已经开通的计算机触屏查询系统的基础上，积极开发手机查询业务。与硬件方面的建设相比，软件方面的建设有时显得更加重要，我国需要组建一支精通社会救助业务的计算机信息技术人才队伍，尤其要让乡、村两级基层社会救助工作人员掌握一定的现代信息技术，不断提高社会救助业务与现代信息技术的结合度，以确保社会救助信息的完整与翔实。社会救助工作是一项庞大的系统工程，需要既懂社会救助业务，又懂网络信息技术的高素质复合型人才来组织社会各界的力量，提高社会救助的运行效率，以实现可持续发展。① 总之，无论是从管理规范化、科学化和现代化的角度出发，还是从方便接受社会监督以确保社会救助工作公平、公正和公开的角度出发，都需要充分运用现有的信息技术为社会救助管理机构与普通民众之间的信息沟通搭建功能强大的社会救助

---

① 曹艳春：《我国城乡社会救助系统建设研究》，上海世纪出版集团2009年版，第335—336页。

信息服务平台。

（三）加快建立省级及以下居民家庭经济状况核对信息平台

经济状况核对是审核城乡居民是否符合申请城乡低保资格的一个关键环节，所以建立居民经济状况核对信息平台是建立社会救助信息化网络管理平台的重要前提。基于我国的国情，先着手建立省级及以下居民家庭经济状况核对信息平台，然后再建立全国统一的城乡居民家庭经济状况核对信息平台应该是比较现实的策略。

2014年6月，全国首家率先投入使用的省级核对信息平台——广西低收入家庭经济状况核对信息平台建成并正式启动，它先后与公安、人社、地税、国税等相关部门以及部分市级房产、公积金管理部门进行了数据共享交换，对低收入（包括低保）家庭的经济状况进行严格审查，真正让需要救助的家庭得到资助，杜绝骗低保、骗救济的"伪困难户"。在2014年的下半年，整个广西共接受城乡低保救助受托核对91万户总计256万人，核查出一批有车辆、农用机械、渔船、房地产、上缴个税、上缴住房公积金以及享受财政涉农补贴等疑似不合规的城乡低保对象，其中已经有2.55万人被停保或退出。

（四）建立个人诚信管理机制以规避社会救助制度可能会面临的道德风险

社会救助所产生的道德风险主要表现为救助依赖，即社会救助对象或群体对政府的依赖性增强，其人力资本投资意愿下降，缺乏通过自身努力摆脱社会救助的动机，进而导致社会救助对象或群体的道德水平的下降。从社会伦理的角度来看，救助依赖会使具有劳动能力的社会弱势群体减少就业的积极性和主动性，不愿主动就业，从而出现不劳而获、奖勤罚懒的现象。社会救助的很多内容，比如最低生活保障、教育救助、医疗救助和住房救助中都需要进行家庭经济状况调查，在信息不对称和调查不完善的情况下，准社会救助对象往往采取虚报家庭经济状况的策略以获取尽可能多的救助资金。① 简而言之，道德风险的存在不仅会导致社会救助制度运转效率的低下，而且对社会公平正义构成了最直接的挑战，因此必须采取有力的措施来尽量加以规避。

---

① 邹海贵：《社会救助制度的伦理考量》，人民出版社2012年版，第268—269页。

目前，我国民政及其他有关部门对于不诚信填报、隐报、瞒报收入和财产的社会救助申请人及其家庭成员缺少有效的行政约束手段，客观上使一些瞒报者无所顾忌。基于此，需要积极建立个人诚信管理体制，申请社会救助的家庭如果有隐瞒实际收入和财产的行为，应记入个人信用信息数据库。企事业单位、社会团体、村（居）委员会、社区居民委员会以及其他社会组织，拒不提供或不如实提供申请低收入核定的家庭及家庭成员的有关情况，或者出具虚假证明的，也要依照法律法规记入诚信信息管理系统，从制度上防止福利欺诈行为。① 当然，当务之急我国要尽快出台对不诚信行为进行处罚的一系列法律法规。对于在诚信方面有过不良记录的人，要让他们以后不仅是在申请社会救助待遇时会受到负面的影响，而且在进行银行信贷、就业、日常消费和出行等方面都会受到极大的限制，从制度上震慑为了获取社会救助待遇而瞒报个人真实收入和财产状况的不良企图或行为，从而有效地规避道德风险，最大限度地维护我国社会救助制度的公平与公正。

---

① 陆青鹰：《广西居民家庭经济状况核对研究》，《经济研究参考》2014年第41期。

第三章 人口较少民族聚居地区建设城乡一体化社会救助体系所需要采取的特殊性策略

本章主要研究人口较少民族聚居地区城乡一体化社会救助体系建设所需要采取的特殊性策略，之所以叫作特殊性策略，是因为它们是专门针对人口较少民族聚居地区的。之所以要这样做，是因为人口较少民族聚居地区城乡一体化社会救助体系建设面临着一些特殊困难，这些困难在我国其他地区则不存在，或者即使存在，其严重程度也远不及人口较少民族聚居地区。具体来说，这些特殊性策略主要包括：（一）通过精准扶贫战略和扶持人口较少民族政策来促进当地农民增收和提升农村基本公共服务的水平；（二）建立社会救助资金的多渠道筹集机制；（三）完善农村居民家庭经济状况核对机制；（四）充分发挥宗教和民族传统文化的作用；（五）积极推进人口较少民族聚居地区的新型城镇化。

第一节 通过精准扶贫战略和扶持人口较少民族政策来促进当地农民增收和提升农村基本公共服务的水平

对于绝大多数农村贫困人口来说，社会救助只是起到了一个"兜底"的作用，而要让他们真正摆脱贫困，最好的办法无疑是找到帮助他们增收脱贫的有效途径。课题组所调查的6个县（市）除了芒市以外，其余5个县均为国家扶贫开发重点县，所以需要紧密结合党和国家的精准扶贫战略来促进当地农民的增收。习近平总书记强调："消除贫困、改善民生、实现共同富裕，是社会主义的本质要求。"2015年12月，新华社受权发布的《中共中央国务院关于打赢脱贫攻坚战的决定》明确指出了我国贫困地区的首要脱贫方式是通过发展地方特色产业实现脱贫，而对于无法依靠产业扶持和就业帮扶脱贫的家庭则实行政策性社会保障兜底，即纳入最低生活保障的范围。

2011年12月，中共中央、国务院印发了《中国农村扶贫开发纲要（2011—2020年）》，划定了11个集中连片特困地区和已明确实施特殊政策的西藏、四省藏区、新疆南疆三地州是我国扶贫开发的重点攻坚区域，其中就有贡山县、兰坪县、陇川县和芒市所在的滇西边境山区，以及环江县和罗城县所在的滇桂黔石漠化区这两个连片特困地区。此外，贡山县和兰坪县所在的怒江傈僳族自治州是当前云南省经济社会发展水平最落后的州（市），而环江县和罗城县所在的河池市也是当前广西壮族自治区经济社会发展水平最落后的州（市）。[①] 与此同时，自2005年以来国家所实施的扶持人口较少民族专项政策已经在较大程度上改善了人口较少民族聚居地区交通、通信、广播电视和农田水利等基础设施，扶持了一批特色农业项目，提升了当地农村的基本公共服务水平。

严格地说，在有效改善农村贫困状况这一问题上，社会救助制度所能发挥的作用毕竟是有限的，最好的办法肯定是通过繁荣农村经济和发展特色产业来促进农民增收。因此，课题组认为必须通过精准扶贫战略和扶持人口较少民族政策来促进当地农民增收和提升农村基本公共服务的水平，从而有效地减缓当地社会救助工作的压力，改善社会救助工作的软硬件条件，让有限的社会救助资源提供给那些最弱势的城乡社会群体（主要是指丧失劳动能力的贫困人口）。

一 通过精准扶贫战略和扶持人口较少民族政策来促进农民增收

（一）精准扶贫战略

1. 现状

习近平总书记强调，精准扶贫战略必须解决好扶持谁、谁来扶、怎么扶的问题。在解决"怎么扶"的问题上，党和国家给出的答案是明确而

[①] 刘苏荣：《人口较少民族聚居地区农村反贫困策略研究——基于对我国4个人口较少民族自治县的调查》，《湖北民族学院学报》（哲学社会科学版）2017年第1期。

具体的，其中产业扶贫居于首要位置，而且确定了贫困地区的产业扶贫要以特色产业为主攻方向。《中共中央国务院关于打赢脱贫攻坚战的决定》提出：要制定贫困地区特色产业发展规划。出台专项政策，统筹使用涉农资金，重点支持贫困村、贫困户因地制宜发展种养业和传统手工业等。实施贫困村"一村一品"产业推进行动，扶持建设一批贫困人口参与度高的特色农业基地。在人口较少民族聚居地区，发展地方特色农业无疑是当地农村扶贫开发工作的最佳选择之一，因此课题组重点对兰坪和罗城这两个县的扶贫开发政策实施状况进行了调查。

在"十二五"期间，兰坪县累计完成投入扶贫专项资金达33121.01万元，先后实施了兔峨乡、啦井镇、中排乡和石登乡的扶贫开发整乡推进和石登乡—中排乡特困连片开发项目，完成了194个自然村整村推进项目、2013—2015年扶贫攻坚省级财政专项资金项目、26个行政村整村推进项目、23个点789户3317人的易地扶贫搬迁、索改桥6座、革命老区13个点2444户安居工程和转移培训劳动力9575人等一大批扶贫开发工程，发放小额到户贷款11600万元（贴息580万元），项目贴息贷款4100万元（贴息123万元）。自2013年云南省委、省政府打响怒江扶贫攻坚整州推进攻坚战以来，兰坪县2013—2015年度扶贫攻坚项目涉及基础设施、民生改善、产业发展、社会事业和生态建设等五大工程共计78个小项，截至2015年底，实际到位资金10.5亿元，完成投资9.07亿元。全县贫困人口从2010年底的13.46万人下降到2015年底的6.07万人，减贫7.39万人。

在"十二五"期间，兰坪县在特色产业发展方面新增核桃和漆树种植面积11.05万亩，中药材3.86万亩，核桃低效林改造2万亩，发展牛、乌骨羊和猪等特色养殖9.1万头，鸡22.83万羽，中蜂2010箱，累计培育农村专业合作社75家，发展乡村旅游农家乐16家，光伏产业扶贫300户，农业产业化的步伐明显加快，以林业、畜牧业、生态食品和中药材为特色的产业群在促进当地农村贫困群众增收脱贫方面发挥着越来越大的作用。

当前，兰坪县政府的目标是：瞄准全县7个贫困乡（镇）、64个贫困村、166个贫困小组和6.0944万个扶贫对象，实施精准扶贫"4345855"行动计划，即通过4年时间，围绕脱贫、摘帽和增收这3个目标，突出增收、安居、育人和强基这4个关键，分类实施5个一批的办法，瞄准因病致贫、因残致贫、因学致贫、因灾致贫、因主观致贫、缺技能致贫、缺劳动力致贫和缺资金致贫8类扶贫对象，做到基础设施、公共服务、金融资源、环境整治和考核验收5个"到村"，安居工程、技能培训、产业扶持、结对帮扶和移民搬迁5个"到户"，到2019年实现全面脱贫摘帽，表3-1是兰坪县在"十三五"期间的脱贫摘帽计划表。

2015年，罗城县扶贫开发部门扶持核桃种植面积累计8.81万亩，毛葡萄种植面积达到7.5万亩，蔗糖总面积达15.9万亩，全县桑园面积发展到了6万亩；完成出栏香猪1.7万头、黑土猪1.28万头、肉牛1.54万头、山羊1.15万只、出笼瑶鸡12.67万羽，有效地促进了农民增收。罗城县还加大对符合贴息条件的建档立卡贫困户和扶贫龙头企业、农民专业合作社和专业大户的贴息补助力度，遴选出2个龙头企业和16个农民专业合作社。截至2015年底，该年度获得扶贫贷款的贫困户有2801户，共计获得贷款6599.506万元，其中到户贷款项目2800个5489.506万元、能人大户2个90万元、专业合作社1个20万元、扶贫龙头企业1家1000万元。

2. 存在的问题

首先，人口较少民族聚居地区特色产业的发展基础还比较薄弱。经过多年的扶贫开发，兰坪县农业产业化进程虽然取得了一定的成效，但广大贫困地区产业结构单一和农民增收困难的局面还没有从根本上被打破，与农民增收直接相关的地方特色产业规模较小，开发力度也不足，贫困群众缺少创业平台，抵御市场风险的能力很弱，这导致兰坪县的农村贫困面仍然很大，贫困程度也依然很深。截至2015年底，兰坪县还有7个贫困乡镇、64个贫困村、166个贫困小组、1.63万户和6.07万贫困人口。在兰坪县，除金顶镇（县城所在地）和通甸镇的坝区群众已经基本脱贫外，澜沧江两岸和东中部的山区和半山区的贫困面依然较大，当地90%以上的普米族群众还处于贫困状态，白族支系"拉玛人"整体处于深度贫困状态，尤其是居住在澜沧江干热河谷区域的10.3万人口面临着生态环境脆弱、自然灾害频发和扶贫成本高昂等现实困难。截至2015年底，兰坪县的贫困发生率高达32.72%，居全省第7位，比云南全省的贫困发生率

表3-1 "十三五"期间兰坪县贫困乡镇、村、小组脱贫摘帽计划表

贫困县	贫困乡镇个数	贫困村个数	贫困县退出时间	贫困乡、村退出计划	2016年	2017年	2018年	2019年
兰坪县	7个(金顶、通甸、河西、中排、石登、营盘、兔峨)	64	2019年	贫困乡	金顶镇	中排乡、兔峨乡	营盘镇、石登乡	河西乡、通甸镇
				贫困村	金顶镇6个：箐门、官坪、七联、大龙、来龙、干竹河。啦井镇6个：桃树、长涧、布场、九龙、富和、期井。	中排乡8个：大土基、小龙、克卓、北甸、德庆、怒夺、大宗、烟川。兔峨乡8个：丰甸、啊塔登、花坪、大麦地、大华、扎局、吾马普、迤场村。	营盘镇12个：啦古、凤塔、恩棋、岩头、黄柏和平、黄梅、白羊、沧东、连城、松柏、鸿尤。石登乡9个：车邑坪、仁甸河、庄河、回龙、大竹箐、来登、水银厂、三角河、谷川。	河西乡7个：仁兴、永兴、新发、白龙、箐花、三界、胜兴。通甸镇8个：德胜、河边、箐头、东明、弩弓、丰华、黄松、通甸。
合计	7	64	2016—2019年	贫困县				
				贫困乡	1	2	2	2
				贫困村	12	16	21	15
	贫困自然村			166个	64个(金顶镇37个、啦井镇27个)	38个(中排乡16个、兔峨乡22个)	35个(营盘镇18个、石登乡17个)	29个(通甸镇10个、河西乡19个)
	贫困人口			60944人	10361人(金顶镇5259人、啦井镇5102人)	15584人(中排乡7972人、兔峨乡7612人)	22499人(营盘镇12977人、石登乡9522人)	12500人(通甸镇6765人、河西乡5735人)

12.71%高出了20.01个百分点;贫困人口数量6.07万人,占怒江州(怒江州下辖兰坪、泸水、福贡和贡山4个县)贫困人口14.84万人的40.9%,占兰坪县总人口21.6万人的28.1%。

其次,当前很多针对贫困户的产业帮扶项目仍然是重生产轻市场,几乎所有受到帮扶的人员都不清楚帮扶产业产品的市场链、盈利模式、市场风险以及谁是这些产品的主要消费者。① 很多地方的产业发展仍然是以行政力量推动为主,贫困群众发展产业的积极性并没有被充分地调动起来。

最后,扶贫资金的管理机制不够完善。课题组调查发现,目前人口较少民族聚居地区的扶贫开发资金主要是由扶贫办、民族宗教局、发展与改革委员会和财政局这四个政府部门来进行管理,而各个部门在项目申报、资金分配、资金投向和使用等方面各有一套规划和侧重点,在实际工作中往往不能很好地形成合力,彼此之间的协调性较差。同时,扶贫资金项目与交通、水利、林业等专项资金项目在使用方向、实施范围、建设内容等方面有一定的交叉重复,造成多头管理局面,不可避免地出现同一项目在不同年度申报、在不同部门申报,同一项目分解成多个项目申报的现象,使各渠道下达的资金难以有效地整合使用,责任不清,效果不佳。

3. 完善策略

首先,要因地制宜培育支撑贫困群众持续增收的特色产业,真正建立起贫困户分享产业发展红利的有效机制。产业扶贫的目的是贫困人口脱贫,必须找准产业项目与贫困户增收的结合点,真正建立起贫困户分享产业发展红利的有效机制,精准产业扶贫强调要完善利益联结机制,把共享理念贯穿到产业发展链条中,把贫困户精准收益作为产业发展的必备条件。② 此外,国家也要从扶贫资金投入、转移支付资金倾斜、涉农资金整合、金融扶贫投入、科技和人力资源支撑、市场与流通平台建设等方面加大对扶贫产业的投入,切实保障扶贫资金的使用精准而有效,保障其惠农效果的发挥。与此同时,在当前电商模式蓬勃发展的新形势下,如何有效利用电商平台促进我国扶贫产业的可持续发展,也是一个需要认真思考的

---

① 邓维杰:《精准扶贫的难点、对策与路径选择》,《农村经济》2014年第6期。
② 陆汉文、黄承伟主编:《中国精准扶贫发展报告(2016)》,社会科学文献出版社2016年版,第97页。

问题。

其次，既要重生产，也要重市场。产业扶贫项目不能一味地只关注生产方面，同时也要在市场营销方面给予贫困户相应的扶持，从而既实现增产也实现增收，让贫困户获得实实在在的收益。凡是扶贫部门主管、相关部门实施的扶贫项目，必须强调扶贫到户，确保其扶贫项目的属性，不能当成单一的产业发展项目来实施。而所有产业扶贫项目不能只有生产发展规划，必须强调市场营销方面的技术设计，以实现增产增收，提值提效。并在推行公司＋农户、大户带动贫困户等产业扶贫模式的同时，必须要明确提出贫困户的盈利模式，不能把贫困户沦为简单的原材料提供者。[①]

再次，统筹整合使用财政涉农资金。在这方面，罗城县起到了很好的带头作用。作为全国首批统筹整合使用财政涉农资金的试点县之一，罗城县根据《国务院办公厅关于支持贫困县开展统筹整合使用财政涉农资金试点的意见》《中共广西壮族自治区委员会关于贯彻落实中央扶贫开发工作重大决策部署 坚决打赢"十三五"脱贫攻坚战的决定》等文件精神，优化财政涉农资金供给机制，统筹整合安排财政涉农资金，把目标相近和方向类同的涉农资金统筹整合使用，纳入统筹整合使用范围的资金包括中央层面、自治区层面、市级层面和县级层面的财政资金。2016年，自治区财政厅下达罗城县2016年涉农专项资金统筹整合计划数总计49353.83万元，罗城县政府计划对自治区下达的统筹财政涉农资金用于实施精准扶贫及发展急需的重点领域，其中产业发展2762.7万元，基础设施32801.8万元，易地搬迁5619万元，金融扶持3656万元，生态保护4089.23万元，社会事业210.1万元，能力建设215万元。

（二）扶持人口较少民族政策

当前，我国人口较少民族聚居地区享受着多项民族政策，特别是国家扶持人口较少民族专项扶持政策，而且这些政策的主要实施对象是农村而不是城镇，这就为缩小当地城镇和农村在居民收入、教育、医疗卫生和社会保障等方面的差距提供了有利条件，因此要实现人口较少民族聚居地区社会救助体系的城乡一体化，就必须充分利用国家扶持人口较少民族的专项扶持政策，因为建设城乡一体化社会救助体系的关键点就是农村。没有

[①] 邓维杰：《精准扶贫的难点、对策与路径选择》，《农村经济》2014年第6期。

农村经济的繁荣和农村基本公共服务的完善，城乡一体化社会救助体系就只能是空中楼阁。

长期以来，党和政府对人口较少民族聚居地区特别是农村采取专项政策加以扶持，主要是采取整村推进的方式帮助当地群众加快发展的步伐，以走上共同富裕的道路。扶持人口较少民族专项政策的实施对于我国全面建成小康社会和促进各民族共同繁荣，对于维护边疆社会稳定和构建和谐社会具有特殊重要意义。随着该项政策的逐步实施，人口较少民族聚居地区的交通、通信、农田水利和广播电视等基础设施均有了较大幅度的改善。[1] 自 2005 年以来，国家有关部门陆续制定和实施了扶持人口较少民族的一系列政策，在地方层面，人口较少民族聚居地区所在的省级、州（市）级和县级政府的相关部门也纷纷编制和实施了本地的扶持人口较少民族政策。扶持人口较少民族政策主要涉及人口较少民族聚居地区的基础设施建设、特色产业发展、民生保障、民族文化发展、人力资源开发与和谐家园建设这六大工程，至今该项政策已经取得了巨大的经济效益和社会效益。

对于山多平地少、人均耕地面积小以及人口分布很分散的人口较少民族聚居地区来说，大力发展地方特色农业无疑是比较现实的反贫困策略，而且课题组所调查的 4 个人口较少民族自治县也均有着发展地方特色农业的广阔前景。贡山县目前的地方特色农业主要有草果种植、中药材种植（山药、三七、重楼等）、高黎贡山猪养殖和独龙牛养殖，兰坪县的地方特色农业有乌骨羊养殖、中草药种植（重楼、木香、续断等）和核桃、漆树、青刺果等经济林木种植，环江县的地方特色农业有环江香猪养殖、环江菜牛养殖和种桑养蚕业，罗城县的地方特色农业有木薯种植、毛葡萄种植、甘蔗种植和种桑养蚕业。课题组调查发现，发展地方特色农业的经济收益要明显高于传统农业，贡山县的草果种植业、兰坪县的乌骨羊养殖业、环江县的环江香猪养殖业和罗城县的种桑养蚕业，均已成为当地农民的重要收入来源，甚至是主要的收入来源，比如环江香猪养殖业已经成为

---

[1] 刘苏荣：《论扶持人口较少民族政策在实施中面临的问题——基于对我国 4 个人口较少民族自治县的调查》，《西南民族大学学报》（人文社会科学版）2015 年第 1 期。

环江县的支柱产业之一。①

在"十二五"期间，怒江州各级政府部门先后投入资金近16.36亿元，用于独龙族、怒族和普米族3个人口较少民族聚居的61个行政村的道路、群众居住房屋、农田水利设施、人畜饮水以及电力、通信和水利工程等基础设施类项目建设。先后投入8200万元推动形成了一批具有民族特色的生态产业，发展具有较强市场需求的草果、核桃、重楼、蜂蜜、茶叶和具有当地特色的独龙牛、独龙鸡和高黎贡山猪等种养殖业，走出了一条带动农民增收的路子。在2014年，福贡县怒族农民人均纯收入为3649元，比2010年增加了277.5%；兰坪县怒族农民人均纯收入3698元，比2010年增加了265.5%；普米族农民人均纯收入3852元，比2010年增加了256.5%；贡山县怒族农民人均纯收入2767元，比2010年增加了225.5%；独龙族农民人均纯收入2525，比2010年增加了184.8%。

在"十二五"期间，国家把景颇族新纳入了人口较少民族专项扶持的范围，由此德宏州的人口较少民族由2个增加到3个，当地的人口较少民族聚居行政村涉及总人口31.74万人，其中人口较少民族17.92万人，分别占全州总人口的26.2%和14.8%。德宏州大力实施种养殖项目和庭院经济等扶持项目，增强了人口较少民族群众的商品经济意识，拓宽了其经济收入的渠道。2014年，德宏州3个人口较少民族的农民人均纯收入由2005年的865元提高到4260元，增加了3395元；农民人均口粮由2005年的207公斤提高到2014年的522.8公斤，人均增加315.8公斤。

但是，当前人口较少民族聚居地区的特色农业面临着管理粗放、经费不足、技术水平低和经济效益低的现实困境。在贡山县，当地的特色产业——高黎贡山猪养殖的项目实施经费很少，以至于到现在当地还没有形成规模化和标准化的养殖基地，基本上是处于比较粗放的农户自主散养状态。② 在罗城县，近几年来当地的特色农业如甘蔗种植及制糖业、毛葡萄种植及葡萄酒酿造业、种桑养蚕及缫丝业等都有了较大的发展，但其占当地农业总产值的比重仍然偏小，而且仅分布在罗城县东部及中部的6个乡

---

① 刘苏荣：《人口较少民族聚居地区农村反贫困策略研究——基于对我国4个人口较少民族自治县的调查》，《湖北民族学院学报》（哲学社会科学版），2017年第1期。
② 刘苏荣、孙丽萍：《人口较少民族聚居地区特色农业发展现状分析——以云南省贡山县为例》，《中国农业资源与区划》2015年第6期。

镇，而西部 5 个乡镇的农业产业化水平明显偏低，从而影响了农业综合效益的提高。

因此，人口较少民族聚居地区需要改变其粗放式的传统农业发展模式，实现向现代化农业发展模式的转变，即要加大当地特色农业的科技含量，加强对农户的技术培训工作，提高产品的附加值，以求获得较高的经济回报率。当然，也要注意避免特色产业的同质化现象，要结合不同村寨的具体情况有针对性地发展一批特色产业。比如，课题组在兰坪县河西乡调查了两个普米族聚居村委会——大羊村委会和箐花村委会，大羊村委会高海拔、高森林覆盖率的特点使得当地很适合种植桔梗、重楼和木香等中药材，而邻近的箐花村委会拥有面积非常广阔的好几片天然优质草场，则比较适合大力发展畜牧业。① 与此同时，要以地方特色农业的开发为平台，加大扶持发展各类农民专业合作经济组织，促进农产品流通，提高产业化的程度，真正把地方特色农业做大做强，以促进当地群众尽快脱贫致富。

二 利用扶持人口较少民族专项政策以及扶贫开发政策来提升农村基本公共服务的水平

2016 年 12 月，国务院发布了《"十三五"促进民族地区和人口较少民族发展规划》，明确提出：要重点扶持人口较少民族聚居行政村及所辖人口相对集中的自然村落，基本公共服务体系建设要延伸至人口较少民族的民族乡、自治县和自治州。与此同时，我国现有的扶贫开发政策也有很多涉及完善农村基本公共服务事业的项目，因此需要充分利用国家对于人口较少民族聚居地区的专项扶持以及扶贫开发政策来提升当地农村基本公共服务的水平。

（一）教育

贫困地区最稀缺的是知识资源，发展的最大制约因素也是知识资源。贫困人口最稀缺的资本是人力资本，最缺乏的机会是获得教育的机会，最缺乏的能力是知识能力；反之，对知识基础设施和对居民的人力资本投资

---

① 刘苏荣：《扶持人口较少民族专项项目评析——基于对云南省兰坪县的调查》，《贵州民族研究》2014 年第 2 期。

就是对贫困地区和贫困人口最重要的投资，也是最经济、最有效率的投资。反贫困战略则应由过去的单纯关注收入贫困更多地转向关注知识贫困，提高贫困地区和贫困人口的获取、吸收和交流知识的能力，为他们提供获取收入和进一步发展的基础。① 我国人口较少民族聚居地区主要依靠发展地方特色农业来促进农民的增收，但如果没有一定的专业技术知识，当地群众将难以从该项目中获得较为理想的经济回报。② 因此，我们不仅要解决人口较少民族聚居地区的收入贫困问题，更要着力解决知识贫困或者能力贫困问题，而根本出路就在于大力提升当地尤其是农村的教育事业发展水平。

但是，课题组调查发现，4个人口较少民族自治县均存在着城乡教育资源配置的严重不均衡现象，农村教育事业的发展水平极其低下。基于此，在当前情况下，很有必要加强人口较少民族聚居地区农村中小学师资队伍和教育基础设施的建设，要通过加大财政投入和实施一定程度上的教育倾斜政策，从而在当地实现城乡教育资源的合理配置，切实改变高学历、高职称教师在县城里扎堆，而在农村中小学里却寥寥无几的不合理现状。③ 在这个方面，做得相对比较好的是贡山县独龙江乡。

贡山县独龙江乡地处我国著名的横断山脉的高山峡谷地带，这里山高水深，沟壑纵横，形成封闭式的地理环境。独龙江乡目前共有4所学校，包括独龙江九年一贯制学校、龙元小学、巴坡小学以及钦郎当小学。在2009—2014年，"独龙江乡整乡推进独龙族整族帮扶"的教育扶持项目共下达资金1093万元，共计实施了11幢单体学校建筑物的建设，总建筑面积8749.96平方米。（见表3-2）

与此同时，通过社会各界力量的爱心援助，有效地缓解了独龙江乡贫困学生上学难的问题，减少了当地农村学生因贫辍学的现象，2015年独龙江乡实现了"零辍学"的目标。随着对独龙江乡帮扶力度和投入的不断加大，独龙江乡的教学质量提高得很快，办学水平也得到不断的提升。

---

① 胡鞍钢、李春波：《新世纪的新贫困：知识贫困》，《中国社会科学》2001年第3期。
② 刘苏荣、孙丽萍：《人口较少民族聚居地区特色农业发展现状分析——以云南省贡山县为例》，《中国农业资源与区划》2015年第6期。
③ 刘苏荣：《人口较少民族聚居地区农村反贫困策略研究——基于对我国4个人口较少民族自治县的调查》，《湖北民族学院学报》（哲学社会科学版）2017年第1期。

独龙江乡居民的平均受教育年限已由 2009 年的 5.12 年提升到了 2013 年的 5.62 年,独龙族人口的整体素质明显得到了提升。

表 3-2　　"十二五"期间独龙江乡教育扶持项目实施情况

序号	工程名称	建筑面积（平方米）	竣工时间	备注
1	独龙江九年一贯制学校2号学生宿舍楼	1268.48	2010年8月10日	框架结构四层
2	独龙江九年一贯制学校学生餐厅	1162	2011年4月13日	框架结构三层
3	独龙江九年一贯制学校3号学生宿舍楼	1268.48	2011年8月27日	框架结构四层
4	独龙江九年一贯制学校教师廉租房	555	2011年8月27日	框架结构五层
5	独龙江学生伙房	240	2013年5月22日	框架结构一层
6	马库边境小学教学楼	810	2013年10月20日	框架结构三层
7	马库边境小学学生宿舍楼	400	2013年10月20日	框架结构两层
8	马库边境小学学生餐厅	300	2013年10月20日	框架结构一层
9	龙元小学学生食堂	138	2013年7月22日	框架结构一层
10	巴坡小学学生食堂	138	2013年7月22日	框架结构一层
11	独龙江九年一贯制学校教学楼	1200	2015年11月13日	框架结构四层

　　教育扶贫是我国现有扶贫开发政策的一个重要领域,"扶贫先扶智,治贫先治愚"的理念目前已经深入人心,因此通过该项政策也可以大大提升人口较少民族聚居地区的办学水平。例如,2016 年 6 月,德宏州人民政府办公室印发了《德宏州加强教育精准扶贫行动计划》,主要内容包括三个方面:(1) 促进贫困地区义务教育均衡发展,办好村级小学和教学点,对不足 100 人的村级小学和教学点,按 100 人核定公用经费,对寄宿制小学公用经费在普通学校标准基础上再按照 200 元/生/年核定,建立

健全贫困地区义务教育学校校舍维修改造资金补助的长效机制。（2）加大民族教育扶持力度，具体包括：①优先保障贫困乡镇民族学校办学条件改善。在特别困难的县（市）建立民族贫困地区教育扶贫示范区。②科学推进双语教学。大力开展少数民族扫盲教育，促进"直过民族"等少数民族掌握汉语，加强双语教师队伍建设，在德宏师专建立双语教师培训基地。（3）加强教师队伍建设，具体包括：①扩大"特岗计划"实施规模，确保特岗教师与在职在编教师享受同等待遇，贫困地区招聘新教师时要优先保障乡村学校对紧缺学科教师的需求。②全面落实集中连片特困地区乡村教师生活补助政策。③优先保障贫困地区乡村学校编制需求，完善符合乡村教师实际的职称评价标准，中高级专业技术岗位设置向乡村学校倾斜。① ④"国培计划""省培"和"州培"等教师培训项目经费80%以上用于乡村教师。随着《德宏州加强教育精准扶贫行动计划》的逐步实施，当地城乡教育资源的配置将会变得更加合理，农村的教育水平也必将得到较大程度的提升，从而有效缩小当地城乡教育的现实差距，实现教育事业的城乡一体化。

（二）医疗卫生

《中共中央国务院关于打赢脱贫攻坚战的决定》提出：要完成贫困地区县、乡、村三级医疗卫生服务网络的标准化建设，积极促进远程医疗诊治和保健咨询服务向贫困地区延伸。鉴于课题组所调查的6个县（市）中就有5个属于国家扶贫开发重点县的事实，人口较少民族聚居地区可以充分利用上级政府部门划拨的专项扶贫资金来提升当地农村医疗卫生服务的水平。

以贡山县为例，2015年该县原计划进行6个村卫生室的建设，但由于中央和省级财政的建设资金下拨时间较晚，资金完全到位的只有嘎拉博村和补久娃村的卫生室，永拉嘎村、禾波村、力透底村和其达村的卫生室建设项目只到位了中央财政资金各5万元。鉴于此，贡山县相关部门整合资金，先建设嘎拉博村、力透底村、其达村和补久娃村的卫生室，每个村卫生室投入资金10万元，建筑面积80平方米，其余两个村即永拉嘎和禾

---

① 刘苏荣：《人口较少民族聚居地区教育救助的完善策略》，《贵州民族研究》2017年第10期。

波的卫生室则是待省级财政配套资金到位后再一并实施。其实医疗硬件设施薄弱还不是最大的问题，贡山县医疗卫生系统当前所面临的最大困难是人才的缺乏，当地卫生系统内缺编现象十分突出，乡镇卫生院和村卫生所严重缺乏医技人才。因此，要利用多种资源，对乡镇和村级医疗卫生专业技术人员全面实施以新理论、新技术和新信息为主要内容的继续教育，大力实施以临床进修和在职培训为主的知识与技能培训，重点加强专业技术带头人和创新型人才队伍建设，不断提高农村医疗卫生人员队伍的整体素质。

与此同时，我国的扶持人口较少民族专项政策对于人口较少民族聚居地区的农村医疗卫生事业的扶持力度也是比较大的，不仅在整村推进的地方支持村卫生室的建设，在一些整乡推进的地方也支持乡镇卫生院的建设。比如，刚刚开始动工建设的贡山县独龙江乡国门医院利用的就是扶持人口较少民族专项资金，它被拟定为一级甲等医院，病床数初步设定为30张，规划用地面积为4676.25平方米，拟建总建筑面积2609.91平方米，其中包括了门诊综合楼（含厨房）2399.91平方米，职工周转房210.00平方米。项目总资金为1413.47万元，医院设备购置费用500万元。截至2015年底，该项目已完成了前期工作，项目文本已通过了怒江州发改委的评审。

此外，外部力量对人口较少民族聚居地区的帮扶也能在一定程度上提升当地的农村医疗卫生服务水平。例如，昆明医科大学第一附属医院于2015年4月13日在贡山独龙族怒族自治县独龙江乡开展"走进独龙江"医疗卫生对口帮扶活动，其间，云南省远程可视医学诊疗中心和中国电信云南公司分别向独龙江乡卫生院捐赠了1套价值35万元的远程可视医学诊疗系统和1套价值7.6万元的中国电信智慧医疗"健康小屋"管理系统，促进了远程医疗诊治和保健咨询服务向当地的延伸。而且，昆明医科大学第一附属医院还接受贡山县人民医院为"昆明医科大学第一附属医院联盟医院"，接受独龙江乡卫生院为"昆明医科大学第一附属医院对口帮扶卫生院"，适时根据相关协议对贡山县和独龙江乡两级医院（卫生院）提供人才培养和技术支持。2015年7月8日，昆明医科大学第二附属医院副院长李炯明教授带领本院四位教授到贡山县开展第二轮对口帮扶工作，主要任务是提高贡山县人民医院及丙中洛镇中心卫生院医务人员的临床诊断能力。

三 对人口较少民族聚居地区实施一定的社会救助倾斜政策

本着党和国家一贯采取对人口较少民族实施专项扶持政策的精神，对我国人口较少民族聚居地区实施一定的社会救助倾斜政策是很有必要的，特别是在农村地区。

首先，要把人口较少民族聚居地区的农村低保救助标准提升到与国家农村贫困线一样的水平。从而将人口较少民族聚居地区的农村绝对贫困人口全部纳入社会救助的保障范围之内。其次，鉴于当地极其薄弱的地方财力，建议加大中央和省级财政对人口较少民族聚居地区的转移支付力度，并取消县级财政乃至州市级财政的低保配套经费，从而确保当地城乡社会救助的财政支付能力。再次，对于专项社会救助实施一定的特殊倾斜政策，以切实增强人口较少民族聚居地区的城乡弱势群体的自我发展能力。2016年初，课题组在兰坪县和贡山县调研时发现，当地所有的农村低保资金已经是完全由中央和省级财政来承担了，下一步，课题组希望能取消所有人口较少民族聚居地区县级财政乃至州市级财政的农村低保配套经费。至于专项社会救助方面的倾斜政策，本报告以教育救助和资助参保为例来进行论述。

《中共中央国务院关于打赢脱贫攻坚战的决定》明确提出：率先从建档立卡的家庭经济困难学生实施普通高中免除学杂费、中等职业教育免除学杂费，让未升入普通高中的初中毕业生都能接受中等职业教育。鉴于当地教育事业的现状，除了实施一般民族地区所能享受到的降分录取、定向招生和招收少数民族班学生等常规的教育救助倾斜政策之外，建议还要给予人口较少民族聚居地区一些额外的特殊倾斜政策：第一，对人口较少民族聚居地区的教师在工资待遇、住房福利、家属安置、职称评审和在职培训等方面实行特殊的倾斜政策，以最大限度吸引和留住优秀教师。第二，实行人口较少民族聚居地区高中阶段免除学杂费政策，切实减轻当地高中学生的家庭经济负担，突破当地在高中阶段的办学"瓶颈"。第三，在人口较少民族贫困生资助方面给予特殊的政策照顾，加大专项财政支持的力度，增加贫困生的资助指标和资助金额，取消对大学生生源地信用助学贷款的名额指标限制。①

比如，自2014年起云南省就对全省范围内农村家庭和城市低保家庭中的人口较少民族在读高中生和大学生给予助学补助，该项政策试行三年。学生助学补助资金由省级财政纳入年度预算，逐级申报、审核和拨付，每年省级财政预算安排学生助学补助财政补助资金1180.5万元。根据2014年的统计数据，全云南省有人口较少民族在读高中生4555人，按每人1000元补助标准，计划补助455.5万元；在读大学本科和大专生3625人，按每人2000元补助标准，计划补助725万元，共计1180.5万元。② 这是一个很好的开端，当然如果此项政策能把受益面扩大到义务教育阶段的所有人口较少民族学生，无疑会产生更好的效果。

根据《德宏州加强教育精准扶贫行动计划》，对德宏籍义务教育学校贫困户在校子女实施一系列资助政策：一是给予义务教育阶段学校在校学生免除学杂费补助和免费教科书补助，同时免费配发一年级新生学生字典；二是给予农村义务教育阶段寄宿学生小学每人每年补助生活费1000元，初中每人每年补助生活费1250元，特殊教育学校每人每年补助1250元的生活费；三是给予农村义务教育阶段学校在校学生每人每天4元的营养餐补助；四是对于景颇族、阿昌族和德昂族等人口较少民族义务教育阶段学生，在上述政策基础上，每人每年再补助250元的生活费。对于家庭贫困的在校普通高中寄宿生，则是给予每生每年3000元的生活费补助，同时实施建档立卡户和城乡低保户子女就读公办普通高中免除学杂费政策，并逐步提高高中生助学金的标准。根据德宏州现有的政策，在校的普通高中家庭经济困难学生可以申请普通高中国家助学金，一等助学金每生每年资助2500元，二等助学金每生每年资助1500元。在此基础上，对于部分家庭经济特别困难的学生，还可以再申请州级学生救助金，每人每学年有1000元的补助。

政府资助城乡弱势群体参加社会保险本身也是一种社会救助，因为当事人参加社会保险所缴纳的费用是由政府财政来承担的，比如民政部门资

---

① 刘苏荣：《人口较少民族聚居地区教育扶持的基本策略——基于对我国几个人口较少民族自治县的调查》，《人民论坛》2016年第5期。
② 刘苏荣：《人口较少民族聚居地区教育救助的完善策略》，《贵州民族研究》2017年第10期。

助农村低保对象缴纳新农合的费用本身就属于医疗救助工作的一部分。2014年，云南省新增了两类针对人口较少民族聚居地区的保险产品，它们分别是：（1）人身意外伤害保险：主要对农村居民因意外伤害事故，即外来的、突发的、非本意的或非疾病的客观事件导致的死亡和残疾予以补偿。省级财政每年每人补贴10元，保险金额12.5万元。（2）农房保险：主要对农村居民因自然灾害和意外事故造成的房屋损失予以赔偿。其中自然灾害包括雷击、暴雨、洪水、冰雹、冰凌、泥石流、崩塌和突发性滑坡，但不含地震，意外事故包括火灾、爆炸和建筑物倒塌等。省级财政补贴每年每户20元，保险金额为6.6万元。

总的来看，该项目覆盖云南省人口较少民族聚居的395个行政村，为77.1万人和18.5万户家庭的农房意外受损和人身意外伤害提供了保险保障，该保险项目由中国人寿财险云南分公司承办，保险费用全部由云南省财政资金承担。截至2016年7月，云南省共发生赔案261件，总赔款金额1098.46万元，简单赔付率为93.82%。其中，人身险赔款金额128.72万元，简单赔付率为124.79%；农房险赔款金额969.74万元，简单赔付率为30.73%。赔款金额最高的为德宏、怒江和丽江三个州市，其中德宏州的赔款金额占到全省总金额的65%。该方案实施一年多以来，受益农户近1000人，在一定程度上为人口较少民族群众提供了风险保障，充分发挥了保险经济补偿功能和社会稳定器的作用。云南省对全省范围内人口较少民族聚居的395个行政村的农户代缴人身意外伤害保险和农房保险的政策，无疑是对人口较少民族聚居地区实施倾斜性社会救助政策的一大创举，很值得推广和借鉴。

第二节 建立社会救助资金的多渠道筹集机制

我国现有的城乡社会救助资金主要来自各级政府的财政拨款，由中央、省、市和县四级财政按照一定的比例进行分担。鉴于人口较少民族聚居地区较为落后的县域经济，当地的县级财政往往是入不敷出的，财政预算收入与预算支出的"倒挂"现象非常严重。基于此，人口较少民族聚居地区迫切需要建立社会救助资金的多渠道筹集机制。

一 建立合理的社会救助资金财政支出分担机制

（一）现有社会救助资金的财政支出分担机制的局限性

社会救助在现代社会保障制度中主要是一种政府行为，它充分体现了政府的当然责任。1994年，我国所实行的分税制改革强化了中央政府在宏观调控中的作用，以及中央政府在财政资源获得中的主体地位，中央政府与地方政府的财权分配表现为"倒三角"，越向地方财政权力越弱。而事权分配却呈现为"正三角"的形态，越往基层，经济社会管理及支出的责任就越重，这种财权和事权不对称的问题同样表现在社会救助领域，地方政府在承担了社会救助管理主体责任的同时，却缺乏相应的财权保证。

在我国多级政府宪政框架之下，确立了以公共财政制度为基础的社会救助制度分级负担的财政安排。在有中央、地方以及地方间财政分级负担的救助项目上，由于中央和地方以及地方各级政府在财政分担原则、测算方法、分担比例等问题上没有数量化的制度蓝本，因此社会救助支出资金的划分更多的是不同级次政府之间博弈的结果。[1] 而通过不同级别政府之间的博弈所确立起来的财政支出分担机制会导致社会救助资金缺乏稳定性，波动较大，从而不利于我国城乡社会救助制度的稳定和可持续的发展。

我国政府长期以来实行城镇优先发展策略，人力、物力和财力都向城镇集聚，在城镇得到快速发展的同时，也吸引了大量社会资金的涌入，各项公共服务资源都在向城镇倾斜。与此相反，农村作为各种资源的输出者，却面临着经济发展滞后、公共服务匮乏和贫困人口众多的窘境。所以，作为一项主要依靠财政拨款的社会保障制度，我国的社会救助制度之所以会处于城乡二元分割的局面，现行的城乡二元财政体制无疑是一个很重要的原因。

我国城乡二元财政体制的一个重要表现就是对城镇与农村分别采用不同的财政支付安排，城镇居民享受着水平较高的教育、完善的医疗卫生服务、高补助额度的社会保险和较高水平的社会救助。而在农村，基本公共

---

[1] 江治强：《我国社会救助的财政问题与对策探析》，《山东社会科学》2008年第5期。

服务的供给明显不足，有一部分能通过政府财政予以解决，而另外一部分只能通过向农民变相集资、摊派等方式自行解决。这既加剧了农民的负担，降低了其享有基本公共服务的意愿，又进一步扩大了城乡间基本公共服务的供给差距。2014年，农业支出在我国财政总支出中的所占比重仅为9.3%，如果除去农田水利、交通和通信等基础设施的建设资金，真正用到农民身上的公共财政支出在财政总支出中的比重大约仅为4.0%，农村在义务教育、医疗卫生和社会保障等各个方面所得到的投入与城镇相比，都有着较大的差距。[①] 目前，我国城镇基本公共服务主要是由省、市两级财政承担，农村基本公共服务则主要是由县级财政来负责，而县级财政的薄弱直接导致了城乡间基本公共服务的差距被越拉越大。

(二) 加大中央财政对人口较少民族聚居地区转移支付的力度

鉴于人口较少民族聚居地区县级政府的事权很大而财权却很小，所以必须加大中央财政对人口较少民族聚居地区县级财政转移支付的力度，否则的话将难以为当地特别是农村地区的社会救助工作提供充足的财力支持。以贡山县为例，该县的地方财政收入长期是云南省所有129个县（市、区）中最低的，以贡山县现有的财政收入水平，县级财政对农村最低生活保障的资金支持必然会受到严重的制约。课题组发现，纳入2013年度财政预算的贡山县城乡最低生活保障工作经费仅有5万元，这势必会严重影响到当地农村最低生活保障制度的实施效果。[②]

我国现有的转移支付手段主要包括财力性转移支付和专项转移支付，财力性转移支付是为了弥补财政实力薄弱地区的财政缺口，由中央财政安排给地方财政的补助。专项转移支付是指上级政府为了实现特定的宏观政策目标，以及对下级政府供给具有溢出效应的公共服务进行补偿而设立的专项补助资金，专款专用，按照有无配套资金的要求，可划分为无配套专项转移支付和配套专项转移支付两种类别（见表3-3）。财力性转移支付在补充县级政府财力方面作用明显，而专项转移支付的目标性很强，具有一定的政策引导意义，但其对于配套资金的一些规定导致许多贫困地区无

[①] 王岳含：《财政分权体制下的城乡基本公共服务均等化研究》，中国经济出版社2016年版，第142页。

[②] 刘苏荣：《人口较少民族聚居地区农村最低生活保障分析——基于对我国3个人口较少民族自治县的调查》，《贵州民族研究》2015年第6期。

力去申请，所以要尽量减少乃至取消对人口较少民族聚居地区在县级配套资金方面的要求。

表3-3 现行中央财政对地方转移支付分类

转移支付类别	具体内容
财力性转移支付	一般性转移支付
	民族地区转移支付
	调整工资转移支付
	农村税费改革转移支付
	县、乡财政困难转移支付
	其他财力性转移支付
专项转移支付	基础设施建设
	天然林保护工程
	退耕还林还草工程
	贫困地区义务教育工程
	社会保障制度建设
	公共卫生体系建设

资料来源：王岳含：《财政分权体制下的城乡基本公共服务均等化研究》，中国经济出版社2016年版，第189页。

（三）建立制度化的社会救助资金财政支出分担机制

以城乡最低生活保障制度为例，我国的现实国情是地区之间的经济社会发展水平极为不平衡，因此城乡最低生活保障制度更加适合采用中央负责型的筹资体制。我国城乡最低生活保障制度建立以来的改革实践，已经验证了中央财政向地方政府的转移支付对于推动中西部省份落后地区城乡低保制度的发展和提高地区公平性的巨大作用。在未来的城乡低保制度发展过程中，应该明确中央财政要在低保支出中承担主要责任，并以法律法规的形式将其制度化。事实上，低保资金单靠任何一级政府来完全负担是不可能的，低保资金完全由地方政府承担则会降低低保减贫效果的地区公平性，而完全由中央政府承担则有可能影响地方政府对低保资金的有效使用。因此，应在考虑各地实际经济社会发展状况的基础上，建立多层次的低保资金财政支出分担机制。① 鉴于我国各地的经济社会发展状况存在较大的差异,同时又要确保低保资金财政支出分担机制的约束力,建议以省为单位来建立中央、省、市和县各级财政的低保资金财政支出分担机制。

鉴于人口较少民族聚居地区是我国经济社会发展最落后的地区之一,因此在农村最低生活保障资金的筹集问题上,课题组建议对人口较少民族聚居地区适当采取倾斜政策。具体来说,就是由中央和省级财政承担当地农村最低生活保障资金的大部分,市级财政承担小部分,取消县级财政的配套资金。② 令人欣慰的是,课题组在 2015 年回访时得知,包括兰坪县和贡山县在内的整个怒江州,从 2014 年开始其农村最低生活保障资金的全部、城镇低保资金的绝大部分(86.76%)都是由中央财政和省级财政来承担,当地市、县两级财政在配套资金方面的压力得到了较大程度的缓解。

二 实现政府机构与非政府组织的密切合作

当前,我国城乡社会救助资金的来源渠道比较单一,基本上完全依赖各级政府的财政投入,这在很大限度上影响了社会救助的实际效果,导致一些困难群众无法享受到应有的社会救助。而在人口较少民族聚居地区,地方政府的财力尤其薄弱,难以独自承担城乡社会救助资金的沉重压力,这个时候迫切需要借助社会上的各种力量来分担此压力。基于我国人口较少民族聚居地区的种种客观现实,通过地方政府部门与非政府组织的密切合作,来妥善解决社会救助资金的短缺问题,无疑是一种比较好的策略。

(一)非政府组织参与人口较少民族聚居地区城乡社会救助工作的必要性

毋庸置疑,在我国的城乡社会救助事业中,政府的主导作用应该加强,但随着当前中国政府围绕着"小政府、大社会"的政治体制改革目标,各级政府正在由"管理型政府"转变为"服务型政府"。改变政府部门"大包大揽"的局面,让非政府组织实质性地介入城乡社会救助工作,

---

① 肖萌等:《中央与地方政府在社会救助中的责任分配》,载王治坤、林闽钢主编《中国社会救助:制度运行与理论探索》,人民出版社 2015 年版,第 88 页。

② 刘苏荣:《人口较少民族聚居地区农村最低生活保障分析——基于对我国 3 个人口较少民族自治县的调查》,《贵州民族研究》2015 年第 6 期。

与政府部门在城乡一体化社会救助体系建设中实现优势互补,无疑是当前我国社会救助工作发展的必然趋势。非政府组织最大的优势就是它可以为那些在政府社会救助工作中没有覆盖到的边缘性弱势群体提供相应的社会救助服务,以下是政府部门与社会组织在社会救助事业中的优劣势比较。(见表3-4)

表3-4　　政府部门与社会组织在社会救助事业中的优劣势比较

比较项目	政府部门	社会组织
组织结构的特点	财力雄厚,组织动员能力强。	资金相对薄弱,组织化水平较低。
与被救助对象的联系	与公众的联系相对较少,提供的服务具有程序化的特点。	贴近贫困群体,沟通能力强,创新性强。
救助成本比较	科层体系决定了救助成本较高。	灵活的架构决定了救助成本相对低廉。
对弱势群体的关注度	提供的救助具有"刚性"特点,难以覆盖全部弱势群体。	灵活性强,可"缝补"救助政策的缝隙。

资料来源:肖莎:《社会组织在社会救助事业中的参与:合作与互动》,《经济体制改革》2010年第6期。

与政府部门不同,非政府组织的社会救助项目一般不以追求大范围覆盖为主要目标,而是强调以其零星的项目点带来较大的社会效益,这一特性能够有效地改善政府部门主导的社会救助工作重视救助覆盖范围而相对轻视救助质量的固有缺陷。此外,这一特征也使非政府组织能够有效发掘与弥补政府社会救助工作中的一些遗漏环节,在一些容易遭到忽视的领域提供相应的社会救助服务。另一方面,政府部门主导的社会救助必须注重其公平性,因此往往不得不忽略各个社会救助者之间的个性化差异。然而,非政府组织作为一种社会力量,由于其不承担提供社会救助服务的义务,故其不需要过多地关注公平性问题,这便使得由非政府组织主导的社会救助能够更加因地制宜和个性化地满足受助者的需求。非政府组织有着较强的社会动员能力,这使其能够有效动员各方社会力量都加入扶贫济困的事业当中。①

(二) 非政府组织参与人口较少民族聚居地区城乡社会救助的现状

课题组在人口较少民族聚居的6个县（市）均体会到了非政府组织在社会救助领域所发挥的重要作用，这充分证明了非政府组织参与城乡社会救助工作的可行性。以下是2015年陇川县中小学生所获得的教育救助统计表，从中我们可以看到，其中大多数的救助资金来自各种非政府组织，比如中华红丝带基金会、中国教育发展基金、浩德国际儿童基金会和利玛窦社会服务基金会等。（见表3-5）

表3-5　　　　　　2015年陇川县学生资助情况统计表

序号	项目名称	项目资助机构	项目金额（万元）	项目人数（人）	备注
1	考入中高等院校残疾学生资助项目	州、县残联各分担50%的资金	8.65	32	本科17人，3000元/生，专科11人，2500元/生，中专4人，2000元/生
2	救世军奖学金项目	香港救世军	5.60	80	高中40人，800元/生；初中40人，600元/生
3	利玛窦助学金项目	利玛窦	5.00	504	小学331人，80元/生；学前班173人，150元/生
4	中国光彩事业基金会	中华红丝带基金	11.38	175	孤儿单亲学生，130元/生/月，3—7月份
5	中国教育发展基金	中国教育发展基金	13.48	189	二中107人，800元/人；二小82人，600元/人
6	高考新生入学路费补助	省级财政资金	0.75	13	省外2人，1000元/人；省内11人，500元/人

---

① 金红磊：《民族贫困地区社会救助的政府与NGO合作问题研究》，中央民族大学出版社2016年版，第43页。

续表

序号	项目名称	项目资助机构	项目金额（万元）	项目人数（人）	备注
7	德龙集团捐资助学	企业资金	10.00	20	20人，5000元/人
8	百荣教育关爱资金	州级财政资金	7.60	46	在校中小学生31人，每人1000元；应届高中毕业升入二本以上15人，每人3000元
9	香港救世军项目	香港救世军	2.40	8	应届高考升入二本以上8人，每人3000元
10	云南优秀学子奖学金项目	省级财政资金	4.00	8	升入中央直属129所院校学生，8人，每人5000元
11	县总工会金秋助学项目	省级财政资金	18.90	100	应届生86人，在校生14人，分三档，3000元/人；2000元/人；1000元/人
12	县民政助学项目	州级财政资金	28.85	163	当年考入大学学生；一等2000元/人；二等1500元/人；三等1000元/人
13	德宏州优秀学子激励工程资助项目	州级财政资金	4.20	14	2015年高考升入二本以上院校的14人，3000元/人
14	陇川县工商联助学项目	福建商会筹资	12.50	67	分三档，3000元10人；2000元45人；1000元12人
15	上大学困难补助	县级资助中心资金	0.30	1	3000元/1人，张国珍，户撒东么人，被云师大商学院学前教育专业录取

续表

序号	项目名称	项目资助机构	项目金额（万元）	项目人数（人）	备注
16	孤儿、留守儿童资助项目	中华浩德国际儿童基金会	42.59	273	每人每年1300元
17	患肾衰学生医疗补助	县级资助中心资金	0.20	1	高斌，2000元/人，东川移民（王子树中学初三学生），临时救助
18	患白血病学生医疗补助	县级资助中心资金	0.20	1	王鹏顺，2000元/人（景罕中心小学4年级）
19	北汽国际公司	企业资金	3.10	21	高中10人，每人2000元；初中11人，每人1000元
20	升入中央直属院校学生补助	省级财政资金	3.50	7	7人，5000元/人
	合计		183.19	1731	

目前，陇川县共有在校孤儿280人，留守儿童2399人，进城务工子女1158人，这些群体都是当地教育救助工作重点关注的群体。在校孤儿的帮扶救助基本得到了全覆盖，比如，2013年有271名孤儿得到中华浩德国际儿童基金会的资助，130元/生/月，资金共计35.23万元；2014年有291名孤儿得到中华浩德国际儿童基金会的资助，130元/生/月，资金共计37.83万元；2015年有302名孤儿及留守儿童得到中华浩德国际儿童基金会的资助，130元/生/月，资金共计39.26万元；另有175名孤儿还得到中华红丝带基金的资助，130元/生/月，资金共计22.75万元。

2013年7月23日，CBM社区康复合作项目兰坪点社区康复培训项目正式启动，CBM是"克里斯多夫国际防盲协会"的英文简称，成立于1908年，是一个致力于为发展中国家的眼疾病人、盲人及其他残疾人提供服务的国际机构，当前CBM在全球100多个国家支持着近1000个相关项目。2013年，CBM社区康复合作项目兰坪点共培训社区康复协调员65人，筛查0—15周岁肢体残疾儿童25人，其中1名肢体残疾儿童符合接受免费肢体矫正手术。从2013年起，兰坪县被列为CBM残疾人社区康复试点县，2013—2014年CBM共在兰坪县投入资金近40万元，对兰坪县残疾人工作在社区康复知识、社区康复理念、社区康复培训、国际康复专家下乡指导、建立残疾人自助组织和扶持残疾人自主创业等方面开展了大量的工作。2013年下半年至2014年，兰坪县残联组织开展了项目的启动、组织残工委成员单位负责人、社区康复员和全体残疾人工作者进行了培训，组织了一批残疾人康复专家到全县8个乡镇进行调查和指导工作，组织专业机构实施残疾人手术康复等大量的工作。CBM残疾人社区康复工作在2014年4月通过了由世界各国十余名专家组成的项目中期评估组的评估，项目的实施取得了预期的效果，并为今后兰坪县的残疾人社区康复工作打下了坚实的基础。

（三）实现政府机构与非政府组织的密切合作

非政府组织在提供社会救助服务的过程中，需要根据民族地区的特殊环境，充分发挥自身优势，具体应该做到以下几点：第一，针对民族地区社会救助范围不完整的问题，非政府组织应该充分利用自身与被救助对象的联系比较密切的优势，充分挖掘政府社会救助覆盖人群的盲区，对政策"缝隙"中的被遗漏弱势群体予以救助；第二，针对民族地区社会救助成本较高和效率较低的问题，非政府组织要利用自身社会救助成本相对较为低廉的优势，细化被救助群体，根据需求的不同给予专业性的社会救助，既保证生存性救助，也努力推行发展性救助，从根本上提升少数民族贫困地区的自我发展能力。① 课题组调查发现，所有进入陇川县教育救助领域的非政府机构，都有相关的挂靠单位，它们主要是挂靠在县政协、县红十字会、团县委、县民政、县侨办、县工商联、县妇联、县文明办和县外援办等部门和机构。陇川县在实施教育救助的过程中，一直坚持的原则是：无论任何组织或个人提供教育救助，都必须通过教育主管部门的认可，相关救助项目必须在征得教育主管部门同意后方可实施，决不

---

① 金红磊：《民族贫困地区社会救助的政府与NGO合作问题研究》，中央民族大学出版社2016年版，第44页。

允许私自单独与学校直接联系，每做一个项目当地教育主管部门都要及时报告县公安局、县外援办和县国家安全局，通过相关部门的共同监督管理来确保项目的"安全性"，这实际上是把非政府组织当成了政府部门的附庸。

鉴于此，人口较少民族聚居地区的地方政府应该与民间社会组织建立起伙伴合作的授权模式。一方面，政府应该构建与民间社会组织的平等对话机制，民间社会组织不再是政府机构的附庸和执行工具，而是与政府处于伙伴化的平等地位。另一方面，在双方合作的过程中，政府和民间社会组织要建立决策协商和优势互补机制，根据自身业务优势的不同，合理地进行资源分配和业务划分。① 总之，人口较少民族聚居地区的地方政府部门应该切实改变过去那种"高高在上"的姿态，真正以一种平等的姿态实现与非政府组织在社会救助方面的合作，以切实提高当地城乡社会救助的发展水平。

此外，还要充分发挥承担政府委托的一部分行政职能但其本身并非政府机构的一些非政府组织在社会救助中的作用，比如残联、妇联和工会等。以芒市残联为例，课题组调研发现其在残疾人教育救助方面的工作开展得很不错：一是争取各种捐资助学项目，帮助残疾儿童就学，残疾儿童的入学率不断攀升，全市现有适龄残疾儿童204名，已入学172名，因残疾程度重未入学32名，入学率84%；二是积极协调配合德宏州特殊教育学校在芒市的招生工作，目前全市在德宏州特殊教育学校就读的残疾儿童为61名；三是先后为185名考上大中专院校的残疾学生及残疾人子女发放了一次性助学补助，补助金额达43.5万元，帮助解决了一部分残疾学生及残疾人子女就学难的问题；四是利用中国残联专项彩票公益金助学项目的资金及保障金共计6.5万元，对26名贫困残疾学生及贫困残疾人子女进行了不同程度的资助。

在陇川县，课题组重点对县妇联在妇女儿童救助方面的工作进行了了解。2014年，陇川县妇联共投入资金758.022万元，开展宣传培训、扶持创业和救助慰问等工作，惠及妇女儿童1万多人；对21名春蕾桥结对

---

① 金红磊：《民族贫困地区社会救助的政府与NGO合作问题研究》，中央民族大学出版社2016年版，第146页。

儿童发放助学金 11440 元，共向受艾滋病影响的 4 名大学生兑付生活学习救助金 18000 元；实施了第八轮受艾滋病影响儿童社区关爱项目，投入项目资金 14.028 万元，对 60 名困难儿童及其家庭开展家长培训、儿童活动、教育、医疗和基本生活等方面的救助；实施了农村单亲贫困母亲住房援建项目，投入 26000 元扶持 1 户单亲家庭新建住房。

2015 年，陇川县妇联为 9 名"两癌"患病妇女争取到了医疗救助，共发放医疗救助金 2.4 万元；实施"农村单亲贫困母亲安居援建"项目，申请救助对象 2 户，发放救助资金 2.6 万元；实施受艾滋病影响儿童社区关爱项目，投入项目资金 13.5774 万元，为 59 名儿童解决了在教育、医疗、日常生活和心理等方面的实际困难。为 58 名贫困儿童和大学生争取并发放助学金 5.86 万元，先后 10 次深入基层看望慰问困难户 46 户，救助患重大疾病的妇女儿童 29 人，发放慰问物资价值 3.045 万元。

当然，更多的时候，社会救助工作需要众多政府机构与非政府组织的通力合作，而不是仅仅依靠哪一方。比如，陇川县关怀救助毒品、艾滋影响孤儿、留守儿童和无依无靠儿童时就采取了这种方法。陇川县确定县二小和县二中为专门招收特困孤儿的校点，对他们进行集中培养，使孤儿和弃儿同样享受到正常家庭孩子的教育权利，当地的特困孤儿主要包括当地的毒品艾滋影响孤儿、留守儿童和无依儿童这三种。陇川县政府多方筹集资金，每年由县委、县政府主办，县教育局、团县委和县文化局承办，通过捐资义演文艺晚会的形式向社会各界筹集救助资金，此外县政协、县红十字会（外援办）、团县委、妇联、民政、侨办、工会和工商联等部门还大力倡导单位干部职工采用"结对领养"的办法来救助当地特困孤儿。通过陇川县民政局、团委、妇联、教育局、侨办、工商联、工会、红十字会、解放军驻陇川县部队、社会团体和个人的积极配合，多方筹集资金，为特困孤儿实行全免费教育。可以说，陇川县创造出了独具地方特色的孤儿教育救助体系。①

（四）建立非政府组织参与城乡社会救助工作的长效机制

要有效地发挥非政府组织的作用，就必须建立非政府组织参与社会救

---

① 刘苏荣：《人口较少民族聚居地区教育救助的完善策略》，《贵州民族研究》2017 年第 10 期。

助工作的长效机制，尽量避免短期行为。例如，课题组在贡山县调研时就发现，云南红塔集团很好地实现了与当地教育部门在教育救助方面的长期合作：（1）2009 年，红塔集团捐赠 225.75 万元，用于贡山县一中运动场建设、教师培训、丙中洛中心校学生宿舍建设。其中县一中运动场建设费 91.18 万元，教师培训费 49.196 万元，丙中洛完小学生宿舍建设费 85.374 万元。（2）2010 年，红塔集团捐赠 129.606 万元用于教师培训、县一中校园建设、县一中教师周转房建设和捧当红塔小学的征地项目。其中教师培训费 21.41 万元，县一中校园建设项目 57.476 万元，县一中教师周转房项目 31.52 万元，捧当乡红塔小学征地项目 19.20 万元。（3）2012 年姚基金会向贡山县独龙江乡捐赠希望助学金工程款 8 万元。红塔集团捐赠 120 万元用于建设丙中洛中学综合科技楼。（4）2013 年红塔集团捐赠 160 万元用于奖学金和丙中洛中学综合科技楼建设，其中奖学金 40 万元，丙中洛中学综合科技楼 120 万元。（5）2014 年红塔集团捐赠 25 万元作为贫困学生奖学金。

但是，并不是每个非政府组织都能做到与政府机构在社会救助方面的长期合作的。例如，2013 年贡山县教育系统接受捐资助学的情况是比较令人乐观的，受到的捐助钱物达到了自 2010 年以来的历史最高峰。（见表 3-6）

表 3-6　　　　2013 年贡山县教育系统接受捐助情况汇总表

受助学校	捐赠单位	捐赠物品名称	数　　量	折合人民币	受助学生数	备注
贡山一中	国家助学金	现金		17.4 万元	134	
	涂裔章教授资助	现金		1.92 万元	20	
	中央专项彩票公益基金滋惠	现金		1 万元	5	
	北京瑞标公司	现金		1.68 万元	37	
小计				22 万元		
教育系统	红塔爱心助学工程奖学金	现金		40 万元	171	
	涂裔章大学生	现金		1000 元	1	

续表

受助学校	捐赠单位	捐赠物品名称	数量	折合人民币	受助学生数	备注
教育系统	工程队捐资助学	现金		7.52万元	51	
	红塔集团（丙中洛中学综合楼）	现金		155万元		
	云南省普通高中新生入学资助	现金		1500元	2	
	"马锅头"爱心驿站	现金		1万元		
	小计			203.77万元		
普拉底中心学校	太平洋证券股份有限公司	现金		1.1万元	21	
	"中化国际"股份有限公司	字典		4320元	360	
	救世军	现金		2.4万元	30	
	太平洋证券股份有限公司	电脑		5万元		
	普拉底派出所	现金		700元	7	
	县团委	现金		10870元	200	
	小计			10.089万元		
茨开中心学校	港澳救世军	助学款		12.92万元	323	
	小计			12.92万元		
丙中洛中心学校	古道坊	文具盒、图书		2600元	300	
	游客	圆珠笔		250元	150	
	小计			0.285万元		
丙中洛中学	马锅头爱心驿站	报纸、杂志	21种	3972元	530	

续表

受助学校	捐赠单位	捐赠物品名称	数　量	折合人民币	受助学生数	备注
丙中洛中学	马锅头爱心驿站	电视机、洗衣机	18套	31.88万元	1060	
	马锅头爱心驿站	学生学杂费（上高中）	人均3000元	6万元	20	
	法国天主教会	现金	人均600元	3.9万元	65	
	小计			42.1772万元		
独龙江中心学校	丽江市旅游局	教学用品	54套	30万元		
	上海市爱心人士	药品	2件	5600元		
	香港恩泽慈善基金	图书	1000册	1万元		
	昆明爱心人士	学生各种用品		8600元		
	第六届"同一个太阳，同一份温暖"	学生各种用品		10.5万元		
	云南安瑞机电设备技术开发有限公司	图书	10000册	9万元		
	小计			51.92万元		
捧当中心学校	东莞岁月	学习用品	878套	1.4882万元	485	
	华信通信	形象记忆法	430本	860元	485	
	友谊书城	衣物、图书		2250元	485	
	南油小学	生活用品		7.6841万元	485	
	龙岗小学	乒乓球、球拍		4500元	485	
	索德士	生活用品		6.524万元	485	

续表

受助学校	捐赠单位	捐赠物品名称	数　量	折合人民币	受助学生数	备注
小计				16.4573 万元		
受助生总数				10397 人次		
合计				359.6185 万元		

2010 年，贡山县教育系统共计接受社会团体及爱心人士捐款捐物约 214 万元；2011 年，收受各类捐资助学款共计 232.9628 万元；2012 年，收受各类捐资助学款共计 244.6743 万元；2013 年，收受各类捐资助学款共计约 359 万元；2014 年，共计收受各类捐资、捐物助学款项约 96 万元。2014 年以来捐资助学款急剧下降的一个主要原因就是贡山县没有构建起非政府组织参与教育救助的长效机制，一些非政府组织在当地的社会救助行动很多时候只是一种短期行为。

第三节　完善农村居民家庭经济状况核对机制

居民家庭经济状况核对是我国城乡社会救助管理工作的一个极其重要的环节，鉴于人口较少民族聚居地区的社会救助对象绝大多数居住在农村，因此农村居民家庭的经济状况核查对于当地的农村社会救助工作来说就显得至关重要了，但是我国当前的农村家庭经济状况核对机制却存在着种种缺陷，亟须进行完善。《社会救助暂行办法》对居民家庭经济状况核对工作的具体内容和方法规定得不甚清楚，显得有些粗线条，其可操作性并不强。此外，对于民政部门来说，准确地收集和验证城镇低保申请人的家庭经济收入及财产信息都可能会使行政成本变得比较高昂，而与城镇家庭相比，我国农村居民家庭经济状况的核对难度更是要大得多，需要付出的行政成本只会更高。

一　我国现有农村居民家庭经济状况核对机制存在的弊端

在人口较少民族聚居地区，由于绝大部分贫困人口都是居住在农村，农村低保人口也远远多于城镇低保人口，因此当地农村居民家庭经济状况的核对问题显得尤为重要。由于受人力和物力的制约,以及出于控制行政成本的考虑,我国很多地方把本来应由乡(镇)政府承担的农村低保申请者家庭经济状况核对工作委托给了村委会干部。我国农村地区传统的家庭经济状况核对手段(入户调查、邻里访问和信函索证)是基于传统的"熟人社会"和高度信任的人际关系之上,随着收入结构多样性的发展,农村居民的家庭收入呈现出浮动性、不确定性和隐蔽性等新特点,因此核对工作的难度在逐渐加大,往往难以做到精确统计。[①] 总之,由村委会干部来执行农村低保申请者的家庭经济调查,会导致无法保证其调查方法的科学性,加上农村的"熟人社会"背景,难免会掺杂进一些个人主观因素在里面,进而无法保证其调查结果的准确性。

此外,现行的农村居民家庭经济状况核对机制在实施过程中往往会遇到一些难以处理的细节问题:一是家庭收入通常难以准确地测量。在人口流动日益加快的情况下,要想准确地判断一个农村家庭是否贫困以及具体的贫困程度,实际上是比较困难的,尤其当这个家庭的主要劳动力外出务工的时候,就更加无法判断留守在家中的老人以及妇女儿童的生活究竟是否困难了。二是收入不稳定给农村低保户的甄别带来了种种困难。例如,一些本来经济条件较好的农民因为所从事的产业受品种、气候、季节以及其他人为因素的影响而导致收入减少并造成贫困;一些农民因为建房、经营失败或者给儿子娶媳妇导致生活困难并陷入贫困;个别家庭因为子女赌博或吸毒而致使家庭生活陷入困境;等等。[②] 总而言之,要精确核对农村最低生活保障申请者的家庭具体收入和财产状况,在我国当前的居民家庭经济状况核对机制下实际上是很难做到的。

此外,农业收入难以货币化衡量也是制约核对农村居民家庭经济状况的一个关键性因素。农村经营性收入的计算,需要根据各类农产品的价格和成本投入进行具体的核算,一方面价格易受市场波动等各种复杂因素影响;另一方面不同家庭在农业经营中的投入成本也不尽一致。同时,不同质量、级差的土地和不同的经营者会导致不同的产量,更是增加了农业收

[①] 杨立雄:《低收入家庭经济状况核查制度研究》,载邓大松、刘喜堂、杨红燕主编《当代中国社会救助制度:比较与借鉴》,人民出版社2014年版,第203—205页。

[②] 景天魁等:《当代中国社会福利思想与制度:从小福利迈向大福利》,中国社会出版社2011年版,第142—143页。

入核算的难度。① 因此，为了确保我国城乡社会救助体系的公平和公正，建立更为科学和更加符合我国国情的农村居民家庭经济状况核对机制已经是刻不容缓。

以兰坪县和贡山县所在的怒江州为例，当地已成立了怒江州居民家庭经济核对中心和下辖四个县的居民家庭经济核对中心，机构性质为民政局下属公益一类事业机构，但因为当地绝大部分的贫困人口均生活在农村，加上当地交通状况极差、自然环境恶劣和地广人稀，所以居民家庭经济核对工作面临着极大的现实困难。截至 2015 年底，整个怒江州的居民家庭经济核对中心只是停留在形式上，实际上并没有正常地开展相关工作。

二 完善策略

（一）以县为单位制定农村居民家庭经济收入的认定办法

由于我国各地区的农村经济发展水平差距较大，因此建议农村居民家庭收入和财产的计算标准应该以县为单位来制定。计算指标项目应该尽量明确、简化和易于测量，从而有利于基层工作人员迅速准确地评估当地农村居民家庭的经济状况。与城镇居民家庭不同，农村家庭的收入主要来源于农业经营收入，但农业经营收入的类型多且计算很复杂，因而在实际操作中基本无法准确地计算农村家庭的实际收入。从我国各地的实践来看，在核实居民家庭收入时，强调的是"因地、因人和因户制宜"。② 一般来说，在实际的农村居民家庭经济状况核对工作中，为了确保调查结果的准确性，需要尽可能排除掉农作物收成的季节性及自然灾害的影响。

江治强认为：只需要在某一辖区内采用相同的收入量化测算方法，就可以保证不同申请者获得同等的社会救助机会以及低保补差的公平性。农业生产收入核算，可以有两种简化的方法：一是以县（市、区）农业生产一般收入水平为核算基数，通过劳动力系数折算来量化申请家庭的实际收入。二是以县（市、区）农业经营性土地一般产量水平为核算基数，依照去年同等作物的市场价格，再根据土地质量和劳动力系数折算来量化

---

① 江治强：《完善农村低保家庭经济状况核查机制的思路和对策》，王治坤、林闽钢主编《中国社会救助：制度运行与理论探索》，人民出版社 2015 年版，第 138 页。
② 杨立雄：《低收入家庭经济状况核查制度研究》，载邓大松、刘喜堂、杨红燕主编《当代中国社会救助制度：比较与借鉴》，人民出版社 2014 年版，第 214 页。

申请家庭的实际收入。对于农村家庭的副业经营收入（指的是打工和做小买卖等非固定从业收入），其核算应当首先对低保申请家庭是否存在此类收入进行事实认定，不能提供收入证明的，应当以其所在地区相同行业平均收入水平为基础，再通过劳动力系数来进行折算。[①] 上述核算方法的优点是可以通过合理设置劳动力系数来充分体现不同家庭劳动力的具体状况，从而能较为精确地认定家庭农业生产或者副业经营的实际收入水平，而以县级为单位是与县级民政部门的审批权相一致的，它能最大限度地确保农村家庭经济状况核查工作的公平与公正。

课题组在陇川县和芒市调查时，发现当地县（市）人民政府在2013年6月均发布了《农村居民最低生活保障对象家庭收入核算办法（试行）》，其主要内容如下：

（一）农村居民申请最低生活保障的，按其申请前12个月内的家庭收入总和计算家庭收入。

（二）农业经营性收入。包括从事种植、养殖及加工等农林牧渔业的生产收入。种植粮食、蔬菜、瓜果、烟叶、甘蔗、橡胶、柠檬、咖啡等按实际的收入扣除成本（包括耕地、种子、播种、浇水、追肥、防虫、收割等）后的余数（亩纯收入）乘以种植面积计算。承包田地和山林的收入也可按产出物资折价总和的30%来计算纯收入。计算种植收入时，应根据土地质量、劳动能力、成本投入、田间管理、年景丰歉和价格波动等方面差异，实事求是，准确把握。从事养殖业，收入按出售总额的10%计算纯收入。家庭养殖家禽、牲畜等，则按市场价格扣除成本后计算收入，其中家禽养殖鸡、鸭、鹅总数在10只以下的，原则上不计入家庭收入。

（三）财产性收入。包括出租或变卖家庭财产收入，转租承包土地经营权等收入，出让无形资产、特许权收入，储蓄存款利息、有价证券红利、储蓄性保险投资及其他股息和红利等收入，集体财产收入分红和其他财产收入。财产性收入按实际发生数额计算，有协议、裁决或判决的按协议、裁决、判决的数额计算，无协议、裁决或判决的转租承包土地收入按

[①] 江治强：《完善农村低保家庭经济状况核查机制的思路和对策》，王治坤、林闽钢主编《中国社会救助：制度运行与理论探索》，人民出版社2015年版，第143—144页。

照每个村转包土地的平均数额计算。

（四）转移性收入。包括亲友馈赠、赡养费、扶养费或抚养费，依法继承的遗产或接受赠产。关于赡养费的计算，首先计算其子女（继子女）家庭的人均月收入，其子女（继子女）家庭人均收入低于低保标准的视为子女（继子女）无力向父母（继父母）提供赡养费。其子女（继子女）家庭人均收入高于低保标准的，超过部分的50%计算为赡养费，如果被赡养人有多个，则应付赡养费除以被赡养人数得出每个赡养人的赡养费。关于抚养费的计算，夫妻离异，不与未成年子女或不能独立生活的子女一起生活的，应负担子女的抚养费；只有一个子女时抚养费按其总收入的20%计算，有多个子女的每增加一名子女，给付的抚养费增加其收入的10%，最高不超过其总收入的50%；有抚（扶）养能力的父母、兄弟、抚养残疾子女和抚养未成年弟妹按其收入超出农村低保标准以外部分的30%计算抚（扶）养费。赡（抚、扶）养费的给付经法院或协议生效的，实际高于上述计算标准的，按实际给付额计算。

（五）工资性收入。包括工资、离退休金、养老金、补偿金及各种保险金、退职生活费、工资性资金、遗属补助等收入，务工、劳动报酬及其他劳务活动所得收入。德宏州最低工资标准为每月930元，农民上年度纯收入4186元/人/年。被人雇用驾驶大客车、货车，每人每月按1000元计算收入；小客货车（含小四轮）每人每月按800元计算收入。外出打工六个月以上的按实际收入计算，无法核定收入的在北京、上海、广东、深圳等经济发达的省市按每人每月800元计算收入，在其他省市打工的每人每月按600元计算，在本县打工的有一技之长每人每月按500元计算收入，其他则按每人每月300元计算收入；短期（3个月）外出打工，人力车运输、小商小贩以及雇工、钟点工、修理工及其从事家政服务，社区服务和第二职业人员，超过月最低工资标准的按实际收入计算，无法核定收入的按月最低工资标准计算，残疾人和超过就业年龄人员可按上述标准分别下调30%、20%来计算收入。从事个体生产经营收入的计算，办理了营业执照的，按国税、地税部门核定的纳税营业额的20%来计算其收入，残疾人和超过就业年龄（男60周岁，女55周岁以上）人员可按上述标准分别下调30%、20%来计算收入。

应该说，陇川县和芒市的《农村居民最低生活保障对象家庭收入核算办法（试行）》还是具有一定的可操作性的。同时，课题组在调查中还了解到陇川县针对农村种植业和养殖业的收入折算办法还做出了较为详细的规定，该办法从2013年下半年开始执行。（见表3-7）

表3-7　农村低保对象家庭收入主要农作物种植产量及纯收入参考数据表　（单位：元）

地区	农作物名称	每亩折合现金纯收入
坝区	稻谷	400
	香料烟	1000
	苞谷	300
	甘蔗	500
	西瓜	300
	土豆	300
	其他经济作物	
山区	稻谷	200
	甘蔗	300
	苞谷	200
	茶叶	200
	油菜	200
	核桃	800
	麻竹	300
	草果	500
	八角	400
	香茅	300
	其他经济作物	

备注：其他经济作物的现金由陇川县民政局根据当年的市场价格确定。

（二）将家庭财产和经济支出纳入农村居民家庭经济状况调查的范围

除了家庭收入，其实很有必要将家庭财产也纳入农村家庭经济状况核对的范围，这样更能客观反映出农村家庭的实际贫困程度。郑功成认为目前各地的家计调查方法和调查内容各不相同，甚至相去甚远，而要消除这种现象，关键的做法是建立收入和财产申报制度，并将家庭财产设为能否享受最低生活保障的资格认定条件之一。① 因为，真正贫困的家庭，不仅表现在收入水平较低，也表现在家庭财产的匮乏上（这种匮乏主要是由于家庭的支出型贫困所导致的）。而在课题组的调查过程中，发现一些地方已经采用更为科学的低保资格认定方法，实际上把家庭收入和财产都包含进去了，既充分考虑了收入型贫困，也在一定程度上考虑了支出型贫困。

表3-8 陇川县农村低保对象家庭收入养殖业产量（出栏）及纯收入参考数据表

养殖品种名称	市场价	纯利润
鸡	24—66 元/只	5—15 元
鸭	25—54 元/只	5—15 元
鹅	40—80 元/只	5—15 元
鱼塘	3000—4000 元/亩	500—800 元
生猪	2000—5000 元/头	200—300 元
仔猪	300—500 元/头	50—100 元
羊	1000—1200 元/只	100—200 元
牛	3500—8000 元/头	400—800 元

例如，从2013年7月起，兰坪县和贡山县的农村低保对象按四类进行规范化管理，当地的具体实施办法如下（当年两个县的农村低保救助标准均为1668元/人/月）：（1）一类对象。指的是年人均纯收入低于1200元的家庭，未纳入五保供养的五保对象，重度残疾人（丧失劳动能力的一、二级重度残疾人），重度精神病患者（有市级以上精神病专科诊断书），多残户，艾滋病毒感染者及病人纳入此类管理，此类为长期保障对象，在动态管理中原则上不做调整，每月补助140—150元。（2）二类对象。指的是年人均纯收入高于1200元、低于1400元的家庭，主要包括重特大疾病户，长年疾病户且子女未成年，此类属相对长期保障对象。在家庭收入变化不大的情况下，原则上不做调整，每月补助120—140元。

---

① 郑功成：《中国社会保障改革与发展战略——理念、目标与行动方案》，人民出版社2008年版，第249页。

(3) 三类对象。指的是年人均纯收入高于 1400 元、低于 1600 元的家庭，原则上把变故户（天灾人祸）和上学户（子女读大学）纳入进去，每月补助 100—120 元。(4) 四类对象。指的是年人均纯收入高于 1600 元、低于 1668 元的家庭，主要是单亲户和其他困难户（生活在自然条件恶劣地区），每月补助 80—100 元。该办法最大的亮点在于：不考虑纳入低保对象的包括有微型车、货运车、客运车和轿车者，以及个体经营者、住房为砖木结构且人均面积超 50 平方米者和住房为砖混结构且人均面积超 25 平方米者。

当然，除了家庭财产和收入，家庭主要经济支出也应当纳入农村居民家庭经济状况的核对范围。钟仁耀认为：我国当前的社会救助制度是一种收入贫困型社会救助制度，存在着其自身的缺陷与局限，这种缺陷和局限主要表现为：以"收入"为标准，基本上不考虑贫困家庭的支出情况，从而无法反映各个体的实际支出情况，以及较难充分保障必要支出较大这部分群体的最低生活质量。[①]

事实上，我国不但存在大量的支出型贫困现象，而且农村地区的支出型贫困现象远远比城镇地区更为严重。课题组调查发现，人口较少民族聚居地区农村的支出型贫困是一种普遍现象，当地农民很容易遭遇"因病致贫"或"因学致贫"现象。基于此，很有必要在核对农村居民家庭经济状况时把家庭主要经济支出的因素也考虑进去，从而为人口较少民族聚居地区农村社会救助对象的认定提供更为科学的事实依据。

(三) 与精准扶贫工作衔接以确保农村低保对象认定的准确性

2013 年 11 月，习近平总书记到湖南湘西考察时首次提出了"精准扶贫"的概念，他指出"扶贫要实事求是，因地制宜。要精准扶贫，切记喊口号，也不要定好高骛远的目标"。2015 年 6 月，习近平总书记在贵州主持召开由部分省、市、自治区党委书记参加的扶贫开发工作会议，习近平在会上发表重要讲话。这次会议把精准扶贫正式确立为中国新时期的扶贫开发战略，并且用"六个精准"阐释了精准扶贫的努力方向。贫困户的致贫原因不尽一致，这就要求因户精准设计扶贫措施，习近平总书记提

---

① 钟仁耀：《支出型贫困社会救助制度建设：必要性及难点》，《中国民政》2015 年第 7 期。

出通过实施"五个一批"来帮助农民脱贫,即:通过扶持生产和就业发展一批,通过易地搬迁安置一批,通过生态保护脱贫一批,通过教育扶贫脱贫一批,通过低保政策兜底一批。①

在精准扶贫工作中,各级地方政府都投入了大量的人力、物力和财力,制定了一些系列规章制度,以确保精准识别贫困户。客观地说,各级地方政府在精准识别贫困户工作方面是做得非常细致的,其投入的行政成本也明显高于当地农村低保户识别工作的行政成本,当然其识别的精准度也是明显高于当地农村低保户的识别精准度的。我国人口较少民族聚居地区都是拥有数量庞大的农村贫困人口,贫困程度也比较深,所以实际上农村低保户与贫困户存在高度的重合性。鉴于此,如果人口较少民族聚居地区的农村低保户认定工作能有效地衔接当地贫困户精准识别工作的话,可以既节约一部分行政成本,又能较大程度地确保低保户认定工作的准确性。

例如,广西制定了《精准识别贫困户贫困村实施方案》。而在实际工作中,一些地方政府还实施了更为精确的识别方法,比如环江县在精准扶贫工作中创新了工作方法,采取"五验五评"法来精准识别贫困户。所谓的五验是:通过查验户口簿、身份证、房产证、土地承包证、林权证等的证件核验法、通过询问左邻右舍的邻里核验法、通过电话询问家庭另一成员的电话核验法、通过两工作组之间交叉复核的交叉核验法和通过对户主进行两次提问的复询核验法,确保所有分值数据精准公开。所谓的五评是:屯(村)组交流评,即在屯(村)内交换工作人员随机抽取已经评分的农户进行重评复核,相互探讨交流经验,纠正人为理解偏差,统一把握识别尺度,达到村识别相对精准的目的;村级交叉评,即乡内相邻的村工作队相互交叉开展入户核验工作,由双方工作队随机抽取对方已评农户进行核验,对比分值,找出评分差异根源,达到片区评分相对准确的目的;乡镇抽查评,即由乡镇督导组每村随机抽若干已识别户进行核验,比较分值找差异,纠正偏差,达到乡内评分相对准确的目的;群众监督评,即在开展入户调查评估评分过程中,邀请群众参与监督,达到监督感情分的目的;县督导组随机评,即由县督导组分组对全县若干乡镇农户进行核

---

① 习近平:《携手消除贫困,促进共同发展》,《人民日报》2015年10月17日第2版。

验，找出评分差异，行文纠正偏差，以实现全县范围内的评分公正和准确。

自2016年初以来，罗城县按照"低保政策兜底一批"的要求，对于符合农村低保条件的建档立卡贫困家庭按照相关程序纳入保障的范围。对于精准识别分数在59分以下尚未纳入农村低保范围的贫困人口，作为重点对象进行复查复核，把符合条件的贫困对象纳入低保范围，同时对于其他符合条件的也纳入低保范围。目前，罗城县农村低保对象总人数为61542人，低保对象与建档立卡贫困人口的重合率达72%，其中天河、小长安、乔善、纳翁和黄金等乡镇的重合率更是超过了90%。因此，建议各个县级民政局要主动与司法、人力资源与社会保障、住房与城乡建设、住房公积金管理部门、金融和车辆管理等部门加强业务联系，利用省级居民家庭经济核对信息系统这个大数据平台，准确掌握社会救助对象的家庭经济状况。与此同时，还要与省级精准扶贫大数据管理平台和残疾人信息系统的数据进行比对，最大限度提高信息录入的准确率，避免和减少信息的重复采集和录入现象，以提高工作效率，做到精确识别、精确帮扶和精确管理，为打赢脱贫攻坚战提供强有力的保障。

（四）由第三方机构开展居民家庭经济状况核对工作

2015年3月，民政部和国家统计局联合印发了《关于进一步加强农村最低生活保障申请家庭经济状况核查工作的意见》，以规范农村低保对象认定工作，该文件提出：在申请人书面声明其家庭收入、财产情况和家庭实际生活状况后，乡镇人民政府（街道办事处）的社会救助经办机构应当根据农村低保申请家庭经济状况核查内容、项目及其特点，综合考虑适用范围、人员力量、成本效率等因素，采取信息核对、实证调查、评估测算等方式开展核查。也就是说，乡镇政府（街道办事处）要承担核查的主体责任。《关于进一步加强农村最低生活保障申请家庭经济状况核查工作的意见》还提出：各地要认真总结推广通过政府购买服务等方式委托社会工作服务机构等独立的第三方组织开展农村低保申请家庭经济状况核查的经验做法，不断提高经济状况核查工作的透明度和社会参与度。

一般来说，由独立于政府部门的第三方机构开展核对工作，既可以将政府部门从具体事务中解放出来，又可以使居民家庭经济状况核对工作保持相对独立性,增强核对结果的客观性。① 随着我国城乡社会救助从单一救助向综合性救助的发展,它迫切需要社会工作专业知识的支撑和指导。而事实上,在我国一些东部沿海发达省份,社会救助工作与社会工作已经开始融合,只是在经济欠发达的中西部省份,这种发展趋势尚不明显。

在我国很多地方,街道办事处和乡(镇)政府名义上是居民家庭经济状况核对工作的责任主体,而实际上它们将大量的核对工作转移给了村(居)民委员会。大部分的村(居)干部文化程度往往不高,对相关政策的领悟水平比较有限,因此他们在核对工作中拥有极大的自由裁量权,从而表现出一定的随意性,会制造出一些"人情保"和"关系保"。社会工作机构及社会工作者可以从第三方的立场,使用专业的方法,以人性化的方式对低保申请者进行家庭经济状况核对和资格审查。这样一方面可以避免村干部那种过大的自由裁量权,杜绝"人情保"和"关系保"现象;另一方面,则可以准确地认定申请者是否具备获得社会救助的资格,从而大大提高社会救助对象的瞄准精度。

社会工作者的专业化与职业化在我国还处于刚刚起步的阶段,从2008年开始,由国家人事部和民政部制定的《社会工作者职业水平评价暂行办法规定》正式在全国推广,社会工作纳入全国专业技术人员职业资格证书制度的规划,标志着社会工作者开始走向职业化。社会工作者不仅拥有专业的伦理准则,而且也有专业的工作技巧,将社会工作者充实到家庭经济状况调查工作中来,不仅有助于提高服务质量,而且会使申请人接受到人性化的服务。社会工作者可以发挥自己的专业优势,对家庭结构、家庭规模、成员年龄、家庭成员的身体健康程度、特殊的需求、医疗救助的需求、教育救助的需求等进行调查,从而完成对家庭整体而全面的需求评估。将专业社工与专业性调查机构紧密合作,才能在了解其家庭真实的经济状况之下对家庭的需求做出适当的评估,以决定是否给予相应的社会救助,改变现有的入户调查人员有"领导视察"的感觉或施舍穷人的印象。②

---

① 江治强:《农村低保对象的收入核定及其治理优化》,《浙江学刊》2015年第4期。
② 韩玲:《家庭经济状况调查的制度完善——内地低保与香港综援制度的比较》,载杨立雄、刘喜堂主编《当代中国社会救助制度:回顾与展望》,人民出版社2012年版,第256—257页。

第四节 充分发挥宗教和民族传统文化的作用

我国很多人口较少民族都是信仰宗教的，他们信仰的宗教往往都教化人们弃恶扬善和帮助危难之人，而且人口较少民族聚居地区的一些宗教组织会从事一些公益慈善活动来达到"扶弱济贫"的目的。与此同时，共同的民族文化则导致人口较少民族内部团结互助的群众基础比较好，在生产生活中遇到困难时，彼此之间往往都会伸出援手。因此，在人口较少民族聚居地区开展社会救助工作时，应该充分发挥宗教和传统民族文化的积极作用，把它们当作可利用的资源，从而把当地尤其是农村地区的社会救助工作做得更好。

一 鼓励人口较少民族聚居地区的宗教组织从事公益慈善活动

（一）人口较少民族宗教信仰概况

我国的很多人口较少民族都是信仰宗教的，就云南和广西来说，当地的人口较少民族主要是信仰基督教、天主教和佛教。20世纪90年代以后，德宏州的基督教进入了一个快速发展时期，据有关资料显示，在1990—1999年，当地的基督教信徒人数从18457人增加到29550人，平均每年增加1109人，年平均增长率约为6%，略高于云南全省同期年平均增长率4.5%的水平。在1999—2003年的4年间，基督教信徒人数从29550人增加到了41559人，平均每年增加2401人，年平均增长率约为8.1%，略低于云南全省同期年平均增长率8.3%的水平。在陇川县，1957年全县有景颇族信徒905人，占信徒总数的89.0%，2005年有信徒3120人，增加了近2.5倍，占信徒总数的比例减为48.5%，其中一个主要原因就是傈僳族信徒人数的大幅度增长。[①] 藏传佛教为怒江州的怒族和普米族所信仰，同时普米族还保留着本民族的韩规教；在德宏州，傣族、布朗族、德昂族和阿昌族均信仰南传佛教，基督教则在独龙族和景颇族中发展得较为迅速。

[①] 张桥贵主编：《云南跨境民族宗教社会问题研究（之一）》，中国社会科学出版社2008年版，第182—183页。

课题组在我国怒族的主要聚居地之一——贡山县丙中洛镇调研时发现，根据2013年底的统计数据，全镇共有合法的基督教活动地点9处（知名度较高的有双拉村基督教堂），信徒850人，其中男性437人，女性413人；天主教活动地点5处（知名度较高的有秋那桶村和甲生村天主教堂），信徒946人，其中男性486人，女性460人；藏传佛教活动地点5处（知名度较高的有甲生村普化寺），信徒1970人，其中男性930人，女性1040人。课题组专门对甲生村进行了调研，截至2013年底，该村共有人口1442人，其中怒族714人，还有傈僳族、藏族、独龙族等其他民族，少数民族占总人口的98%，而怒族就占了总人口的50%。信教人口占甲生村总人口的63%，其中藏传佛教信徒占总人口的36%；天主教信徒占总人口的15%；基督教信徒占总人口的9%；其他宗教信徒占总人口的3%。

（二）宗教组织从事公益慈善的可行性

慈善事业是指人们在没有外来压力的情况下奉献爱心与援助的行为，简单地说就是"扶弱济贫"，其服务对象与社会救助事业一样，都是社会弱势群体。实际上，我国的各种慈善组织承担了一部分本应属于政府的社会救助责任。只不过，社会救助是建立在国家法制基础之上，具有强制性，而慈善救助则是建立在公众自愿的基础之上，具有自愿性。① 2012年2月出台的《关于鼓励和规范宗教界从事公益慈善活动的意见》提出：要根据自身的特点，引导宗教界扬长避短，在最能发挥自身优势、体现自身价值的公益慈善领域开展活动。该文件实质上给我国宗教界参加社会公益慈善活动提供了制度保障。

一般来说，慈善事业的兴起与宗教有着不解之缘，宗教是中国慈善事业中的"常春藤"。例如，佛教慈善在中国有着悠久的传统。历史上，历朝历代的佛教都有兴办义学、开设义庄、造船义渡、补桥修路等多个领域的慈善福利事业。②

而在当代的中国，宗教界在从事慈善事业方面也表现得比较活跃，比如2008年5月12日发生了汶川大地震之后，许多宗教团体积极参与了对

---

① 许艳丽：《社会救助与慈善事业衔接的路径选择》，《新视野》2016年第4期。
② 阜新平、郑筱筠：《宗教慈善与社会发展》，中国社会科学出版社2015年版，第6—7页。

当地灾民的救助。

现代社会转型时期的公益慈善事业已经不再是为了慈善而慈善,而是成为了解决一些社会问题的有效手段,是我国现有社会救助制度的一种有益补充。慈善事业所包含的利他、无私等价值诉求或多或少都可以在宗教教义中发现,宗教教义的价值取向与慈善的价值追求具有一致性。① 对信仰虔诚的信教群众来说,参加慈善活动是对其宗教信仰的最好实践。因此,人口较少民族聚居地区的民族宗教管理部门在做好日常宗教事务管理的同时,也要与民政等部门通力合作,引导信教群众帮助自己身边的弱势群体,从而推动民间慈善事业的发展。

总而言之,慈善事业其实是宗教社会功能的最好体现,因此建议人口较少民族聚居地区的地方政府部门,尤其是民族宗教事务部门要充分认识到宗教信仰在促进当地的城乡社会救助事业方面所发挥的积极作用,鼓励和合理引导当地的宗教组织在遵守国家有关法律的前提下,弘扬宗教的利他精神,积极从事公益慈善事业,成为当地社会救助工作的有益补充。

(三)人口较少民族聚居地区宗教组织从事公益慈善的现状

课题组调查发现,在芒市和陇川县表现得比较活跃的宗教慈善组织主要是世界宣明会和利玛窦社会服务基金会,它们的慈善活动主要表现在对当地教学和生活设备的捐助上。(见表3-9、表3-10和表3-11)

当然,不仅是在学校教学和生活设备方面,近三年来世界宣明会和利玛窦社会服务基金会在陇川县的教育基础设施方面也投入了大量的钱物。(见表3-12和表3-13)

宗教慈善组织对陇川县和芒市的教育救助主要是在三个领域展开:一是学校基础设施建设;二是学校办学设备;三是对学生的资助。基础设施方面包括:教学楼、学生宿舍楼、实验楼、篮排球场、学生洗浴室、师生饮用水工程、食堂、餐厅、厕所和校园道路建设等;学校办学设备方面包括:计算机、教师办公桌、音响设备、学生课桌椅、图书资料、康体设施和体育器材等;学生资助方面包括:生活费、保险费、医疗费、校服费、营养费、书包、学习用品、鞋子、被褥、大米和生活日用品等。

利玛窦社会服务基金会的服务项目主要包括以下三个部分:(1)贫

---

① 崔月琴、孙艺凌:《转型期宗教慈善发展的困境及路径选择》,《思想战线》2014年第6期。

困儿童教育;(2)麻风病患者的治疗康复;(3)艾滋病患者的治疗康复。从中可以看出,利玛窦社会服务基金会对于艾滋病患者的医疗救助可以发挥重要的作用,对于艾滋病发病率比较高的德宏州来说,其现实意义无疑是比较重大的。以德宏州下辖的陇川县为例,2015年全县共开展各类人群 HIV 检测 40189 人,新检出 HIV 抗体阳性 158 人(其中:本县居民 47 人,缅甸籍人员 106 人,外县人员 5 人),现住址为陇川县的感染者总计为 1715 人,感染者管理率为 82.33%。陇川县共开设美沙酮门诊部 1 个和拓展点 7 个,新入组美沙酮维持治疗 92 人,累计入组 1509 人,在组服药 463 人(其中拉影美沙酮治疗拓展点共入组 27 人,在组服药 26 人)。全县共有清洁针具交换点 4 个,2016 年对 336 名静脉吸毒人员提供了清洁针具交换,共发放针具 1.9558 万只,回收 1.3285 万只。2015 年,全县新入组抗病毒治疗 175 例,现治疗 1184 例,累计入组 1773 例;共管理阳性孕产妇 41 例,分娩 18 例,均实施了母婴阻断服务。令人遗憾的是,因为当地政府部门对于艾滋病问题过于敏感,利玛窦社会服务基金会在芒市和陇川县所介入的社会救助项目主要还是被局限了在教育救助领域,而在其所擅长的医疗救助尤其是艾滋病患者康复方面并没有发挥应有的作用,这无疑是将来需要积极进行改进的一个方向。

表 3-9　　2013 年社会组织捐助陇川县教学、生活设备统计表

序号	项目名称	项目资助机构	项目金额（万元）	设备名称及数量
1	陇川县第五中学课桌配置	世界宣明会	2.33	学生课桌椅 100 套,233 元/套
2	陇川县第三中学电脑配置	利玛窦社会服务基金会	2.00	电脑 5 台,4000 元/台
3	城子镇中心小学太阳能配置	利玛窦社会服务基金会	2.10	太阳能 5 个,50 管/个
4	护国邦掌小学篮球架、图书配置	世界宣明会	4.88	篮球架一副,0.88 万元,图书 4 万元
合计				11.31

表3-10　2014年社会组织捐助陇川县教学、生活设备统计表

序号	项目名称	项目资助机构	项目金额（万元）	设备名称及数量
1	户撒隆光小学饮水铁皮塔	世界宣明会	0.60	师生饮用水铁皮塔1个
2	陇川县第五中学太阳能设备	世界宣明会	1.80	太阳能200管
3	户撒弄混小学篮球架	世界宣明会	1	篮球架一副
4	户撒中心小学太阳能设备	世界宣明会	8.5	学生宿舍太阳能
5	户撒芒回小学、护国中心小学、护国幸福小学康体设施	世界宣明会	5.712	学生康体设施
6	王子树帮东小学、芒亚河小学、盆都小学、户撒芒回小学、护国中心小学、邦掌小学图书柜	世界宣明会	0.182	
7	王子树帮东小学、芒亚河小学、盆都小学、邦掌小学图书柜	世界宣明会	3.379	购买图书
合计			21.173	

表3-11　2015年社会组织捐助陇川县教学、生活设备统计表

序号	项目名称	项目资助机构	项目金额（万元）	设备名称及数量	受益学校
1	校园广播系统	世界宣明会	1.40	校园广播系统1套	陇川五中
2	校园监控系统	世界宣明会	4.20	校园监控系统1套	王子树九年一贯制学校

续表

序号	项目名称	项目资助机构	项目金额（万元）	设备名称及数量	受益学校
3	教师办公设备	利玛窦社会服务基金会	2.76	电脑5台、一体打印机1台、电脑桌凳5套	王子树曼线小学
4	学生课桌椅	利玛窦社会服务基金会	2.16	学生课桌椅90套	王子树曼线小学
5	餐厅设备	世界宣明会	3.60	抽油烟机1台、四门冰箱1台、消毒柜1台、四人座餐桌20套	户撒朗光小学
6	餐厅设备	世界宣明会	3.06	抽油烟机1台、四门冰箱1台、消毒柜1台、四人座餐桌11套	户撒隆光小学
7	餐厅设备	世界宣明会	2.80	抽油烟机1台、四门冰箱1台、消毒柜1台、四人座餐桌14套	户撒芒回小学
8	餐厅设备	世界宣明会	2.65	抽油烟机1台、四门冰箱1台、消毒柜1台、四人座餐桌12套	户撒弄混小学
9	餐厅设备	世界宣明会	2.20	抽油烟机1台、四门冰箱1台、消毒柜1台、四人座餐桌4套	户撒潘乐小学
10	学生课桌椅	利玛窦社会服务基金会	2.16	课桌椅90套	王子树曼线小学
11	垃圾桶	利玛窦社会服务基金会	0.14	10个	王子树曼线小学
12	学生被褥	利玛窦社会服务基金会	1.50	100套	王子树曼线小学
13	学生高低床	利玛窦社会服务基金会	1.44	32套	王子树托盘山小学
14	学生被褥	利玛窦社会服务基金会	0.90	60套	王子树托盘山小学
合计				30.97	

表 3-12　2013 年陇川县社会组织资助教育基础设施情况统计表

序号	项目名称	开工日期	竣工日期	总造价（万元）	捐资金额（万元）	捐资机构名称
1	王子树九年一贯制学校篮球场	2013.3	2013.4	15.24	15.24	世界宣明会
2	户撒乡中心小学厕所	2013.4	2013.11	27.30	17.30	世界宣明会
3	城子镇中心校水井	2013.6	2013.6	2.10	2.10	利玛窦社会服务基金会
4	王子树乡帮东小学混泥土地平	2013.6	2013.7	5.65	5.65	世界宣明会
5	县民族中学围墙	2013.9	2013.11	10.97	7.82	世界宣明会
	合　计			61.26	48.11	

表 3-13　2014 年陇川县社会组织资助教育基础设施情况统计表

序号	项目名称	开工日期	竣工日期	总造价（万元）	捐资金额（万元）	捐资机构
1	户撒朗光小学建设大门	2014.4.8	2014.4.28	2.84	2.84	世界宣明会
2	王子树曼亚河小学学生洗浴室	2014.4.5	2014.5.10	6.92	6.92	世界宣明会
3	护国中心小学修筑校园道路	2014.4.1	2014.5.5	11.15	10.15	世界宣明会
4	清平弄弄小学校园道路及办公设备	2014.10.1	2014.11.5	12.00	12.00	利玛窦社会服务基金会
5	王子树曼亚河小学建洗手台	2014.10.13	2014.10.19	0.21	0.21	世界宣明会
合　计				33.12	32.12	

表 3-14　2015 年陇川县社会组织资助教育基础设施情况统计表

序号	项目名称	开工日期	竣工日期	总造价（万元）	捐助金额（万元）	捐资机构名称
1	县民族小学洗澡间	2015.3.6	2015.6.3	21.1047	11.1047	世界宣明会
2	五中篮球场看台及排水系统	2015.3.6	2015.4.24	9.5365	9.5365	世界宣明会
3	王子树帮东小学洗浴室	2015.3.6	2015.6.3	11.1705	11.1705	世界宣明会
4	户撒中心小学围墙	2015.3.6	2015.4.19	9.2771	9.2771	世界宣明会
5	王子树托盘山小学地面硬化	2015.5.11	2015.5.30	8.5850	8.5620	世界宣明会
6	王子树曼线小学垃圾池	2015.6.4	2015.6.25	0.5600	0.5600	利玛窦社会服务基金会
合计				60.2338	50.2108	

二　充分发挥人口较少民族传统文化的作用

人口较少民族大多居住在交通不便和信息闭塞的山区，当地居民形成了封闭而自给自足的生活模式，邻里之间和睦相处。人口较少民族的互助行为可以整合有限的资源，丰富社会救助的形式，减少贫困人口对农村低保制度的依赖性。[①] 在以往的研究中，就有一些学者调查研究了人口较少民族的民间互助情况，证明了民间互助行为在人口较少民族聚居地区是一种较为普遍的现象，而且往往有着悠久的历史。

有学者在德宏州梁河县德昂族聚居区调查发现，当地德昂族自古以来传承着帮贫助困的传统。2003 年，首先由河西乡二古城老寨的老年村民发起，村民们自发地成立了"德昂族老年互助基金协会"，由村民自愿无

---

① 起建凌：《云南人口较少民族互助行为对农村最低生活保障制度的影响研究》，《云南民族大学学报》（哲学社会科学版）2015 年第 6 期。

息集资，建立互助基金，用于帮助那些在紧要关头急需钱粮的困难群众。凡属"急遇人亡，急病就医，天灾人祸，以及建房、婚事等"需要资金时，都能得到及时转借。在传统的和谐理念和崇善精神的感召下，协会一成立就得到了德昂族群众的广泛支持，很快协会的规模就从一个自然村发展到了梁河、盈江两县德昂族聚居的 5 个自然村，居住在县城中的德昂族干部和群众也纷纷报名入会。至今，该协会已经为困难的民族群众转借了数万资金，为近百名同胞解决了困难。①

自古以来，毛南族无论做农活、狩猎、修建房子等生产劳动，还是办红白喜事，同宗族、氏族的人或亲戚朋友、邻里之间都盛行互相帮助之风。尤其是贫苦的劳动者之间，不是亲缘关系，从道德上也协力相助、同舟共济。对于缺少或没有劳动能力的孤寡老人、小孩，则代劳或扶助。有丧事者，大家出钱出力，送柴送米，代理丧事，为主家排忧解难。修建房屋者，只要有需要，人们招之即来，或自动出力，或献物援助。受援者再有类似的机会，也以同样的方式回报对方。谁家有小孩上学并生活有困难的，亲友、邻里都同情赞助，送钱送物，关心鼓励，以保证小孩完成学业。如此礼尚往来，相沿成风，从而形成劳动人民之间亲密的关系以及和谐的社会风气。②

课题组为了解 16 个人口较少民族聚居村的民间互助情况，在发放的调查问卷里专门设计了"本村群众互帮互助现象多吗？"这个问题。共计发放调查问卷 1600 份，每个村发放 100 份，实际回收 1581 份，其中有效问卷 1574 份。关于本村群众对困难家庭进行帮扶的现象，认为"非常多"的有 198 人，占 12.58%；认为"比较多"的有 1121 人，占 71.22%；认为"比较少"的有 255 人，占 16.20%。总体上来看，认为"非常多"或者"比较多"的占了被调查者总数的 83.80%，应该是一个比较高的比例，其中比较突出的是阿昌族和德昂族。（见表 3-15）

---

① 黄光成：《云南人口较少民族文化多样性研究》，中国社会科学出版社 2013 年版，第 82 页。

② 杨宏峰主编：《中国毛南族》，华夏人民出版社 2012 年版，第 199—200 页。

表 3-15　　人口较少民族村寨互帮互助现象调查

民族	村委会	本村群众对困难家庭进行帮扶的现象		
		非常多	比较多	比较少
独龙族	孔当	14	71	13
	献九当	15	58	24
怒族	丙中洛	10	79	11
	甲生	7	83	8
景颇族	营盘	16	69	13
	广瓦	3	74	22
阿昌族	隆光	16	78	5
	朗光	7	87	3
德昂族	出冬瓜	29	61	8
	勐丹	25	70	4
普米族	大羊	10	67	22
	箐花	8	72	16
毛南族	中南	11	57	31
	堂八	13	48	37
仫佬族	棉花	5	79	15
	集环	9	68	23

尽管农村最低生活保障制度是使广大少数民族群众受益良多的优惠政策，但是在许多群众的心目中，它仍然是一套高高在上的官方行政机制，是自上而下的"施与"，而朝夕相处的亲戚朋友和同村人提供的互助行为似乎更为亲切。① 客观地说，我国从事社会救助工作的民政、教育、医疗卫生和住建等部门的一些工作人员，在面对社会救助对象时，或多或少会带有一种居高临下的"施恩"心态，从而会导致个别工作人员的工作态度不积极、不主动、不热情，甚至故意刁难对方，严重伤害了社会救助对象的自尊心。相比之下，传统的互助习惯使群众在对等的互助交换中有尊

---

① 袁翔珠：《广西少数民族互助习惯研究及其在构建农村社会保障机制中的作用》，北京大学出版社 2016 年版，第 361 页。

严地享受着彼此的救助，它是一种自内而外的社会救助机制，更容易被农村弱势群体从感情上予以接受。

少数民族群众之所以心甘情愿地履行互助行为，是因为传统互助习惯的公平性。这种公平性体现在三个方面：首先，互助的机会均等。每个人都有义务为亲戚朋友或本寨人提供帮助，同时每个人都有机会获得对等的互助回报，这在婚丧、建房互助和生产互助中尤为明显。其次，互助的标准公平。每个人提供互助的标准相对是公平的。虽然存在人们自愿提供高于平均水平的互助，但是一般说来每个村寨、每个地区都有约定俗成的互助标准，群众心中都有一杆秤，会按照统一的标准去履行，不会因此而产生心理上的不平衡或矛盾。最后，违反互助习惯的罚则是统一的。如果某一群体成员拒绝履行互助义务，则将会失去别人为其提供互助的资格，进而受到集体的孤立。当然，少数民族互助习惯之所以能在较长的时期内得到执行，是因为群众在履行互助义务的同时，还拥有监督他人偿还互助义务及监督公益资金的权利。在一些民间互助组织中，如果有人不按习惯向其他成员提供帮助，将会被集体开除出组织；在婚丧互助中，一些村规民约规定，如有人在宗族"红白二事"中躲懒的，将会受到公众的惩罚；在生产互助中，如果有人在跟别人换工时干活不尽心，将会无法得到对方的还工；在扶助孤寡老人与孤儿习惯中，老人与孤儿的财产会得到公众的监督保障；在救灾互助习惯中，如果有人只顾个人利益而不顾集体的利益也将会受到公众的惩罚。① 归根结底，基本上是依靠政府财政拨款而建立起来的社会救助制度，其支付能力毕竟是有限的，在人口较少民族聚居地区尤其如此，因此必须充分动员全社会的力量才能有效地保护当地的社会弱势群体。基于此，人口较少民族群众的民间互助行为必将成为人口较少民族聚居地区社会救助制度的有益补充。

第五节　积极推进人口较少民族聚居地区的新型城镇化

作为基本公共服务的一个重要组成部分，我国城乡一体化社会救助体

---

① 袁翔珠：《广西少数民族互助习惯研究及其在构建农村社会保障机制中的作用》，北京大学出版社2016年版，第346页。

系的建设不可能孤立推进,它必须存在于当地经济社会城乡一体化进程的大背景之下。而在全国范围内,要缩小城乡差距、破除城乡二元分割结构和实现经济社会发展的城乡一体化,其根本途径必然是积极推行新型城镇化。人口较少民族聚居地区需要通过深化土地制度改革,保护农民权益,保障城镇化有序推进,在这个大前提下,当地的城乡一体化社会救助体系才有可能真正地建立起来。2016年12月,国务院发布的《"十三五"促进民族地区和人口较少民族发展规划》明确提出:在民族地区支持中小城市、重点镇、特色镇发展,重点建设一批边贸重镇、产业大镇、工业强镇和旅游名镇。

新型城镇化是克服城乡二元分割结构,构造城乡一体化的现代社会结构的主要途径,甚至是唯一途径,离开了新型城镇化,城乡一体化就是空谈。新型城镇化所要解决的是整个社会的结构问题,即城镇和乡村在产业、人口、社会等方面的结构和布局问题,其中的核心问题就是调整城乡之间的关系,促成农业和农村人口向城镇和工商业人口的转移,完成由传统农村为主体的社会向现代城镇为主体和主导的社会的转变,以达到城乡共同繁荣,共同进步。① 对于地处偏远,城镇化水平远远低于全国平均水平的人口较少民族聚居地区来说,更是需要快马加鞭,大力推进当地的新型城镇化进程。如果缺少了新型城镇化这个重要的前提条件,人口较少民族聚居地区城乡一体化社会救助体系建设的目标肯定无法实现。

一 人口较少民族聚居地区新型城镇化所面临的现实困难

(一)城镇基础设施建设严重滞后

课题组重点对兰坪、贡山、环江和罗城这4个人口较少民族自治县进行了调查,发现这4个县的城镇基础设施建设的现状很不乐观:县城规模很小,基础设施建设滞后,城市功能很不完善,因此往往只起到传统意义上的集市交易作用,而不是现代意义上的各种市场要素、生产要素集中交易的地方。

---

① 厉以宁、艾丰、石军:《中国新型城镇化概论》,中国工人出版社2014年版,第67页。

以兰坪县为例,当地的城镇基础设施建设主要存在以下几个方面的问题:(1)县城城区面积严重不足,无法充分发挥中心城镇容纳与辐射功能。(2)城镇基础设施比较落后。绝大部分城镇基础设施和公建配套不足,城镇功能发挥不够,辐射带动能力弱。(3)城镇基础设施建设和维护资金严重不足。基础设施建设资金短缺,目前以政府投资为主,融资模式单一。资金短缺造成城建资金匮乏,目前兰坪县历年拖欠的城镇建设工程款已达1.436亿元,其中市政建设工程款6510万元,污水处理项目运营费651万元,城镇保障性住房项目建设工程款3600万元,"两污"项目及配套管网建设工程款3599万元。兰坪县2015年下达城市维护费450万元,但目前城市管理一般维护费实际上仍有150万元的资金缺口,远远低于兰坪县城现有城市规模应匹配1200万元左右的实际需求水平。(4)全县8个乡镇"一水两污"项目配套建设严重滞后。8个乡镇除金顶、拉井、通甸和营盘4个乡镇安排了配套项目外,其余4个乡镇均未实施"一水两污"工程建设,乡镇机关所在地的饮水安全隐患大,两污处理难度大,"脏乱差"问题非常突出。(5)城市基础设施配套还不完善。主城区地下管网始建于1999年,70%的设施严重老化,已不能满足城镇人口日益增长的需求;城区缺少大型停车场,车辆的停放主要集中在城区道路和人行道上,乱停乱放现象常有发生,严重扰乱了县城里正常的交通秩序。

(二)县域非农经济的发展水平较低

我国大多数的县(区、市)都把第二产业的某几个行业作为县域经济发展的主导产业和支柱产业,这在经济社会发展水平落后的人口较少民族聚居地区表现得尤为明显。县域工业主要以中小企业为主,而且往往表现出矿产资源依赖、粗放经营、技术落后、高能耗和污染严重等特点,这在课题组所调查的4个人口较少民族自治县均表现得很明显。而且,人口较少民族聚居地区的第三产业普遍不发达,城镇经济的总体效益不高,缺乏产业支撑,既有的普遍存在产业规模小、链条短、现代化水平低的状况,容纳大批农村人口和劳动力转移的能力不足,从而严重制约了当地的新型城镇化进程。总之,人口较少民族聚居地区新型城镇化所面临的主要障碍是当地非农产业的发展滞后问题,因此课题组对4个人口较少民族自治县的非农产业发展现状都做了一个初步的了解。

2013年，贡山县共计完成工业总产值1.66亿元，其中发电行业和采矿业的产值达1.62亿元，占工业总产值的97.3%。也就是说，贡山县几乎就没有什么像样的工业，规模以上工业企业仅有2家，其中有1家还处于亏损状态。贡山县没有纺织、造纸、制糖、玻璃制造、木材加工、化工、钢铁冶炼、水泥等类工业企业，当地群众的生产生活物资基本都是从外地运进来的。① 在2008年以前，贡山县开发了迪麻洛河电站、嘎拉博电站、孔目电站、双拉河电站、斯得河电站、末坡河电站、普拉河电站和四季桶河电站8座小水电站，并开展了那格洛河电站、秋那桶河电站和咪谷河电站3座电站的项目前期工作，建成了日处理毛矿600吨的铁矿选矿厂，现在中小水电和矿业已逐渐成为贡山县工业经济的支柱产业，矿业方面比较知名的有丙中洛汉白玉石材、末坡铅锌矿和独龙底铁矿石。2015年，因为小水电开发的高峰期已过，在建亿元以上项目投资已面临收尾，导致贡山县固定资产投资的力度不足，因此工业产值呈现下降趋势。2015年，贡山全县完成工业总产值11227万元，比2014年大幅下降了31.1%。事实证明，过于依赖小水电和粗放式的采矿业，毕竟不是贡山县工业经济发展的长久之计，而且它对于当地非农就业的带动作用也是非常有限的。

作为我国最大的铅锌矿所在地，兰坪县地方经济的发展对于矿冶行业的依赖程度是非常高的。2008年爆发的世界金融危机对国际有色金属价格的打击是非常沉重的，从而也严重拖累了近几年来兰坪县地方经济的发展。2014年，兰坪县全年完成工业产值20.4亿元，比上年同期增加13.5%，全县5个规模以上工业企业中有一个是亏损的，企业实现利润总额0.35亿元，比2013年的1.01亿元下降了65.35%。到了2015年，形势更为严峻，兰坪县5个规模以上工业企业中就亏损3个，企业实现利润总额仅为0.05亿元，比上年的0.35亿元又下降了85.7%。目前，兰坪县非农产业存在的主要问题是支柱产业实力较弱，矿冶产业发展方式粗放，企业生产经营困难，拉动就业的能力减弱，地方产业转型升级难度大，水电、生物和旅游等产业的发展基础还比较薄弱。

作为一个典型的农业县，环江县第二、三产业存在的主要问题有：一

---

① 刘苏荣：《人口较少民族聚居地区县域经济的困境及对策研究——基于对环江、罗城、兰坪、贡山民族自治县的调查》，《改革与战略》2016年第3期。

是产业结构不合理,第二产业过于依赖对环境污染比较严重的重金属冶炼加工企业。受 2012 年 1 月河池市龙江河镉污染事件的影响,环江县涉重金属企业被当地环保部门勒令停产整顿,之后一直复产乏力,导致其工业经济总量长期偏小。二是农业龙头企业规模小,科技含量低,产品附加值低。三是通往环江县当地旅游景区的公路等级低、路况差,景点打造比较粗放,旅游基础设施建设资金的缺口较大。

罗城县第二、三产业存在的问题主要有两点:一是工业化水平低。罗城县的工业企业都是资源型的小型企业,没有形成产业规模,2014 年全县工业总产值仅为 19.33 亿元,工业经济总量在广西 91 个县域和河池市 11 个县域中均处于较低水平,工业增加值占全县 GDP 的 25.8%,远远低于全广西和河池市的平均水平。二是工业投入不足,企业融资困难,由于缺乏互保联保机构和商业性担保机构,许多有发展潜力的中小企业因资金的限制而无法做大做强。工业企业技术装备落后,创新能力不强,大部分企业的技术装备处于 20 世纪七八十年代的水平,生产工艺水平落后,产品质量不高,同时节能减排的压力还比较大。

二 人口较少民族聚居地区新型城镇化的基本策略

目前,我国城镇化的主要问题之一就是人口集聚状态的不均衡,大城市人口超饱和,中小城市和小城镇的人口容量却明显不足。中国的国情决定了城镇化转移出来的农村人口,主要应该容纳在众多的中小城市和小城镇,而不是少数大城市和特大城市。城乡一体化的实现,从空间上来说,应该特别注意城乡的联结带和过渡带,而这个联结带和过渡带就是县、镇两级。县、镇两级不仅是农村行政领导中心,也是农村经济活动的中心;不仅是农业产业化龙头企业的所在地,也是农民购买生产资料和生活资料的主要市场所在地;不仅是为农业提供现代化服务的各种机构所在地,也是整合各村资源的中心。因此,要实现城乡一体化,就必须加强县、镇两级的发展。[①] 也就是说,就近城镇化更容易实现人、业、地各种要素的结合和匹配,能够更加有效地推进新型城镇化的进程。基于人口较少民族聚

---

① 厉以宁、艾丰、石军:《中国新型城镇化概论》,中国工人出版社 2014 年版,第 159—161 页。

居地区的客观现实,"就近城镇化"和重点搞好小城镇建设无疑是比较现实的策略,此外还要大力发展当地严重落后的第二、三产业。

(一)切实搞好小城镇的基础设施建设

我国人口较少民族聚居地区县域经济发展水平较低,人口分布也较为分散,因此在城镇化进程中,把重点放在小城镇建设方面是比较现实的选择。比如贡山县的独龙江乡和丙中洛镇,兰坪县的河西乡,环江县的下南乡,罗城县的四把镇,它们分别是独龙族、怒族、普米族、毛南族和仫佬族人口高度集中的小镇,特别是独龙江乡和下南乡,人口较少民族人口占到了当地总人口的95%以上,在这些地方搞好小城镇建设,无疑具有重大的现实意义。① 在这个方面,贡山县独龙江乡就是一个很好的例子。自2010年以来,云南省各级政府累计协调落实贡山县独龙江乡帮扶项目建设资金13.04亿元(含上海市对口帮扶资金7670万元),全面实施"三年行动计划"六大工程(共22类70多个单体项)和后两年巩固提升项目工程,独龙江乡发生了翻天覆地的变化。全面完成了孔当小集镇防洪堤、集贸市场、道路、净水处理厂、供水管网等集镇基础设施配套工程和特色旅游小镇风貌改造工程,建成乡九年一贯制学校综合楼、教师流转房等教育教学基础设施3栋、国门小学1所和幼儿园1所,建成乡卫生院医技楼1栋、干部流转房2栋、广播电视发射塔1座和独龙族博物馆1座。作为我国独龙族的主要聚居地,目前独龙江乡的新型城镇化建设可谓有声有色。

以独龙江乡的"两污"项目建设为例,独龙江乡污水处理厂项目拟建于独龙江乡孔当村,主要建设独龙江集镇污水处理厂、排水管网及相关设施,规模为800m³/d,排水管网总长2.936km,概算投资964.88万元。该项目的排水管网工程于2013年10月30日开工建设,厂区于2014年6月30日开工建设,目前已全面建设完成并进入试运行阶段。独龙江乡垃圾处理厂项目建于孔当村(乡政府所在地)目切旺河旁,主要建设垃圾收集、运输、转运系统、垃圾处理厂等其他附属设施工程,建设日处理量达5吨,计划投资1028.69万元,厂区工程于2014年6月30日开工建

---

① 刘苏荣:《人口较少民族聚居地区县域经济的困境及对策研究——基于对环江、罗城、兰坪、贡山民族自治县的调查》,《改革与战略》2016年第3期。

设。截至2015年底，独龙江乡垃圾处理厂项目已全面建设完成，进入了试运行阶段。

（二）大力发展新型第二、三产业

城镇化要能解决农民的就业问题，如果失去土地的农民，没有得到一份比种田更好的工作，或者掌握比种田更好的生计，这个城镇化就肯定是失败的。就业是民生之本，转变为市民的农民只有拥有了稳定的工作，才能有好的生活质量，才能住得下、留得住，城镇化才算成为真正的"人"的城镇化。要达到这一点，就必须发展城镇经济，通过稳增长、调结构、促改革的方式，为市民提供更多的就业机会。否则的话，城镇化只是表面光鲜，农民也只是换了一副市民的"马甲"，最后城镇化也"化"不起来，变为"鬼城""空城"。①而课题组的调查结果也证实，非农就业问题是推动人口较少民族聚居地区新型城镇化的关键问题，这个问题不妥善解决，新型城镇化的目标就很有可能落空。

在课题组进行入户调查时，就新型城镇化问题了解被调查家庭的意愿。在245户被调查家庭中，听说过新型城镇化政策的家庭有158户，占64.49%，这说明新型城镇化政策在人口较少民族群众当中的知晓率并不高。回答"愿意搬到城镇里居住"的家庭有115户，占46.94%，其中意愿程度比较低的是独龙族、怒族和普米族家庭，而意愿程度比较高的是阿昌族和仫佬族家庭，这说明当地人口较少民族群众对新型城镇化政策的态度并不积极。（见表3-16）

在回答"不愿意搬去城镇里居住"的130户家庭中，其主要原因是"不习惯城里人的生活方式"的有31户，其主要原因是"离开土地后没有了收入来源"的有99户。所以，如果第二、三产业发展滞后，不能为进城农民提供就业机会的话，当地群众对新型城镇化必然会持一种很消极的态度。课题组在4个人口较少民族自治县调研的时候，发现当地的第二、三产业发展均是严重滞后的，因此为了大力推进当地的新型城镇化进程，很有必要在我国人口较少民族聚居地区因地制宜地发展适合当地具体情况的第二、三产业，从而为进城农民提供充分的就业机会。（见表3-17）

---

① 新玉言：《以人为本的城镇化问题分析》，新华出版社2015年版，第132页。

表 3-16　　　　　　　　家庭入户调查情况 I　　　　　　　（单位：户）

民族	村委会	调查户数	听说过新型城镇化政策的户数	愿意搬迁到城镇居住的户数
独龙族	孔当	10	4	3
	献九当	10	6	1
怒族	丙中洛	10	9	2
	甲生	10	5	3
景颇族	营盘	13	11	3
	广瓦	29	21	4
阿昌族	隆光	24	15	16
	朗光	15	14	12
德昂族	出冬瓜	12	9	8
	勐丹	10	6	2
普米族	大羊	11	3	1
	箐花	11	10	3
毛南族	中南	20	12	11
	堂八	20	10	12
仫佬族	棉花	20	12	17
	集环	20	11	17

对于贡山县来说，当地需要积极发展"互联网+旅游"体系，不断加快物流仓储、电子商务、商贸餐饮等服务业发展，拓展第三产业的增长空间；大力发展酒店、特色民居客栈和特色农家乐，深入挖掘以开昌瓦节、乃仍节等为代表的节庆文化内涵，打造特色乡村旅游；要突出发展生态文化旅游业，大力发展峡谷特色生态农业，培育发展新型绿色工业；围绕打造"三江明珠"旅游知名品牌，积极融入大香格里拉生态旅游圈，将生态文化旅游业培育成贡山县未来经济和社会发展的支柱性产业。与此同时，基于当地较为脆弱的生态环境，以及一半以上的面积属于高黎贡山国家级保护区范围的现实，贡山县应该严格禁止"三高一低"产业进入贡山县，停止小水电开发，逐步关停小矿山，淘汰落后产能。

表 3-17　　　　　家庭入户调查情况 Ⅱ　　　　（单位：户）

民族	村委会	不愿去城镇居住的户数	不愿搬到城镇居住的主要原因	
			不习惯城镇生活方式	离开土地后没有了收入来源
独龙族	孔当	7	2	5
	献九当	9	6	3
怒族	丙中洛	8	4	4
	甲生	7	4	3
景颇族	营盘	10	3	7
	广瓦	25	3	22
阿昌族	隆光	8	2	6
	朗光	3	2	1
德昂族	出冬瓜	4	0	4
	勐丹	8	1	7
普米族	大羊	10	2	8
	箐花	8	2	6
毛南族	中南	9	0	9
	堂八	8	0	8
仫佬族	棉花	3	0	3
	集环	3	0	3

对于严重依赖矿冶行业的兰坪县，则要围绕重点企业、重点矿山和重点产业，实行大矿集中连片开发、分类推进整合重组和分期推进淘汰关闭，积极推进铁、银和锑等在建重工业项目，加快盐化工和地方新型建筑建材业发展。大力推广光伏农业扶贫项目，培育木本油料、畜禽、中药材和酿酒等生物资源加工龙头企业，发展林产品加工业，不断提升产品的附加值。

对于以农业为主的环江县和罗城县，则要全力推动农业转型升级。以环江县为例，要持续推进香猪产业的发展，发挥骨干企业的引领、辐射和带动作用，大力发展"公司+基地+农户"和"公司+养殖小区+农户"

经营模式，实现香猪产业"饲养+加工+销售"一体化发展。同时，环江县要做大做优茧丝绸产业，加快推进茧丝绸产业增量提质工程，稳定白厂丝加工规模，扶持发展精深加工，加快茧丝绸产业的升级改造。

（三）着力打造民族特色小镇

《"十三五"促进民族地区和人口较少民族发展规划》提出：要推进以民族文化为载体的新型城镇化建设，形成建筑风格、产业优势、文化标识独特的少数民族特色小镇保护与发展模式。基于有着丰富的民族文化特色和旅游资源，加上地广人稀，因此，人口较少民族聚居地区在推进新型城镇化的过程中，要着力打造民族特色小镇。

就贡山县来说，当地政府正在按照"做强县城，做特乡镇，做美乡村"的思路，将贡山县城茨开镇打造成滇西北"进藏入缅达印"的重要门户城镇、贡山县域中心城镇和以发展怒江峡谷生态旅游、商贸服务为主的综合服务型城镇；将丙中洛镇打造为副中心城镇；将独龙江乡打造成具有独龙族文化特色的精品旅游小城镇；将普拉底乡和捧当乡打造成集旅游和农产品交易功能为主的特色小集镇。认真实施旅游产业发展规划，着力推进独龙江4A级景区申报工作，努力打造独龙江和丙中洛这两个旅游品牌。因此，人口较少民族聚居地区的民族特色小城镇建设实际上是大有可为的。

贡山县面积的70%属于"三江并流"世界自然遗产核心区，由于地处中缅、滇藏接合部，使贡山自治县成为多民族文化与东、西方宗教文化交汇的地方。贡山县境内有着灿烂的多元民族文化，不仅有独龙族神秘的纹面文化和剽牛祭天的习俗，也有怒族美丽的仙女传说和吓啦文化，更有傈僳族的起奔和藏族的弦子。因此，贡山县要立足当地特有的区位、自然和人文资源优势，深入挖掘当地的旅游资源，着力打造以"人神共居的和谐家园——丙中洛"和"中国西南最后的秘境——独龙江"为主的生态旅游品牌，努力把旅游业培育成当地新型城镇化的支柱产业之一。①

随着各项基础设施的完善，在近几年间，贡山县的外来游客人数和旅游业收入一直呈现出加速增长的势头。但是，课题组调查时也发现，贡山县旅游业如此高速的增长率是建立在以往发展水平较低的基础之上的。透

---

① 刘苏荣：《论人口较少民族聚居地区新型城镇化的基本策略——以云南省贡山自治县为例》，《贵州民族研究》2016年第8期。

过 2015 年贡山县旅游业总收入才刚刚突破 2 个亿的事实，可以看出贡山县旅游业的底子是多么的薄弱。（见表 3-18）

表 3-18　　　　　　　　贡山县历年旅游业基本情况

年度	国内外游客数量（万人次）	游客数量比上一年度增长率（%）	旅游业总收入（亿元）	旅游业总收入比上一年度增长率（%）
2012	19.25	9.5	1.35	9.8
2013	19.37	0.6	1.54	14.1
2014	25.69	32.6	1.95	26.5
2015	31.43	22.3	2.76	41.8

因此，贡山县需要认真实施旅游产业发展规划，真正把独龙江乡和丙中洛镇打造成民族特色旅游小镇，例如独龙江景区的奋斗目标是成为"文化独龙、生态典范、和谐人居、边陲明珠"的全国著名旅游小镇，截至 2015 年底，独龙江乡旅游小集镇基础设施建设已经基本完工。截至 2015 年底，贡山县累计建设旅游特色村 6 个、民族特色旅游示范村 4 个、旅游观景台 20 个。当然，除此之外贡山县还要全力做好当地饭店、酒店和购物店的提档升级，以提升旅游综合服务的能力。

参考文献

（一）国外文献

1. ［美］乔·奥·赫茨勒：《乌托邦思想史》，张兆麟等译，商务印书馆1990版。

2. ［英］贝弗里奇：《贝弗里奇报告——社会保险和相关服务》，华迎放等译，中国劳动社会保障出版社2004年版。

3. ［美］约翰·罗尔斯：《作为公平的正义：正义新论》，姚大志译，上海三联书店2002年版。

4. ［印］阿马蒂亚·森：《以自由看待发展》，任赜、于真译，中国人民大学出版社2013年版。

5. ［美］迈克尔·谢若登：《资产与穷人——一项新的美国福利政策》，高鉴国译，商务印书馆2005年版。

6. ［英］安东尼·吉登斯：《第三条道路——社会民主主义的复兴》，郑戈译，北京大学出版社2003年版。

7. ［美］约翰·罗尔斯：《正义论》，何怀宏等译，中国社会科学出版社2016年版。

（二）国内专著

1. 习近平：《习近平谈治国理政》，外文出版社2014年版。

2. 郑功成：《中国社会保障30年》，人民出版社2008年版。

3. 郑功成主编：《中国社会保障改革与发展战略（总论卷）》，人民出版社2011年版。

4. 景天魁：《底线公平：和谐社会的基础》，北京师范大学出版社2009年版。

5. 郑功成：《中国社会保障改革与发展战略——理念、目标与行动方案》，人民出版社 2008 年版。

6. 景天魁等：《当代中国社会福利思想与制度：从小福利迈向大福利》，中国社会出版社 2011 年版。

7. 丁建定：《中国社会保障制度体系完善研究》，人民出版社 2013 年版。

8. 林闽钢：《社会救助通论》，科学出版社 2017 年版。

9. 杨立雄、兰花：《中国残疾人社会保障制度》，人民出版社 2011 年版。

10. 钟仁耀主编：《社会救助与社会福利（第二版）》，上海财经大学出版社 2009 年版。

11. 厉以宁、艾丰、石军：《新型城镇化与城乡发展一体化》，中国工人出版社 2014 年版。

12. 厉以宁、艾丰、石军主编：《中国新型城镇化概论》，中国工人出版社 2014 年版。

13. 蒋悟真：《我国社会救助立法研究》，北京大学出版社 2015 年版。

14. 何平：《公民社会救助权研究》，北京大学出版社 2015 年版。

15. 冀惠珍：《当代中国社会救助权问题研究》，中央编译出版社 2015 年版。

16. 樊小钢、朱计：《浙江省城乡社会保障一体化公共政策研究》，中国社会科学出版社 2012 年版。

17. 朱勋克：《社会救助法新论》，中国社会出版社 2015 年版。

18. 金东海等：《义务教育阶段贫困生就学资助制度研究》，人民教育出版社 2011 年版。

19. 李玲等：《构建城乡一体化的教育体制研究》，经济科学出版社 2015 年版。

20. 杨德敏：《就业援助法律机制研究》，中国法制出版社 2012 年版。

21. 王丽华：《农村反贫困与就业援助专项制度建设研究》，民族出版社 2012 年版。

22. 胡可明、曲淑辉主编：《社会救助暂行办法释义》，中国法制出版社 2014 年版。

23. 中国发展研究基金会:《中国城镇化进程中的住房保障问题研究》,中国发展出版社 2013 年版。

24. 农业部软科学委员会办公室:《城乡发展一体化与农村公共服务》,中国财政经济出版社 2013 年版。

25. 林莉红、孔繁华:《社会救助法研究》,法律出版社 2008 年版。

26. 司法部法律援助中心:《2011 中国法律援助年鉴》,中国民主法制出版社 2011 年。

27. 俞德鹏等:《救助专项立法研究》,中国社会科学出版社 2014 年版。

28. 张谦元、柴晓宇等:《城乡二元户籍制度改革研究》,中国社会科学出版社 2012 年版。

29. 余滢:《城乡一体化进程中的社会问题及其对策研究》,西南财经大学出版社 2013 年版。

30. 成刚:《任县经验——城乡教育一体化的探索》,北京师范大学出版社 2015 年版。

31. 张福明:《制度变迁视角下的城乡劳动力市场一体化研究》,中国社会科学出版社 2012 年版。

32. 张文、徐小琴:《城乡一体化与劳动就业》,社会科学文献出版社 2013 年版。

33. 郭春宁:《人权视角下的中国残疾人社会保障》,中国劳动社会保障出版社 2014 年版。

34. 曹艳春:《我国城乡社会救助系统建设研究》,上海世纪出版集团 2009 年版。

35. 王岳含:《财政分权体制下的城乡基本公共服务均等化研究》,中国经济出版社 2016 年版。

36. 张桥贵主编:《云南跨境民族宗教社会问题研究(之一)》,中国社会科学出版社 2008 年版。

37. 阜新平、郑筱筠:《宗教慈善与社会发展》,中国社会科学出版社 2015 年版。

38. 黄光成:《云南人口较少民族文化多样性研究》,中国社会科学出版社 2013 年版。

39. 杨宏峰主编：《中国毛南族》，华夏人民出版社 2012 年版。

40. 袁翔珠：《广西少数民族互助习惯研究及其在构建农村社会保障机制中的作用》，北京大学出版社 2016 年版。

41. 新玉言：《以人为本的城镇化问题分析》，新华出版社 2015 年版。

42. 朱德云：《我国农村社会救助体系改革与创新研究》，经济科学出版社 2016 年版。

43. 金红磊：《民族贫困地区社会救助的政府与 NGO 合作问题研究》，中央民族大学出版社 2016 年版。

44. 王飞鹏：《中国公共就业服务均等化问题研究》，首都经济贸易大学出版社 2013 年版。

45. 周弘：《社会保障制度国际比较》，中国劳动社会保障出版社 2010 年版。

46. 张霞、刘勇、张小军：《我国弱势劳动者群体的就业积极行动制度研究》，西南交通大学出版社 2015 年版。

47. 马栩生：《当代中国法律援助：制度与理论的深层分析》，人民出版社 2010 年版。

48. 邹海贵：《社会救助制度的伦理考量》，人民出版社 2012 年版。

49. 陆汉文、黄承伟主编：《中国精准扶贫发展报告（2016）》，社会科学文献出版社 2016 年版。

50. 高贞：《法律援助理论与实践》，法律出版社 2014 年版。

（三）国内论文

1. 习近平：《携手消除贫困，促进共同发展》，《人民日报》2015 年 10 月 17 日第 2 版。

2. 郑功成：《中国社会保障制度变革挑战》，《人民论坛》2014 年第 1 期。

3. 童星：《社会救助是城乡统筹的"突破口"》，《中国社会保障》2009 年第 9 期。

4. 林闽钢：《中国社会救助体系的整合》，《学海》2010 年第 4 期。

5. 杨立雄：《低收入家庭经济状况核查制度研究》，载邓大松、刘喜堂、杨红燕主编《当代中国社会救助制度：比较与借鉴》，人民出版社

2014年版。

6. 关信平：《论我国农村社会救助制度的目标、原则及模式选择》，《华东师范大学学报》（哲学社会科学版）2006年第6期。

7. 洪大用：《社会救助的目标与我国现阶段社会救助的评估》，《甘肃社会科学》2007年第4期。

8. 岳经纶、李琴：《完善我国社会救助制度的思考》，载岳经纶、刘喜堂、李琴主编《当代中国社会救助制度：机遇与挑战》，人民出版社2016年版。

9. 江治强：《农村低保对象的收入核定及其治理优化》，《浙江学刊》2015年第4期。

10. 江治强：《完善农村低保家庭经济状况核查机制的思路和对策》，载王治坤、林闽钢主编《中国社会救助：制度运行与理论探索》，人民出版社2015年版。

11. 杨思斌：《中国社会救助法制建设的现状分析与对策研究》，《探索》2008年第4期。

12. 景普秋、张复明：《城乡一体化研究的进展与动态》，《城市规划》2003年第6期。

13. 孙来斌、姚小飞：《中国城乡一体化研究述评》，《湖北社会科学》2016年第6期。

14. 刘苏荣：《人口较少民族聚居地区农村反贫困策略研究——基于对我国4个人口较少民族自治县的调查》，《湖北民族学院学报》（哲学社会科学版）2017年第1期。

15. 刘苏荣：《人口较少民族聚居地区农村最低生活保障分析——基于对我国3个人口较少民族自治县的调查》，《贵州民族研究》2015年第6期。

16. 毕红霞等：《论农村最低生活保障财政支持的适度性与政策优化》，《农业经济问题》2012年第1期。

17. 刘苏荣：《人口较少民族聚居地区县域经济的困境及对策——基于对环江、罗城、兰坪、贡山民族自治县的调查》，《改革与战略》2016年第3期。

18. 钟一涵：《最低生活保障制度城乡统筹发展调研报告》，《中国民政》2016 年第 10 期。

19. 刘耀辉、吴秀琳：《农村基层低保给付主体功能错位及应对——以社会工作力量介入为视角》，《怀化学院学报》2016 年第 8 期。

20. 刘苏荣：《论人口较少民族对农村社会救助的现实需求——基于对 8 个人口较少民族 245 户家庭的入户调查》，《湖北民族学院学报》（哲学社会科学版）2016 年第 3 期。

21. 刘苏荣、刘黎：《人口较少民族聚居地区城乡医疗救助现状调查》，《红河学院学报》2016 年第 4 期。

22. 杨林、李思赞：《城乡医疗资源非均衡配置的影响因素与改进》，《经济学动态》2016 年第 9 期。

23. 刘苏荣：《论扶持人口较少民族政策在实施中面临的问题——基于对我国 4 个人口较少民族自治县的调查》，《西南民族大学学报》（人文社会科学版）2015 年第 1 期。

24. 邬志辉：《农村义务教育质量至关重要》，《教育研究》2008 年第 3 期。

25. 刘苏荣：《人口较少民族聚居地区教育扶持的基本策略——基于对我国几个人口较少民族自治县的调查》，《人民论坛》2016 年第 5 期。

26. 王丽华：《贫困人口分布、构成变化视阈下农村扶贫政策探析》，《公共管理学报》2011 年第 2 期。

27. 周沛、陈静：《反社会排斥视角下的我国农村残疾人就业问题研究》，载宋宝安《中国残疾人社会保障与服务体系研究》，中国社会科学出版社 2013 年版。

28. 刘苏荣：《人口较少民族聚居地区农村危房改造现状分析——以罗城仫佬族自治县为例》，《经济研究导刊》2016 年第 15 期。

29. 叶佩娣：《城乡统筹发展背景下中国农村住房保障政策研究》，《农业经济》2016 年第 11 期。

30. 邓海峰：《城市化进程中城镇居民住房保障法律制度重构》，《法商研究》2016 年第 4 期。

31. 章卫良：《从"经济刺激"到"社会救助"——关于农村危房改造政策的分析与建议》，《中共浙江省委党校学报》2012 年第 3 期。

32. 刘雨梅：《我国当前刑事法律援助状况的若干思考》，载顾永忠主编《中国刑事法律援助面临的机遇、挑战与对策》，中国政法大学出版社 2015 年版。

33. 梁高峰、王改周、魏娟等：《西安市城乡法律援助发展状况实证研究调研报告》，《中国法律援助》2009 年第 3 期。

34. 谢勇才、王茂福：《〈社会救助暂行办法〉实施的局限性及其完善》，《中州学刊》2016 年第 3 期。

35. 赵大华：《社会救助权保障下的社会救助立法之完善——兼评〈社会救助暂行办法〉》，《法学》2016 年第 3 期。

36. 葛慧楠、武新：《城乡最低生活保障标准一体化测算方法研究》，载岳经纶、刘喜堂、李琴主编《当代中国社会救助制度：机遇与挑战》，人民出版社 2016 年版。

37. 胡宏伟、李佳怿、杜涵蕾：《我国最低生活保障制度城乡统筹模式与路径研究》，载岳经纶、刘喜堂、李琴主编《当代中国社会救助制度：机遇与挑战》，人民出版社 2016 年版。

38. 刘艳丽：《最低生活保障制度城乡统筹问题研究——基于山东省的调研》，载王治坤、林闽钢主编《中国社会救助：制度运行与理论探索》，人民出版社 2015 年版。

39. 张兆杰、李海涛：《滨州市农村低保规范化管理实践与思考》，《中国民政》2016 年第 3 期。

40. 赵培芳、李玉萍、姚晓磊：《村干部在新农村建设中的角色探讨》，《湖南农业科学》2015 年第 7 期。

41. 葛天博、潘聪：《略论教育救助的政策供给、执行偏差与多元对策》，《山西高等学校社会科学学报》2013 年第 9 期。

42. 崔炜、周悦：《医疗救助城乡一体化——国外经验与中国发展策略》，载林闽钢、刘喜堂主编《当代中国社会救助制度：完善与创新》，人民出版社 2012 年版。

43. 李长远、张举国：《城乡医疗保障整合中政府职能定位的偏差及归位》，《中共贵州省委党校学报》2015 年第 1 期。

44. 杨良初、林太平：《城乡基本医疗保险制度整合：亮点与建议》，《中国财政》2016 年第 5 期。

45. 杨德敏：《就业援助：社会救助立法的基本取向》，《江西社会科学》2012 年第 12 期。

46. 洪运：《构建城乡统筹农村住房保障制度的基本思路——以成都市为例》，《中国房地产》2010 年第 8 期。

47. 吴志宇：《我国农村多元化住房保障体系构建探析》，《现代经济探讨》2012 年第 5 期。

48. 成志刚、曹平：《我国城镇低收入群体住房保障政策实施的现状、问题及对策》，《湘潭大学学报》（哲学社会科学版）2011 年第 6 期。

49. 林晨蕾、郑庆昌：《公共服务均等化视角下新生代农民工住房保障模式选择——公共租赁房优势与发展路径》，《改革与发展》2015 年第 3 期。

50. 薛新红：《农村法律援助面临的困境与解决办法》，《农业考古》2011 年第 3 期。

51. 刘士国、宛锦春：《农村法律援助机制的创新研究》，《社会科学家》2013 年第 8 期。

52. 李健：《完善我国农村法律援助制度的思考》，《农业经济》2012 年第 11 期。

53. 杨宇冠、陈子楠：《完善我国法律援助制度若干问题研究》，《理论学刊》2015 年第 1 期。

54. 顾永忠、杨剑炜：《我国刑事法律援助的实施现状与对策建议——基于 2013 年〈刑事诉讼法〉施行以来的考察与思考》，《法学杂志》2015 年第 4 期。

55. 梁高峰：《积极推动和发展农村法律援助的路径选择》，《西北工业大学学报》（社会科学版）2009 年第 4 期。

56. 林闽钢：《新型社会救助体系的目标定位和发展路径》，载邓大松、刘喜堂、杨红燕主编《当代中国社会救助制度：比较与借鉴》，人民出版社 2014 年版。

57. 钱宁：《分配正义理论的发展及其对构建和谐有序社会的启示》，《学习与探索》2010 年第 3 期。

58. 毕天云：《论我国城乡居民最低生活保障制度的整合》，《天津师范大学学报》（社会科学版）2017 年第 2 期。

59. 陆青鹰：《广西居民家庭经济状况核对研究》，《经济研究参考》

2014 年第 41 期。

60. 邓维杰：《精准扶贫的难点、对策与路径选择》，《农村经济》2014 年第 6 期。

61. 刘苏荣：《扶持人口较少民族专项项目评析——基于对云南省兰坪县的调查》，《贵州民族研究》2014 年第 2 期。

62. 胡鞍钢、李春波：《新世纪的新贫困：知识贫困》，《中国社会科学》2001 年第 3 期。

63. 江治强：《我国社会救助的财政问题与对策探析》，《山东社会科学》2008 年第 5 期。

64. 肖萌等：《中央与地方政府在社会救助中的责任分配》，载王治坤、林闽钢主编《中国社会救助：制度运行与理论探索》，人民出版社 2015 年版。

65. 肖莎：《社会组织在社会救助事业中的参与：合作与互动》，《经济体制改革》2010 年第 6 期。

66. 杨立雄：《低收入家庭经济状况核查制度研究》，载邓大松、刘喜堂、杨红燕主编《当代中国社会救助制度：比较与借鉴》，人民出版社 2014 年版。

67. 成海军：《社会救助工作中的突出问题和难点问题研究——以医疗救助为例》，载王治坤、林闽钢主编《中国社会救助：制度运行与理论探索》，人民出版社 2015 年版。

68. 王保真、李琦：《医疗救助在医疗保障体系中的地位和作用》，《中国卫生经济》2006 年第 1 期。

69. 江华：《最低生活保障城乡统筹问题研究》，载王治坤、林闽钢主编《中国社会救助：制度运行与理论探索》，人民出版社 2015 年版。

70. 刘艳丽：《最低生活保障制度城乡统筹问题研究——基于山东省的调研》，载王治坤、林闽钢主编《中国社会救助：制度运行与理论探索》，人民出版社 2015 年版。

71. 韩玲：《家庭经济状况调查的制度完善——内地低保与香港综援制度的比较》，载杨立雄、刘喜堂主编《当代中国社会救助制度：回顾与展望》，人民出版社 2012 年版。

72. 许艳丽：《社会救助与慈善事业衔接的路径选择》，《新视野》

2016年第4期。

73. 崔月琴、孙艺凌:《转型期宗教慈善发展的困境及路径选择》,《思想战线》2014年第6期。

74. 刘苏荣:《论人口较少民族聚居地区新型城镇化的基本策略——以云南省贡山自治县为例》,《贵州民族研究》2016年第8期。

75. 任洁琼、陈阳:《教育救助(上)》,《社会福利》2002年第11期。

76. 起建凌:《云南人口较少民族互助行为对农村最低生活保障制度的影响研究》,《云南民族大学学报》(哲学社会科学版)2015年第6期。

77. 杨思斌:《城镇化背景下基层社会救助的发展与完善》,《河南科技学院学报》2016年第3期。

78. 刘苏荣、孙丽萍:《人口较少民族聚居地区特色农业发展现状分析——以云南省贡山县为例》,《中国农业资源与区划》2015年第6期。

79. 钟仁耀:《支出型贫困社会救助制度建设:必要性及难点》,《中国民政》2015年第7期。

80. 江治强:《农村低保对象的收入核定及其治理优化》,《浙江学刊》2015年第4期。

81. 白永秀、王颂吉:《马克思主义城乡关系理论与中国城乡发展一体化探索》,《当代经济研究》2014年第2期。

82. 蒋悟真、杨博文:《我国社会救助城乡一体化保障机制探究》,《江西财经大学学报》2016年第5期。

83. 刘夏阳:《高度重视新型城镇化进程中的公平正义》,《现代经济探讨》2016年第3期。

84. 纪国和、王传明:《关于我国贫困生教育救助问题的思考》,《教育科学研究》2008年第6期。

85. 赵茜:《城乡一体化的教育质量保障制度研究》,《教育科学研究》2011年第6期。

86. 刘苏荣:《人口较少民族聚居地区教育救助的完善策略》,《贵州民族研究》2017年第10期。

87. 许琳:《残疾人就业难与残疾人就业促进政策的完善》,《西北大学学报》(哲学社会科学版)2010年第1期。

88. 李静:《从生活救助到就业支持——优势视角下残疾人福利的实

现路径》,《南京大学学报》（哲学·人文科学·社会科学）2012 年第 6 期。

89. 崔永亮：《农村住房保障制度缺失及其未来改善》,《改革》2013 年第 12 期。

90. 李运华、叶璐：《我国社会救助立法评析》,《理论月刊》2016 年第 2 期。

91. 高宏伟：《完善农村低保制度的思考》,《中国特色社会主义研究》2013 年第 5 期。

92. 唐均：《城市居民最低生活保障报告》,载何平、华迎放等《城市贫困群体社会保障政策与措施研究》,中国劳动社会保障出版社 2006 年版。

93. 蒋悟真、杨娣：《我国教育救助法律困境及其制度完善》,《湘潭大学学报》（哲学社会科学版）2015 年第 5 期。

94. 褚宏启：《教育制度改革与城乡教育一体化——打破城乡教育二元结构的制度瓶颈》,《教育研究》2010 年第 11 期。

95. 高树仁、李潮海：《城乡一体化：教育发展新范式的内生与他构》,《中国教育学刊》2015 年第 9 期。

96. 李健：《完善我国农村法律援助制度的思考》,《农业经济》2012 年第 11 期。

97. 谢佑平、吴羽：《刑事法律援助与公设辩护人制度的建构——以新〈刑事诉讼法〉第 34、267 条为中心》,《清华法学》2012 年第 3 期。

后　　记

　　本书是在我主持的2013年度国家社科基金项目《人口较少民族聚居地区城乡一体化社会救助体系建设》（项目编号：13XMZ063）的最终成果，该项目于2018年1月顺利结项，鉴定等级为"良好"。在结项以后，该项目的最终成果很幸运地获得了云南哲学社会科学规划办公室的出版资助，并由中国社会科学出版社出版发行。

　　在该项目的研究过程中，我要特别感谢曲靖师范学院校长浦虹教授、云南大学许洁明教授、云南师范大学何跃教授、云南民族大学张金鹏教授、云南民族大学乔亨瑞教授和曲靖师范学院的荀关玉教授等专家学者，他们在开题报告会上给予了我很多具有建设性的专业指导意见，从而确保了本项目的研究质量。

　　本项目的研究过程是非常艰辛的，特别是在实地调研阶段，我深入到1个人口较少民族自治州和4个人口较少民族自治县进行实地调研，它们分别是云南省的德宏州（具体是到芒市和陇川县）、贡山县、兰坪县以及广西壮族自治区的环江县、罗城县，具体涉及景颇族、阿昌族、德昂族、独龙族、怒族、普米族、毛南族和仫佬族这8个人口较少民族。并且，我对8个人口较少民族共计245户家庭进行了入户调查，掌握了大量的第一手资料，从而对我国人口较少民族聚居地区的城乡社会救助现状有了较为深刻的认识。

　　基于此，我要特别感谢云南怒江州、德宏州和广西河池市的相关政府部门对于本项目研究的大力支持，本项目的研究涉及民政局、民族宗教事务局、人力资源与社会保障局、扶贫办、统计局、教育局、残联、妇联、卫生局和法律援助中心等相关政府部门，这些部门的工作人员态度热情，提供了本项目研究所需要的大量资料和统计数据，这令我非常感动。与此同时，我还要感谢16个村委会的村干部对于本项目的入户调查工作的大力协助与配合。

虽然本书即将付梓出版，但由于本人水平有限，书中难免会存在一些不足之处，希望学术界的各位同仁批评指正。

作者

2018年8月